高职高专“十三五”规划教材

汽车文化

主　编　于星胜
副主编　宋佳丽　刘　颖
参　编　于海博

机械工业出版社
CHINA MACHINE PRESS

本书是职业院校汽车专业的新型实用教材，是结合一线教师多年的工作实践及教学经验的成果。教材力求从实践出发，以教学任务引领教学过程，符合教学过程的实际应用。

全书共分为 5 个学习项目，包括 21 个学习任务，共 45 课时。内容包括：汽车基础知识的认知，汽车的衍生文化现象展示与分析，汽车工业发展的逻辑性与逻辑性探析，汽车厂商、品牌及名人认识，汽车新技术与未来汽车的认识等一系列汽车文化内容。

本书内容翔实、结构清晰，可作为高职高专院校汽车相关专业的专业课教材，也可作为汽车爱好者的参考读物。

本书配有电子课件，凡使用本书作为教材的教师均可登录机械工业出版社教育服务网（http://www.cmpedu.com）下载，或发送电子邮件至 cmpgaozhi@sina.com 索取。咨询电话：010－88379375。

图书在版编目（CIP）数据

汽车文化/于星胜主编. —北京：机械工业出版社，2017.8

高职高专“十三五”规划教材

ISBN 978-7-111-57912-0

Ⅰ.①汽… Ⅱ.①于… Ⅲ.①汽车－文化－高等职业教育－教材 Ⅳ.①U46-05

中国版本图书馆 CIP 数据核字（2017）第 214891 号

机械工业出版社（北京市百万庄大街 22 号　邮政编码 100037）

策划编辑：王海峰　赵志鹏　　责任编辑：王海峰

责任校对：张　平　　封面设计：鞠　杨

责任印制：李　飞

北京新华印刷有限公司印刷

2017 年 9 月第 1 版第 1 次印刷

184mm×260mm · 17 印张 · 317 千字

0001—1900 册

标准书号：ISBN 978-7-111-57912-0

定价：78.00 元

凡购本书，如有缺页、倒页、脱页，由本社发行部调换

电话服务　　网络服务

服务咨询热线：010－88379833　　机 工 官 网：www.cmpbook.com

读者购书热线：010－88379649　　机 工 官 博：weibo.com/cmp1952

教育服务网：www.cmpedu.com

封面无防伪标均为盗版　　金 书 网：www.golden-book.com

PREFACE

前言

教育部在《关于推进高等职业教育改革创新引领职业教育科学发展的若干意见》中提出，要深化工学结合、校企合作、顶岗实习的人才培养模式改革，实现专业与行业（企业）岗位对接，教学内容与职业标准对接，教学过程与企业的生产过程对接，学历证书与职业资格证书对接，职业教育与终身教育对接；校企合作共同开发课程和教学资源；推行项目导向、任务驱动等教学做一体化的教学模式。

本书是以德国“双元制”教学的精髓为基础，完全符合高职教育要求，能够体现“理论够用、突出实践”的原则。教材的编写以情境导入的形式引出本节课的教学任务，以任务引领教学过程来完成项目，力求摆脱学科课程旧思想的束缚，从岗位的实际需求出发，使学生尽快地熟悉汽车、了解汽车、喜爱汽车，领略汽车文明发展的奥秘。

本书是哈尔滨职业技术学院教师与多家企业技术人员共同以企业的实际需要归纳总结教学任务，以教学任务引领实际课堂。采用任务驱动的教学模式编写教材，在编写内容的选取上以汽车文化发展为主线，强调理论联系实际，充分体现了高职高专“够用和实用”的教学改革方向。在内容编排上克服了理论偏多、偏深的弊端，注重学习内容的可实施性和可操作性。教材编写过程中把课程核心知识点融合在典型工作任务中，遵循学生职业能力培养的基本规律，每个工作任务都包括完整的教学内容。本书创新教材表现形式，实现图文并茂，使学生在学习过程中直观易懂，学有所乐。

本书由于星胜主编。项目三和项目四中任务6由于星胜编写，项目一、项目四中任务1、任务4和项目五由宋佳丽编写，项目四中任务2、任务3、任务5和任务7由刘颖编写，项目二由于海博编写。本书在编写过程中得到了孙百鸣、高波、雍丽英老师的指导，在此深表感谢。

由于编者的能力和水平有限，书中难免有不妥或者错误之处，敬请广大读者和同行提出宝贵意见（发送至 178407833@qq.com），以便再版时改正。

编　者

目录 CONTENTS

前言 ……3

项目一 汽车基础知识的认知 ……1

任务 1 汽车的定义及分类的认知 ……2

任务 2 汽车产品的编号规则的认知 ……8

任务 3 汽车的基本构造与行驶原理的认知 ……14

任务 4 汽车特征参数与性能指标的认知 ……31

项目自测题 ……35

项目二 汽车的衍生文化现象展示与分析 ……36

任务 1 汽车运动对汽车产业进步影响的分析 ……37

任务 2 汽车展览的鉴赏与分析 ……49

任务 3 汽车节庆活动的鉴赏与分析 ……52

任务 4 汽车建筑的鉴赏与分析 ……55

任务 5 汽车媒体的鉴赏与分析 ……63

项目自测题 ……68

项目三 汽车工业发展的必然性和逻辑性探析 ……70

任务 1 世界汽车发展历史回顾 ……71

任务 2 描述中国汽车工业发展历程 ……99

项目自测题 ……109

项目四 汽车厂商、品牌及名人认识 ……111

任务 1 德国汽车厂商、品牌及名人认识 ……112

任务 2 日本汽车厂商、品牌及名人认识 ……132

任务 3 美国汽车厂商、品牌及名人认识 ……155

任务 4 法国汽车厂商、品牌及名人认识 ……175

任务 5 欧洲其他汽车厂商、品牌及名人认识 ……182

任务 6 中国汽车厂商、品牌及名人认识 ……194

任务 7 亚洲其他汽车厂家与品牌认识 ……219

项目自测题 ……228

项目五 汽车新技术与未来汽车的认识……231
任务 1 汽车公害的认识……232
任务 2 新能源汽车的认识……239
任务 3 汽车新技术的认识……253

参考文献……266

项目一

汽车基础知识的认知

项目导入

汽车是当前世界上最重要的交通工具之一，与人类的生活息息相关，没有任何交通工具能完全取代汽车。大家对汽车也并不陌生，那么到底什么是汽车？汽车为什么能运动起来？汽车由哪几部分组成？各部分又起到什么作用？汽车是如何进行分类的？如何区分同款的每辆车？汽车的17位“身份证”代码在汽车的哪些部位能找到？17位“身份证”具有什么含义？带着这些疑问，让我们一起学习下面的内容。

项目目标

- 了解汽车的分类标准
- 了解汽车的特征参数与性能指标
- 掌握汽车的定义及总体构造
- 掌握汽车产品的编号规则

任务 1 汽车的定义及分类的认知

任务解析

汽车作为一种数量最多、陆地活动范围最广泛、最普及的现代交通工具，已经与人们的生活密不可分。那么我们对汽车又了解多少？什么是汽车？汽车又有哪些种类型呢？

资　讯

一、汽车定义的认知

在我国，汽车（automobile）是指自身具有动力驱动装置，一般具有四个或四个以上车轮，无轨道或架线的陆地运输工具。汽车通常被用作载运客、货和牵引客、货挂车，也有为完成特定运输任务或作业任务而将其改装或装配了专用设备而成为专用车辆，但不包括专供农业、工程使用的机械。全挂车和半挂车因自身无动力装置，它们与牵引汽车组成的汽车列车才属于汽车范畴。有些进行特种作业的轮式机械以及农田作业用的轮式拖拉机等，在我国则分别列入工程机械和农用机械范畴。

国家标准《汽车和挂车类型的术语和定义》GB/T 3730.1—2001 对汽车（motor vehicle）的定义为：由自身装备的动力驱动，具有四个或四个以上车轮的非轨道承载的车辆，主要用于：载运人员和 / 或货物；牵引载运人员和 / 或货物的车辆；专项作业（特殊用途）。汽车的定义还包括：①与电力线相联的车辆，如无轨电车；②整车整备质量超过 400kg 的带驾驶室的三轮车辆。

二、汽车分类的认知

我国汽车分类的两个最新国标 GB/T 3730.1—2001 和 GB/T 15089—2001 已于 2001 年 7 月 3 日发布，2002 年 3 月 1 日正式实施。代替原有的 GB/T 3730.1—1988 和 GB/T 15089—1994。GB/T 3730.1—2001 是通用性分类，适用于一般概念、车型统计、牌照核

发、保险、政府政策和管理的依据；GB/T 15089—2001 用于车型认证，是车型认证各技术法规适用范围的依据。

（一）汽车和挂车类型的术语和定义（GB/T 3730.1—2001）

中华人民共和国国家标准《汽车和挂车类型的术语和定义》（GB/T 3730.1—2001），本标准适用于为了在道路上运行而设计的汽车、挂车和汽车列车，且不再对车辆进行简单的分类和分级，而是制定出各种车型的具体术语和定义。

1. 汽车 motor vehicle

（1）乘用车 passenger car　在其设计和技术特性上主要用于载运乘客及其随身行李和 / 或临时物品的汽车，座位（包括驾驶员座）最多不超过 9 个。它也可以牵引一辆挂车。乘用车分类见表 1–1。

表 1–1　乘用车分类

序号	术语	定义
1	普通乘用车 saloon （sedan）	车身：封闭式，侧窗中柱有或无 车顶（顶盖）：固定式，硬顶。有的顶盖一部分可以开启 座位：4 个或 4 个以上座位，至少两排。后座椅可折叠或移动，以形成装载空间 车门：2 个或 4 个侧门，可有一后开启门
2	活顶乘用车 convertible saloon	车身：具有固定侧围框架的可开启式车身 车顶（顶盖）：车顶为硬顶或软顶，至少有两个位置：1. 封闭；2. 开启或拆除。可开启式车身可以通过使用一个或数个硬顶部件和 / 或合拢软顶将开启的车身关闭 座位：4 个或 4 个以上座位，至少两排 车门：2 个或 4 个侧门 车窗：4 个或 4 个以上侧窗
3	高级乘用车 pullman saloon （pullman sedan） （executive limousine）	车身：封闭式。前后座之间可以设有隔板 车顶（顶盖）：固定式，硬顶。有的顶盖一部分可以开启 座位：4 个或 4 个以上座位，至少两排。后排座椅前可安装折叠式座椅 车门：4 个或 6 个侧门，也可有一个后开启门 车窗：6 个或 6 个以上侧窗
4	小型乘用车 coupe	车身：封闭式，通常后部空间较小 车顶（顶盖）：固定式，硬顶。有的顶盖一部分可以开启 座位：2 个或 2 个以上的座位，至少一排 车门：2 个侧门，也可有一个后开启门 车窗：2 个或 2 个以上侧窗
5	敞篷车 convertible （open tourer） （roadster） （spider）	车身：可开启式 车顶（顶盖）：车顶可为软顶或硬顶，至少有两个位置：第一个位置遮覆车身；第二个位置车顶卷收或可拆除 座位：2 个或 2 个以上的座位，至少一排 车门：2 个或 4 个侧门 车窗：2 个或 2 个以上侧窗

（续）

序号	术语	定义
6	舱背乘用车 hatchback	车身：封闭式，侧窗中柱可有可无 车顶（顶盖）：固定式，硬顶。有的顶盖一部分可以开启 座位：4 个或 4 个以上座位，至少两排。后座椅可折叠或可移动，以形成一个装载空间 车门：2 个或 4 个侧门，车身后部有一仓门
7	旅行车 station wagon	车身：封闭式，车尾外形可提供较大的内部空间 车顶（顶盖）：固定式，硬顶。有的顶盖一部分可以开启 座位：4 个或 4 个以上座位，至少两排。座椅的一排或多排可拆除，或装有向前翻倒的座椅靠背，以提供装载平台 车门：2 个或 4 个侧门，并有一后开启门 车窗：4 个或 4 个以上侧窗
8	多用途乘用车 multipurpose passenger car	上述 1 ~ 7 项车辆以外的，只有单一车室载运乘客及其行李或物品的乘用车。但是，如果这种车辆同时具有下列两个条件，则不属于乘用车而属于货车： 1）除驾驶员以外的座位数不超过 6 个；只要车辆具有可使用的座椅安装点，就应算“座位”存在 2）$p-(M+N\times 68)>N\times 68$ 式中 p—最大设计总质量；M—整车整备质量与 1 位驾驶员质量之和；N—除驾驶员以外的座位数
9	短头乘用车 forward control passenger car	一种乘用车，它一半以上的发动机长度位于车辆前风窗玻璃最前点以后，并且方向盘的中心位于车辆总长的前 1/4 部分内
10	越野乘用车 off-road passenger car	在其设计上所有车轮同时驱动（包括一个驱动轴可以脱开的车辆），或其几何特性（接近角、离去角、纵向通过角、最小离地间隙）、技术特性（驱动轴数、差速锁止机构或其他形式机构）和它的性能（爬坡度）允许在非道路上行驶的一种乘用车
11	专用乘用车 special purpose passenger car	运载乘员或物品并完成特定功能的乘用车，它具备完成特定功能所需的特殊车身和 / 或装备 例如：旅居车、防弹车、救护车、殡仪车等

（2）商用车 commercial vehicle　在设计和技术特性上用于运送人员和货物的汽车，并且可以牵引挂车，乘用车不包括在内。商用车分类见表 1-2。

表 1-2　商用车分类

序号	术语	定义
1	客车 bus	在设计和技术特性上用于载运乘客及其随身行李的商用车辆，包括驾驶员座位在内座位数超 9 座，客车有单层的或双层的，也可牵引一辆挂车
2	半挂牵引车 semi-trailer towing vehicle	装备有特殊装置用于牵引半挂车的商用车辆
3	货车 goods vehicle	一种主要为载运货物而设计和装备的商用车辆，它能否牵引一挂车均可

2. 挂车 trailer

挂车自身无动力装置，就其设计和技术特点需要汽车牵引才可以正常行驶，用于载运人员和 / 货物或特殊用途。

（1）牵引杆挂车 draw–bar trailer　此类挂车至少有两根轴，一轴可转向；通过可角向移动的牵引杆与牵引车连接；牵引杆可垂直移动，连接在底盘上，因而不能承受任何垂直力。具有隐藏支地架的半挂车也作为牵引杆挂车。牵引杆挂车分类见表 1–3。

表 1–3　牵引杆挂车分类

序号	术语	定义
1	客车挂车 bus trailer	在其设计和技术特性上，用于载运人员及其随身行李的牵引杆挂车
2	牵引杆货车挂车 goods draw–bar trailer	在其设计和技术特性上用于载运货物的牵引杆挂车
3	通用牵引杆挂车 general purpose draw–bar trailer	一种在敞开（平板式）或封闭（厢式）载货空间内载运货物的牵引杆挂车
4	专用牵引杆挂车 special draw–bar trailer	一种牵引杆挂车，按其设计和技术特性用作：需经特殊布置后才能载运人员和/(或)货物；只执行某种规定的运输任务(例如：乘用车运输挂车、消防挂车、低地板挂车、空气压缩机挂车等，不限于本表所列)

（2）半挂车 semi–trailer　车轴置于车辆重心（车辆均载）后面，并装有传递垂直力或水平力到牵引车的连接装置的挂车，见表 1–4。

表 1–4　半挂车分类

序号	术语	定义
1	客车半挂车 bus semi–trailer	在其设计和技术特性上用于载运乘客及其随身行李的半挂车
2	通用货车半挂车 general purpose goods semi–trailer	一种在敞开（平板式）或封闭（厢式）载货空间内载运货物的半挂车
3	专用半挂车 special semi–trailer	一种半挂车，按其设计和技术特性用作：需经特殊布置后才能载运人员和（或）货物；只执行某种规定的运输任务（例如：原木半挂车、消防半挂车、低地板半挂车、空气压缩机半挂车等，不限于本表所列）
4	旅居半挂车 caravan semi–trailer	能够提供活动睡具的半挂车

（3）中置轴挂车 centre axle trailer　牵引装置不能垂直移动（相对于挂车），车轴位于紧靠挂车的重心（当均匀载荷时），这种车辆只有较小的垂直静载荷作用于牵引车，不超过相当于挂车最大质量的 10% 或 1000N 的载荷（两者取较小者）。其中一轴或多轴可由牵引车来驱动。

例如旅居挂车（caravan）：能够提供活动睡具的中置轴挂车，如图 1–1 所示。

图 1–1　旅居挂车

3. 汽车列车 combination vehicles

汽车列车是一辆汽车与一辆或多辆挂车的组合，其分类见表 1–5。

表 1–5　汽车列车分类

序号	术语	定义
1	乘用车列车 passenger/car trailer combination	乘用车和中置轴挂车的组合
2	客车列车 bus road train	一辆客车与一辆或多辆挂车的组合，各节乘客车厢不相通，有时可设服务走廊
3	货车列车 goods road train	一辆货车与一辆或多辆挂车的组合
4	牵引杆挂车列车 draw–bar tractor combination	一辆全挂牵引车与一辆或多辆挂车的组合
5	铰接列车 articulated vehicle	一辆半挂牵引车与具有角向移动连接的半挂车组成的车辆
6	双挂列车 double road train	一辆铰接式列车与一辆牵引杆挂车的组合
7	双半挂列车 double semi–trailer road train	一辆铰接式列车与一辆半挂车的组合。两辆车的连接是通过第二个半挂车的连接装置来实现
8	平板列车 platform road train	一辆货车和一辆牵引杆货车挂车的组合；在可角向移动的货物承载平板的整个长度上载荷都是不可分地置于牵引车和挂车上。为了支撑这个载荷，可以使用辅助装置。这个载荷和 / 或它的支撑装置构成了这两个车辆的连接装置，因此不允许挂车再有转向连接

（二）外国汽车分类方法的认知

1. 德系车分类标准

德系车等级划分的主要依据是轴距、排量、重量等参数。等级分为 A00、A0、A、B、C、D。其中 A 级（包括 A0、A00）车是指小型轿车、B 级车是中档轿车、C 级车是高档轿车、D 级车是豪华轿车。

A00 级：轴距为 2 ~ 2.2m，排量小于 1L。

A0 级：轴距为 2.2 ~ 2.3m，排量为 1 ~ 1.3L。

A 级：轴距为 2.3 ~ 2.45m，排量为 1.3 ~ 1.6L。

B 级：轴距为 2.45 ~ 2.6m，排量为 1.6 ~ 2.4L。

C 级：轴距为 2.6 ~ 2.8m，排量为 2.3 ~ 3.0L。

D 级：轴距一般大于 2.8m，排量基本都在 3.0L 以上。

2. 美系车分类标准

以通用公司对汽车的分类标准为例。主要依据车型的排量、尺寸、装备和售价等作为分类标准。通用公司一般将轿车分为 6 级。

Mini 级：排量为 1L 以下轿车。

Small 级：排量为 1.0 ~ 1.3L 轿车。

Lowmed 级：排量为 1.3 ~ 1.6L 轿车。

Interm 级：排量为 1.6 ~ 2.4L 轿车，与德国的 B 级轿车属同一级别。

Upp-med 级：涵盖德系 B 级轿车的高端和 C 级轿车的低端。

Large/Lux 级：与我国的高级轿车相对应，涵盖德系 C 级车的高端和 D 级车。

任务实施

学生分组，各小组选出一名负责人，以小组讨论的形式分析举例说出属于表 1-1 分类的具体车型。每个小组成员按分工要求完成相关任务并说出其中的依据。

任务小结

通过学习，我们了解了我国对汽车的定义，即汽车一定是自身有动力装置，用于运载人员和 / 或货物的非轨道车辆。各国对汽车的分类依据也不尽相同。例如我国对汽车的分类就有若干个国家标准，且其适用范围不同。

任务 2 汽车产品的编号规则的认知

任务解析

由于汽车产业的飞速发展，使得汽车品牌及车型众多，因此必须对汽车进行产品型号的编制以及对每一辆汽车进行标识。汽车产品型号由一组字母和数字组成，表示某汽车厂生产的某一款具体车型。每一辆车有唯一的 17 位车辆识别代号（VIN 码）。那么汽车的产品型号和车辆识别代号中包含哪些具体信息呢，让我们来共同学习一下吧！

资　讯

一、汽车产品型号编制规则的认知

汽车产品型号（车辆型号），是为了识别具体车型而制定的由一组汉语拼音字母和阿拉伯数字组成的编号。我国对汽车产品型号的编制是根据《汽车产品型号编制规则》（GB/T 9417—1988），该标准目前已经作废，且国家未发布替代标准。此处介绍此标准仅为参考。GB/T 9417—1988 中规定基本型号由 2 位或 3 位汉语拼音字母和 4 ~ 5 位数字组成来表示国产汽车的企业名称代号、车辆类别代号、主参数代号、产品序号和企业自定代号等，如图 1–2 所示。

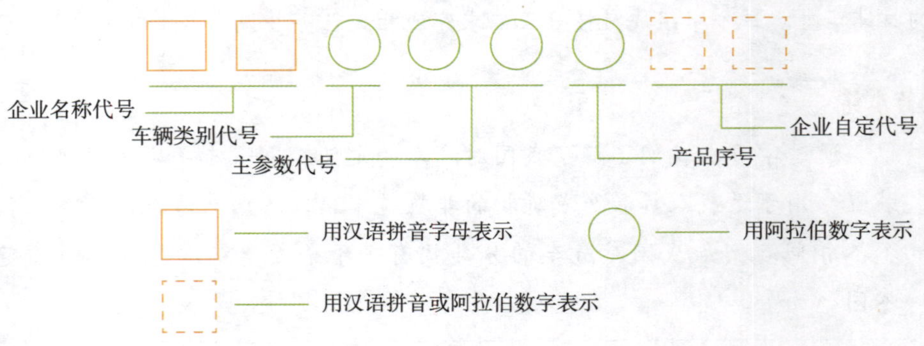

图 1–2　汽车产品型号

企业名称代号：用企业名称或所在地名称的 2 个或 3 个汉语拼音字母表示，见表 1–6。

表 1-6 企业名称代号

企业名称	代 号	企业名称	代 号
北京汽车集团有限公司	BJ	一汽一大众汽车有限公司	FV
北京现代汽车有限公司	BH	跃进汽车集团公司	NJ
长安汽车集团有限公司	SC	江铃汽车集团有限公司	JX
长丰汽车制造有限公司	CJY	江西昌河汽车有限公司	CH
第一汽车集团公司	CA	上海大众汽车有限公司	SVW
东风汽车有限公司	EQ	上海通用汽车公司	SGM
东风日产乘用车公司	DFL	陕西汽车集团有限公司	SX
东南汽车工业有限公司	DN	沈阳华晨金杯汽车公司	SY
广州本田汽车有限公司	HG	天津一汽夏利汽车公司	TJ
哈飞汽车股份有限公司	HFJ	神龙汽车有限公司	DC

车辆类别代号、主参数代号及产品序号见表 1-7。

表 1-7 车辆类别代号、主参数代号及产品序号

<table>
<tr><th>车辆类别代号</th><th>车辆种类</th><th>主参数代号</th><th>产品序号</th></tr>
<tr><td>1</td><td>载货汽车</td><td rowspan="6">用两位数字表示车辆的总质量（t），一般取数值的整数部分
当车辆总质量小于 10t 时，在整数位前用“0”占位，如“08”表示车辆总质量在 8～9t 之间
当车辆总质量在 100t 以上时，可用三位数字表示</td><td rowspan="8">产品序号可依次使用阿拉伯数字 0、1、2、3…来表示</td></tr>
<tr><td>2</td><td>越野汽车</td></tr>
<tr><td>3</td><td>自卸汽车</td></tr>
<tr><td>4</td><td>牵引汽车</td></tr>
<tr><td>5</td><td>专用汽车</td></tr>
<tr><td>9</td><td>半挂车及专用半挂车</td></tr>
<tr><td>6</td><td>客车</td><td>用两位数字表示车辆长度（m），当车辆长度小于 10m 时，应精确到小数点后一位，并以长度（m）的十倍值表示。如“91”表示客车的长度值在 9.1～9.2m 之间</td></tr>
<tr><td>7</td><td>轿车</td><td>用两位数字表示发动机排量（L），精确到小数点后一位，并以排量的十倍值表示。如“22”表示发动机排量在 2.2～2.3 L 之间</td></tr>
</table>

企业自定代号位于汽车产品型号的最后部分，同一汽车结构略有变化而需要区别时（例如汽油、柴油发动机，单、双排座驾驶室，长、短轴距，左、右置方向盘，平、凸头驾驶室等），可用汉语拼音字母和阿拉伯数字表示，位数也由企业自定。

汽车产品型号示范：

BJ2020S：BJ 表示北京汽车制造厂，2 表示越野汽车，02 表示该车总质量为 2t，0 表示该车为第一代产品，S 表示厂家自定义。

EQ1195GX24D：EQ 表示东风汽车有限公司；1 表示载货汽车；19 表示该车总质量为 19t；5 表示第六代产品；G 表示平头 / 曲面玻璃 /1.5 排（单排带卧铺）；X 表示厢式；24D 表示发动机型号为 6CT（柴油）。

DFL7165VTB1：DFL 表示东风日产乘用车公司；7 代表轿车；16 代表排量；5 代表公司生产的 1.6L 车辆中的系列序号；V 代表无级变速（CVT）；T 代表 2 轮前驱 / 涡轮增压发动机车型的基本型；B 代表国Ⅲ带 OBD+ 第二阶段油耗限值；1 代表车型的配置级别。

二、车辆识别代号的认知

国际上普遍采用车辆识别代号（VIN）。我国也制定了相应的国家标准《道路车辆　车辆识别代号（VIN）》（GB 16735—2004）。VIN 是英文 Vehicle Identification Number（车辆识别码）的缩写，俗称车架号，就是汽车的身份证号。标准规定：车辆识别代号由 17 位字符组成，所以也称十七位码。它包含了车辆的生产国家、生产厂家、车的类型、品牌名称、车型系列、车身形式、发动机型号、车型年款（属哪年生产的年款型车）、安全防护装置型号、检验数字、组装厂名称和出厂顺序号码等信息。

国家发展与改革委员会于 2004 年 11 月 2 日发布公告《车辆识别代号管理办法（试行）》，规定从 2004 年 12 月 1 日起我国国产和进口车辆必须标示车辆识别号 VIN，原国家机械工业局《车辆识别代号（VIN）管理规则》（CMVRA01-01，国机管〔1999〕20 号）同时废止。

VIN 代号具有极强的唯一性、通用性、可读性以及最大限度的信息量和可检索性。

1. 车辆识别代号的用途

1）车辆管理：登记注册、信息化管理的关键字。

2）车辆检测：年度检验和排放检测。

3）车辆防盗：识别车辆和零部件，与盗抢数据库进行比对。

4）车辆维修：检测诊断、电脑匹配、零件订购、客户关系管理。

5）二手车交易：查询车辆交易历史信息。

6）汽车召回：车型、年代、批次和数量。

7）车辆保险：保险登记、理赔、浮动费率的信息查询。

另外，利用车辆识别代号还可以鉴别出拼装车、走私车。因为拼装的进口汽车一般是不按车辆识别代号规定进行组装的。

2. 车辆识别代号的位置

车辆识别代号一般以标牌的形式，装贴在汽车的不同部位，如图 1-3 所示。一般出现在左风挡仪表盘上；门柱上；防火墙上；发动机、车架等大部件上；左侧轮罩内；转向柱上；散热器支架上；发动机前部的加工垫上。

3. 车辆识别代号的组成

车辆识别代号是由世界制造厂识别代号（WMI）、车辆说明部分（VDS）和车辆指示部分（VIS）3 部分组成，如图 1–4 所示。

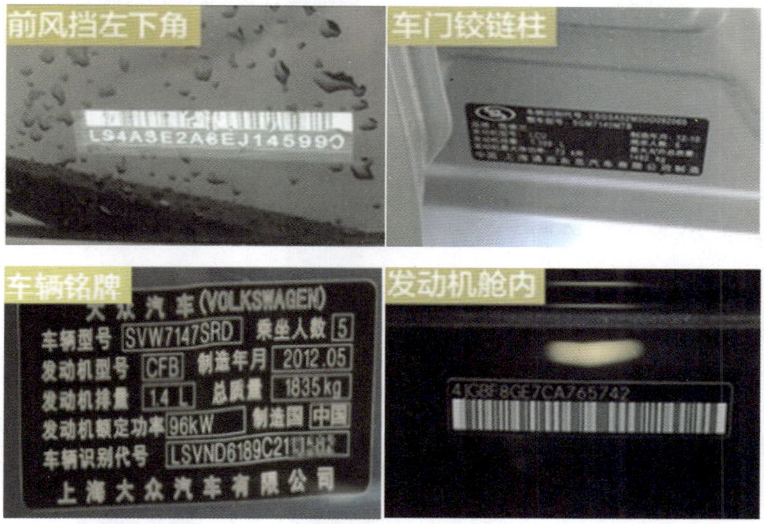

图 1–3 车辆识别代号（VIN）标牌的位置

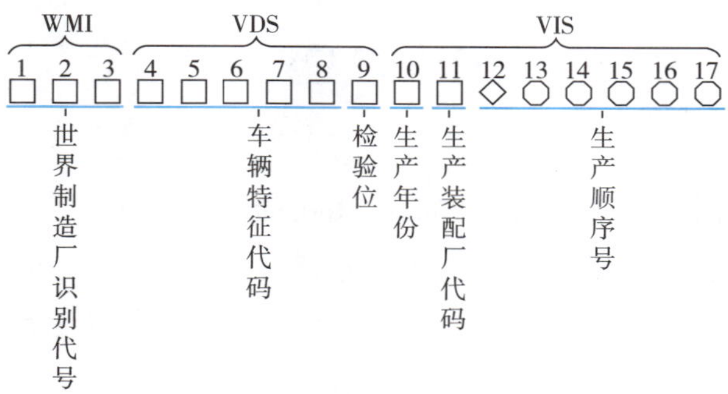

图 1–4 车辆识别代号的组成

第一部分：世界制造厂识别代号 WMI（World Manufacturer Identifier），用于识别生产商的名称及所在国家。每年生产少于 500 辆汽车的生产厂家，其 VIN 的第 3 位会使用数字“9”，并会使用第 12 ~ 14 位作识别的第二部分。

1）第 1 位：地理区域，如非洲、亚洲、欧洲、大洋洲、北美洲和南美洲。

2）第 2 位：特定地区内的一个国家。美国汽车工程师协会（SAE）负责分配国家代码。

3）第 3 位：某个特定的制造厂，由各国的授权机构负责分配。

第二部分：车辆说明部分 VDS（Vehicle Descriptive Section），由 6 位字母或数字组成。由制造厂家自行规定用于识别车辆的一般特征，所以也叫作车辆特征代码。

第 4 ~ 8 位：车辆特征

轿车：种类、系列、车身类型、发动机类型及约束系统类型。

MPV：种类、系列、车身类型、发动机类型及车辆额定总质量。

载货车：型号或种类、系列、底盘、驾驶室类型、发动机类型、制动系统及车辆额总质量。

客车：型号或种类、系列、车辆长度、发动机类型及制动系统。

第 9 位：校验位，用于检验车辆识别代号（VIN）书写正确性的“检验数字”（数字 0 ~ 9 或字母“X”）。检验 VIN 填写得是否正确，并能防止伪造。它是由其他 16 位字码对应数值乘以其所在位置加权系数的和除以 11 所得的余数。当余数为 0 ~ 9 时，余数就是检验数字；当余数为 10 时，使用字母“X”作为检验数字，示例见表 1–8。

表 1–8　校验位算法示例

VIN 码中的位置	1	2	3	4	5	6	7	8	9	10	11	12	13	14	15	16	17
车辆识别代号（VIN）	L	F	W	A	D	R	J	F		1	1	0	0	2	3	4	6
对应值	3	6	6	1	4	9	1	6		1	1	0	0	2	3	4	6
加权系数	8	7	6	5	4	3	2	10		9	8	7	6	5	4	3	2
乘积总和	24+42+36+5+16+27+2+60+9+8+0+0+10+12+12+12=275																
余数	275/11=25 余 0																

第三部分：车辆指示部分 VIS（Vehicle Indicator Section），第 10 ~ 17 位，由制造厂为了区别每辆车而指定的 8 位字母或数字组成。

第 10 位：生产年份，见表 1–9。为字母或数字，不能为数字 0、字母 I、O、Q、U，每 30 年循环一次。

表 1–9　生产年份代码

年份	代码	年份	代码	年份	代码	年份	代码
2001	1	2011	B	2021	M	2031	1
2002	2	2012	C	2022	N	2032	2
2003	3	2013	D	2023	P	2033	3
2004	4	2014	E	2024	R	2034	4
2005	5	2015	F	2025	S	2035	5
2006	6	2016	G	2026	T	2036	6
2007	7	2017	H	2027	V	2037	7
2008	8	2018	J	2028	W	2038	8
2009	9	2019	K	2029	X	2039	9
2010	A	2020	L	2030	Y	2040	A

第 11 位：装配厂代码，为字母或数字。

第 12～17 位：生产顺序号，一般为数字。

任务实施（操作步骤和流程）

车辆识别代号 LFMAAB0A551000001，以小组讨论的形式分析说明其含义，写出小组讨论结果，派代表进行解释说明并说出依据。

任务小结

汽车型号编制规则能够表示该车型的生产厂家、车辆类型、车辆特征参数的具体数值、车辆是第几代和企业自定义的相关信息。车辆识别代号包含了车辆的生产国家、生产厂家、车的类型、品牌名称、车型系列、车身形式、发动机型号、车型年款（属哪年生产的年款型车）、安全防护装置型号、校验数字、组装厂名称和出厂顺序号码等信息。

任务3 汽车的基本构造与行驶原理的认知

任务解析

大家可能对于汽车并不陌生，但是您知道汽车是由哪些部分组成的吗？汽车的各部分有什么作用？汽车为什么能够行驶？

资 讯

一、汽车基本构造的认知

大多数汽车都是由发动机、底盘、车身和电气设备4个基本部分组成。

（一）发动机构造的认知

目前除电动汽车外，大多数汽车的动力源都是发动机。而汽车发动机都是借助工质的状态变化将燃料燃烧产生的热能转变为机械能的热能动力装置，简称热机。热机分为内燃机和外燃机两种。内燃机与外燃机相比，具有结构紧凑、体积小、重量轻和容易起动等许多优点。内燃机又分为活塞式内燃机和燃气轮机。目前广泛采用直接以燃料燃烧所生成的燃烧产物为工质的活塞式内燃机。

汽车多用四冲程往复活塞式内燃机。这种发动机在四个活塞行程内完成进气、压缩、做功和排气四个过程，即在一个活塞行程内只进行一个过程。因此，活塞行程可分别用四个过程命名，如图1–5所示。

1. 进气行程

活塞在曲轴的带动下由上止点运行至下止点。排气门关闭，进气门开启。在活塞移动过程中，气缸容积逐渐增大，气缸内形成一定的真空度。空气和汽油的混合物通过进气门被吸入气缸，并在气缸内进一步混合形成可燃混合气。

2. 压缩行程

进气行程结束后，曲轴继续带动活塞由下止点运行至上止点。进、排气门均关闭。随着活塞移动，气缸容积不断减小，气缸内的混合气被压缩，缸内压力和温度同时升高。

3. 做功行程

压缩行程结束时，火花塞产生电火花，将气缸内的可燃混合气点燃，火焰迅速传遍至整个气缸，同时放出大量的热能。燃烧气体的体积急剧膨胀，压力和温度迅速升高。在气体压力的作用下，活塞由上止点运动至下止点，并通过连杆推动曲轴旋转做功。这时，进、排气门关闭。

4. 排气行程

排气行程开始，排气门开启，进气门仍然关闭，曲轴通过连杆带动活塞由下止点运动至上止点，此时膨胀过后的燃烧气体（或称废气）在其自身剩余压力和活塞的推动下，经排气门排出气缸之外。当活塞到达上止点时，排气行程结束，排气门关闭。

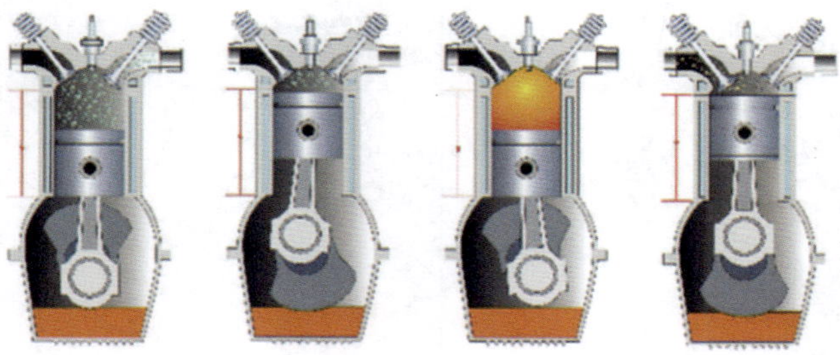

a） b） c） d）

图 1–5 四冲程发动机工作原理

a）进气行程 b）压缩行程 c）做功行程 d）排气行程

（二）底盘构造的认知

底盘的功用是支承、安装汽车发动机及其他各部件、总成，形成汽车的整体造型，接受发动机的动力，使汽车运动，并按照驾驶人的意图转向和停车，保证正常行驶。底盘由传动系统、行驶系统、转向系统和制动系统 4 部分组成。

1. 传动系统的认知

（1）传动系统的组成及功用　传动系统的功用是将发动机输出的动力传递给驱动车轮。传动系统具有变速、倒车、中断动力、差速等功能，与发动机配合工作，能保证汽车在各种工况下正常行驶，并具有良好的动力性和经济性。

传动系统一般包括离合器、变速器、万向传动装置、驱动桥等，如图 1–6 所示。

离合器的功用：平顺接合动力，保证汽车平稳起步；临时切断动力，保证换挡时工作平顺；防止传动系统过载。离合器由主动部分、从动部分、压紧装置和操纵机构 4 部分组成。离合器结构如图 1–7 所示。

变速器的功用：变速变矩；实现倒车；利用空挡中断动力传递。变速器结构如图 1–8 所示。

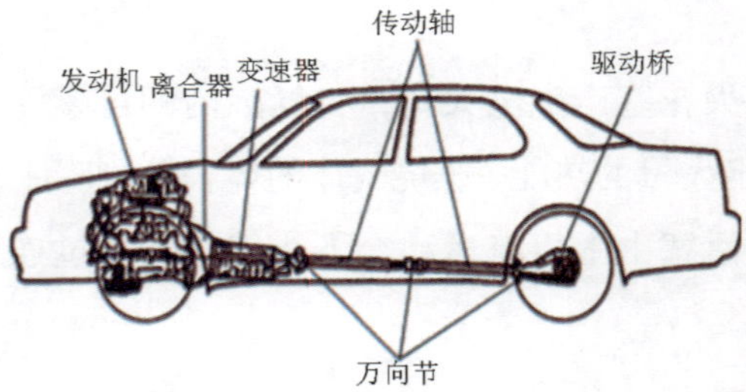

图 1-6　传动系统组成

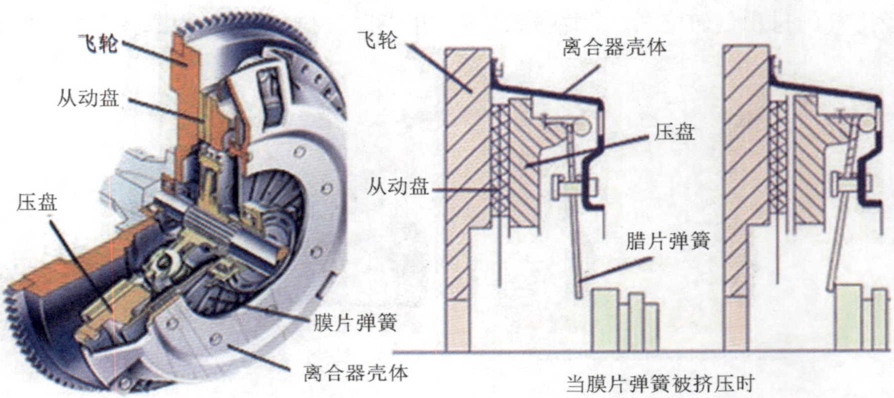

图 1-7　离合器结构图

图 1-8　变速器结构图

万向传动装置是在轴线相交且相对位置经常变化的两转轴间传递动力，其组成包括万向节和传动轴，当传动轴较长时，还要加中间支承。万向传动装置多用于变速器与驱动桥之间；驱动桥与驱动轮之间，方向盘与转向器之间，变速器与分动器之间，分动器与驱动桥之间，如图 1-9 所示。

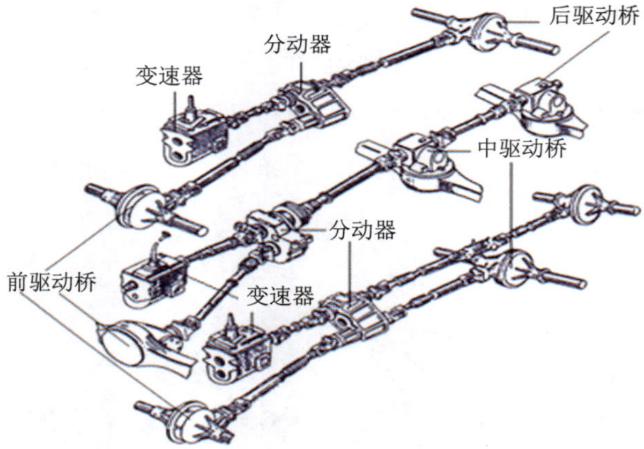

图 1-9　万向传动装置

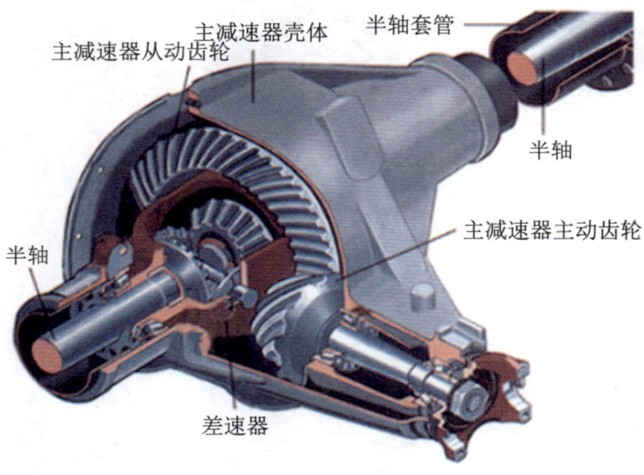

图 1-10　驱动桥组成

驱动桥由主减速器、差速器、半轴、驱动桥壳（或变速器壳体）和驱动车轮等零部件组成，如图 1-10 所示。

（2）传动系统的布置方案　传动系统常见布置方案主要与发动机及驱动桥位置有关，可分为 5 种布置方案：

1）发动机前置、后轮驱动（FR）：国内外的大多数货车、部分轿车和部分客车都采用这种方案，如图 1-11 所示。FR 的优点是整车的前后重量比较均衡，操控稳定性较好；附着力大易获得足够的驱动力。缺点是传动部件多、传动系统质量大，传动效率低；贯穿乘坐舱的传动轴占据了舱内地板空间。

2）发动机前置、前轮驱动（FF）：这种布置方案操纵机构简单、发动机散热条件好；省去了传动轴，减轻了重量，结构比较紧凑；有效利用发动机室的空间，降低了地板高度；发动机靠近驱动轮，动力传递效率高，燃油经济性好；增加了前轮负荷，提高了轿车高速行驶时的操纵稳定性和制动时的方向稳定性。但上坡时汽车质量后移，使前驱动轮的附着力减小，驱动轮易打滑；前桥即是转向桥又是驱动桥，结构和工艺比较复杂，成本高、维修保养困难；前轮工作条件苛刻，轮胎寿命短；大多数轿车采取这种布置方案，如图 1–12 所示。

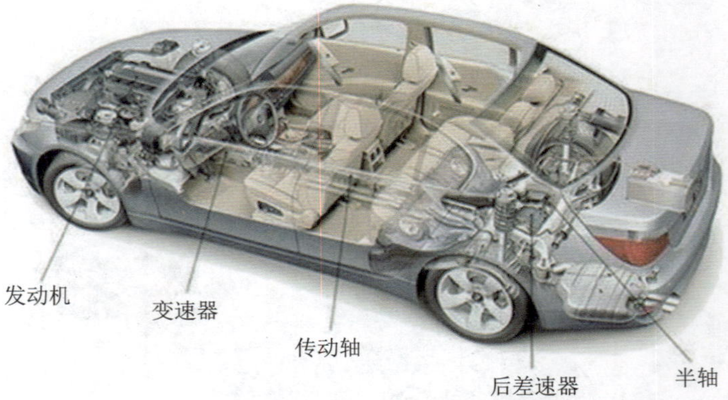

图 1–11　发动机前置、后轮驱动

图 1–12　发动机前置、前轮驱动

3）发动机后置、后轮驱动（RR）：在大型客车上多采用这种布置方案，少量微型、轻型轿车也采用这种布置方案，如图 1–13 所示。发动机后置，使前轴不易过载，并能更充分地利用车箱空间，还可有效地降低车身地板的高度或充分利用汽车中部地板下的空间安置行李，也有利于减轻发动机的高温和噪声对驾驶人的影响。缺点是发动机散热条件差；行驶中后部的故障不易被驾驶人察觉。远距离操纵也使操纵机构变得复杂、维修调整不便。但由于优点较为突出，因此在大型客车上应用越来越多。

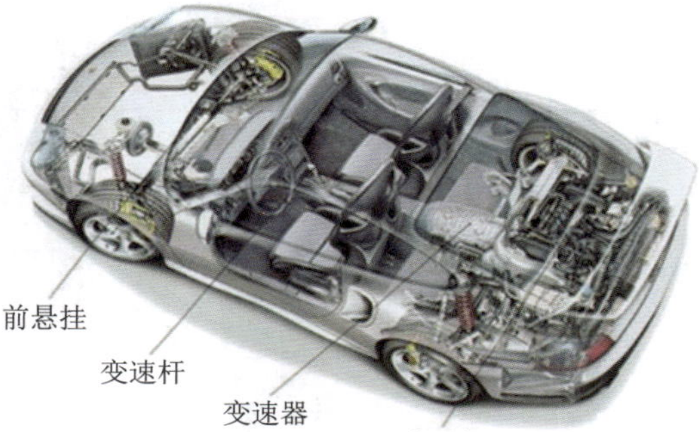

图 1-13 发动机后置、后轮驱动

4）发动机中置、后轮驱动（MR）：这种布置方案是发动机放置在前、后轴之间，如图 1-14 所示，同时采用后轮驱动，轴负荷分配均匀，具有很中性的操控特性；发动机靠近驱动桥，无需传动轴，减轻了车重，传动效率高。缺点是发动机占去了座舱的空间，降低了空间利用率和实用性，因此 MR 方案大都用于追求操控性的跑车。

5） 四轮驱动又称全轮驱动：发动机前置，在变速器后装有分动器，如图 1-15 所示。可按行驶路面状态不同而将发动机输出转矩按不同比例分布在前后所有的轮子上，以提高汽车的行驶能力。四个车轮均接受动力，地面附着率最大，通过性和动力性好。

图 1-14 发动机中置、后轮驱动

图 1-15 四轮驱动

2. 行驶系统的认知

（1）行驶系统的功用　行驶系统接受传动系统的动力，通过驱动轮与路面的附着作用产生牵引力，使汽车正常行驶；将汽车构成一个整体，承受汽车的总重量；承受并传递路面作用于车轮上的各种反力和力矩，缓和不平路面对车身造成的冲击，衰减汽车行驶中的振动，保持行驶的平顺性；与转向系统配合，保证汽车操纵稳定性。

（2）行驶系统的组成　汽车行驶系统一般由车轮、车桥、悬架和车架组成，如图 1-16 所示。

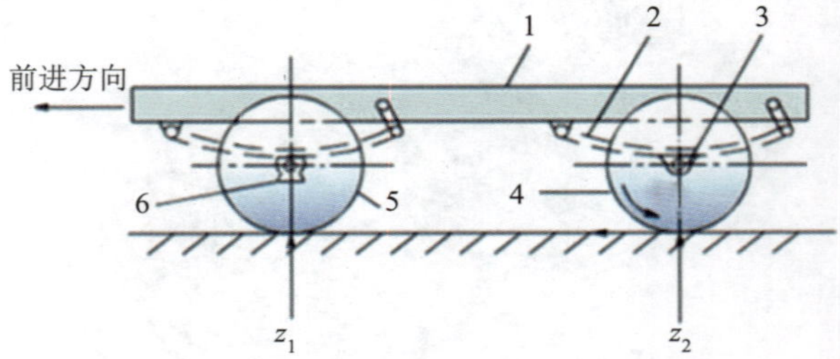

图 1-16 行驶系统的组成

1—车架　2—悬架　3—车桥
4—驱动轮　5—从动轮　6—轮轴

车架是汽车的基体，如发动机、变速器、传动机构、操纵机构、车身等总成和部件都安装于车架上。车架按其结构形式不同可分为：边梁式车架、中梁式车架、综合式车架和无梁式车架，如图 1-17 所示。

图 1-17 边梁式车架和中梁式车架

车桥两端安装车轮，并通过悬架与车架连接，支承汽车重量，并将车轮受到的牵引力、制动力以及侧向力经悬架传给车架。

按结构不同，车桥可分为整体式和断开式两种，如图 1-18 所示。整体式车桥为整体式结构与非独立悬架匹配，不能断开，同一车桥上的两个车轮没有相对运动。断开

图 1-18 整体式车桥与断开式车桥

式车桥为活动关节式结构，与独立悬架匹配，两侧车轮可以相对运动互不影响。按使用功能不同划分，车桥又可分为转向桥、转向驱动桥、驱动桥和支持桥。

车轮总成由车轮和轮胎2部分组成，支承汽车总重量，缓和路面不平引起的冲击力，接受和传递各个方向的力及其所形成的力矩。轮胎具有抵抗侧滑的能力，车轮总成具有自动回正的能力，使汽车正常转向，保持汽车直线驶。

车轮由轮毂、轮辋以及两者之间的连接部分轮辐 3 部分组成，如图 1–19 所示。按照轮辐的结构，车轮可分为辐板式和辐条式。

轮胎安装在轮辋上的，直接与路面接触。轮胎主要由胎冠、胎肩，胎侧，胎体和胎圈等部分组成，如图 1–20 所示。

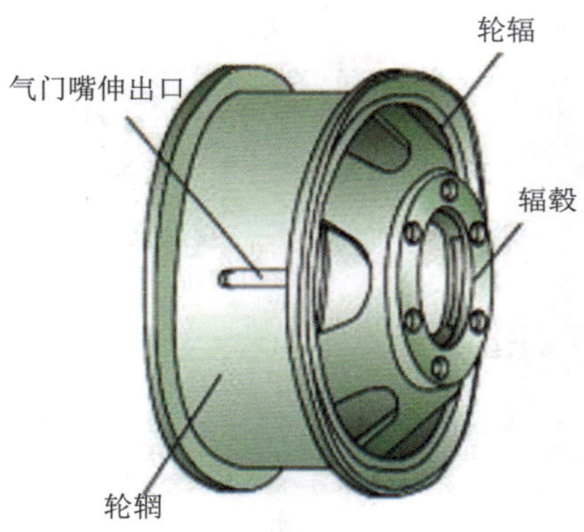

图 1–19　车轮

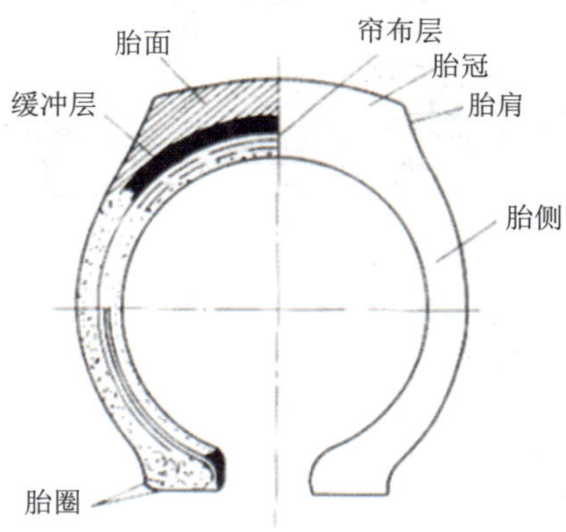

图 1–20　轮胎

悬架是车架与车桥之间一切传力连接装置的总称。悬架的作用是将车架与车桥弹性连接起来，缓和、吸收车轮在不平路面上受到的冲击和振动，传递各种作用力和力矩。悬架一般由弹性元件、导向装置和减振器 3 部分组成，可分为非独立悬架和独立悬架两类，如图 1–21 所示。

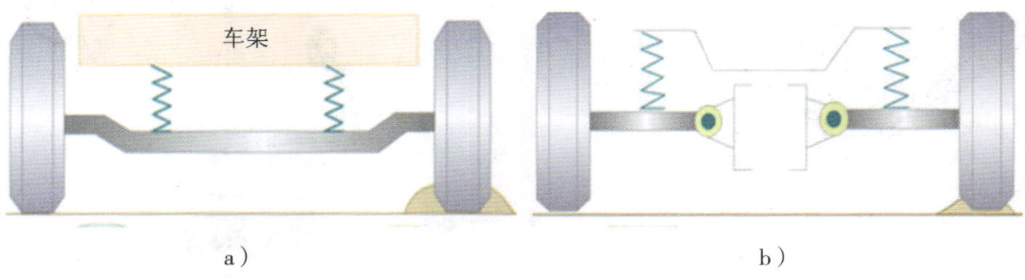

图 1–21　独立悬架和非独立悬架

a）非独立悬架　b）独立悬架

3. 转向系统的认知

汽车行驶过程中，经常需要改变行驶方向，这就需要有一套能够按照驾驶人意图使汽车转向的机构，它将驾驶人转动方向盘的动作转变为车轮（通常是前轮）的偏转动作。汽车上用来改变或恢复其行驶方向的专设机构称为汽车转向系统。

转向系统按转向能源的不同，分为机械转向系统和动力转向系统两大类。

机械转向系统的能量来源是人力，所有传力件都是机械的，由转向操纵机构、转向器、转向传动机构 3 部分组成，如图 1–22 所示。

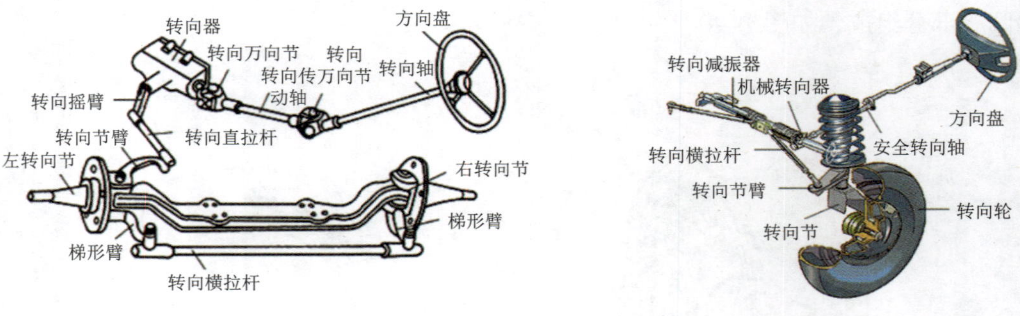

a）　　　　b）

图 1–22　机械转向系统

a）机械转向系统示意图　　b）红旗 CA7220 型轿车机械转向系统

动力转向系统是兼用驾驶人体力和发动机（或电动机）的动力作为转向能源的转向系统。动力转向系统是在机械转向系统的基础上加设一套转向加力装置，而其主要的动力来源是转向加力装置。根据转向加力能源的不同，可分为液压式动力转向系统和电动式动力转向系统两种类型，如图 1–23、图 1–24 所示。

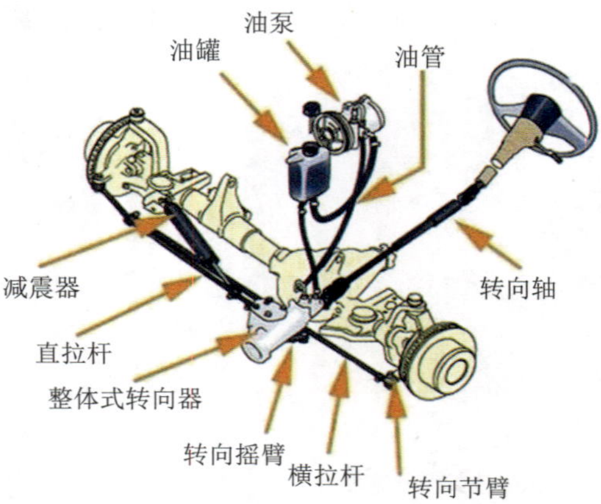

图 1–23　液压式动力转向系统

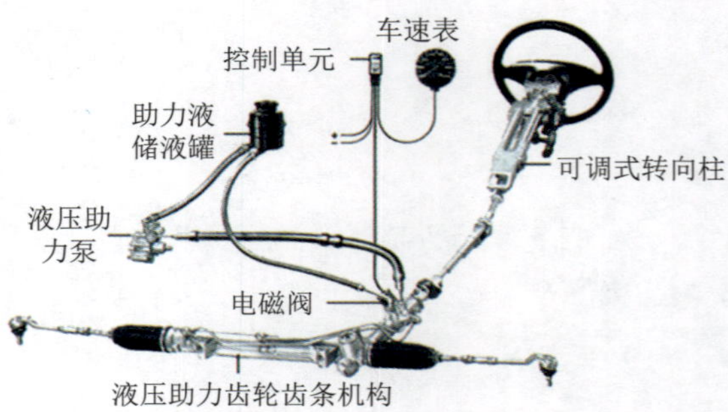

图 1–24　电动式动力转向系统

4. 制动系统的认知

汽车上利用外界（主要是路面）在汽车某些部分（主要是车轮）施加一定的力，从而对其进行一定程度的强制制动的专门装置统称为制动系统，如图 1–25 所示。制动系统的作用是：使行驶中的汽车按照驾驶人的意图进行强制减速甚至停车；使已停驶的汽车在各种道路条件下（包括在坡道上）稳定驻车；使下坡行驶的汽车速度保持稳定。

按制动系统的作用不同，制动系统可分为行车制动系统、驻车制动系统、应急制动系统及辅助制动系统等。按制动操纵能源不同，制动系统可分为人力制动系统、动力制动系统和伺服制动系统等。按制动能量的传输方式不同，制动系统可分为机械式、液压式、气压式、电磁式等。同时采用两种以上传能方式的制动系称为组合式制动系统。

制动系统由供能装置、控制装置、传动装置和制动器 4 部分组成。

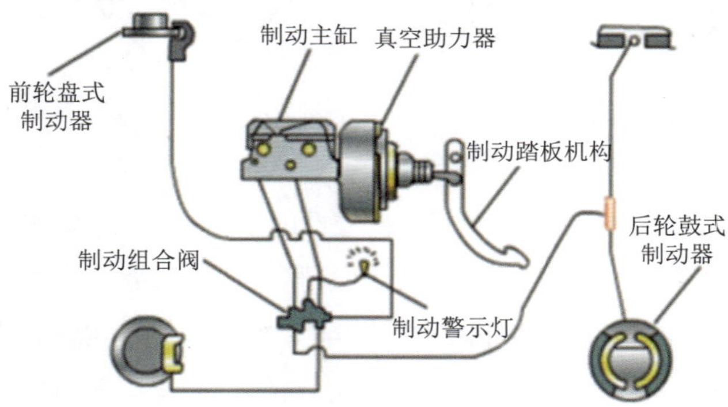

图 1–25　汽车制动系统组成

（三）车身的认知

1. 车身组成的认知

车身是车辆用来载人装货的部分，既是驾驶人的工作场所，又是容纳乘客和货物的场所。车身保护人员和货物免受汽车行驶时的振动、噪声、废气的侵袭以及外界恶劣气候的影响，并保证完好无损地运载货物且装卸方便。汽车车身上的一些结构、措施有助于安全行车和减轻事故的后果。

车身设计应保证具有合理的外部形状，在汽车行驶时能有效地引导周围的气流，以减少空气阻力和燃料消耗。此外，车身还应有助于提高汽车行驶稳定性和改善发动机的散热条件，并保证车身内部良好的通风。

汽车车身也是一件精致的综合艺术品，应以其大气的外观、优美或硬朗的外形、提升品质的装饰件和高品质的内部覆饰材料以及悦目的色彩使人获得美的感受，点缀人们的生活环境。

汽车车身结构主要包括：车身本体，内、外装饰件，车身附件等。在货车和专用汽车上还包括车箱和其他装备。车身的造型有厢型、鱼形、船形、流线型及楔形等几种，结构形式分单厢、两厢和三厢等类型。

车身本体（白车身）：车身结构件及覆盖件总成。它是包括翼子板、发动机罩、行李箱盖和车门，但不包括附件及装饰件的未涂漆的车身。现代轿车车身本体的组成构件大体分为 3 类：车身结构件（梁和支柱）、车身覆盖件及结构加强件，如图 1–26 所示。

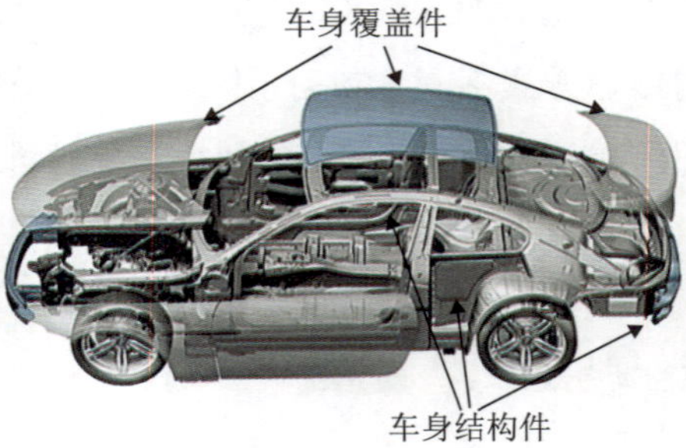

图 1–26　车身本体

图 1–27　车身结构件

车身结构件（梁、支柱）：用于支撑覆盖件的全部车身结构零件，如图 1–27 所示。它是车身承载能力的基础，通常是指横、纵梁和支柱等主要承力元件以及与它们相连接的钣件共同组成的刚性空间构件。对保证车身所要求的结构强度和刚度非常重要。此外，还具有以下作用：安装车身各种构件或附件，如车门铰链、发动机罩、玻璃、密封条等；焊接以连接各车身覆盖件，组成车身的封闭壳体；完成车身各种活动部分的动态配合；设置流水槽结构和车身通风道。

车身覆盖件：包覆骨架的表面板件，如图 1–28 所示，车身覆盖件是指车身中用于包覆梁、支柱等的构件，具有较大空间曲面形状的表面和车内板件，其作用是封闭车身、体现车身外观造型及增大结构强度和刚度等。

内、外装饰件：车身内部及外部起保护与装饰作用的零部件的总称。外装饰件主

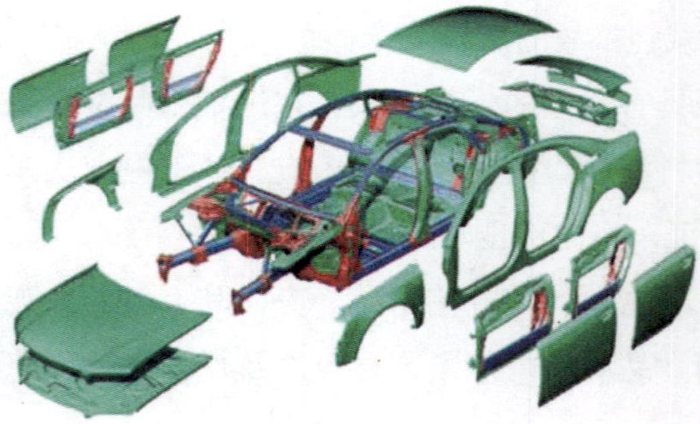

图 1–28　车身覆盖件

要有前后保险杠、车门防撞装饰条、散热器面罩、外饰件、玻璃、密封条和车外后视镜等。内装饰件主要有车门内护板、车顶顶棚、地板及侧壁的内饰等。

车身附件：车身中具有独立功能并成为一个分总成的机构。如：座椅、仪表板、空调、后视镜、玻璃升降器、安全带、刮水器、车灯、遮阳板、扶手、车门机构及附件、车内后视镜等。

车身电子装置：主要包括刮水器、洗涤器、空调装置、仪表、开关、前灯、尾灯和各种指示照明灯等。

2. 车身分类的认知

按受力情况不同，车身可分为非承载式车身和承载式车身。

非承载式车身的汽车具有一个整体式的刚性车架，又称底盘大梁架。非承载式车身中发动机、变速器、车身等部件总成都固定在车架上，车架通过前后悬架与车桥相连。装有非承载式车身的汽车重量大、车身高，多被货车、部分客车和越野车采用，就是因为它刚度和强度较大、承载能力强。

承载式车身没有刚性车架，只在车头、侧围、车尾、底板等部位设有加强肋，发动机、变速器等总成部件装配在车身上，车身直接通过悬架与车轮相连。承载式车身除了其固有的乘载功能外，还直接承受各种力及其力矩的作用。它具有重量轻、高度低、装配容易等优点，大部分轿车采用这种车身结构。

（四）电气设备的认知

电气设备是汽车的重要组成部分，其性能的好坏直接影响到汽车的动力性、经济性、可靠性、安全性、舒适性及排气净化性。现代汽车上所装用的电气设备的数量很多，按其用途可大致归纳并划分为下列 5 部分。

1. 电源部分

汽车的两个供电电源为发电机和蓄电池，如图 1–29 所示。两者并联工作，发电机是主要电源，当发动机带动发电机达到规定的发电转速时，即向相关电气设备供电，同时给蓄电池充电。蓄电池是辅助电源，在汽车未运转时向有关电气设备供电；两者互补，有效确保用电设备正常工作。

2. 用电设备

汽车上的用电设备很多，基本的用电设备大致可分为起动系统，点火系统，照明与信号系统，仪表、报警与电子显示系统，辅助电器系统及电子控制系统等部分。

（1）起动系统　它由蓄电池供电，将电能转变为机械能，带动发动机转动。完成起动任务后，立即停止工作。起动系统由起动电动机、传动机构及控制机构组成，如图 1–30 所示。

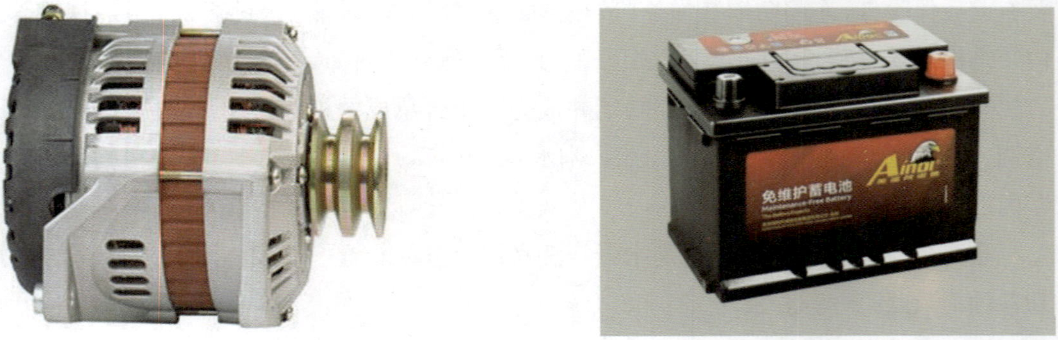

a） b）

图 1-29 电源系统

a）发电机 b）蓄电池

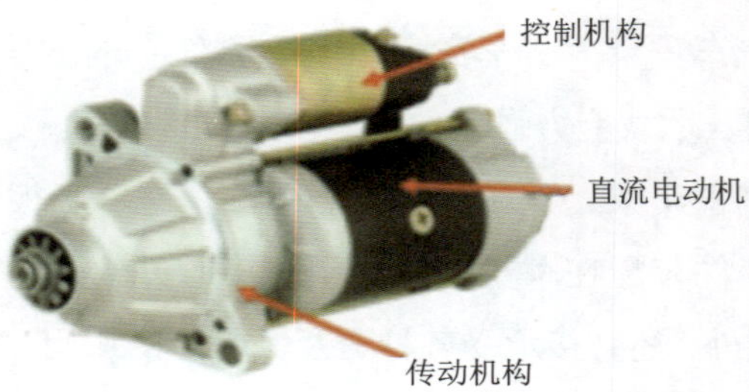

图 1-30 起动系统

（2）点火系统　是汽油机的重要组成部分，其功能是按气缸工作顺序产生高压电并通过火花塞跳火，适时、准确地点燃可燃混合气。点火系统有传统点火系统、电子点火系统及计算机控制点火系统 3 大类。电子点火系统与计算机控制点火系统如图 1-31 所示。目前汽车广泛使用了计算机控制点火系统。

（3）照明设备　包括车内、外各种照明灯，以及安全行车所必要的各种灯光，如图 1-32 所示，其中以前照灯最为重要。

（4）信号装置　包括电喇叭、闪光器、蜂鸣器及各种信号灯，用来提供安全行车必要的信号。

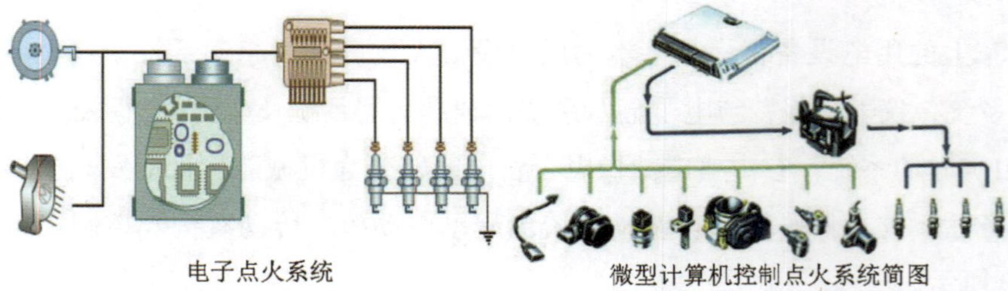

图 1-31 点火系统

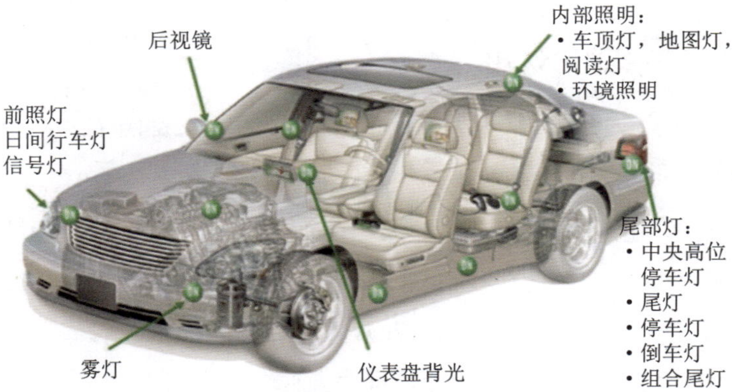

图 1–32　车内、外照明设备

（5）辅助电器　包括电动刮水器、风窗洗涤器、风窗加热器、空调、音响、点烟器、防盗装置、中控门锁系统、电动车窗、电动后视镜、电动座椅及防撞雷达系统等。辅助电器类型日益增多，主要向保障安全、娱乐、舒适方面发展。

3. 电子控制装置

电子控制装置是指由微型计算机控制的装置，如电子控制点火装置、电子控制汽油喷射装置、电子控制防抱死制动装置、电子控制自动变速器、电控悬架系统及自动巡航控制系统等，用来提高汽车的动力性、经济性、安全性，实现排气净化和操纵自动化。

4. 仪表指示装置

仪表指示装置包括各种监测仪表，如电流表、电压表、机油压力表、温度表、燃油表、车速里程表、发动机转速表和各种报警灯，如图 1–33 所示。用来监视发动机和其他装置的工作情况。

5. 配电装置

配电装置包括中央接线盒、继电器、电路开关、熔丝装置、插接件和导线，如图 1–34 所示。

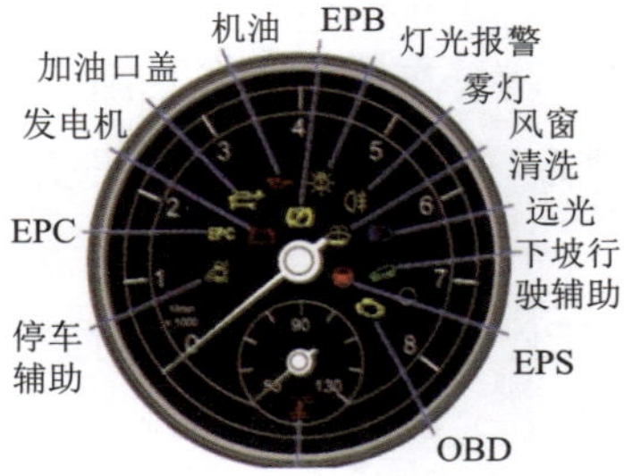

图 1–33　仪表指示装置

图 1–34　配电装置

二、汽车行驶原理的认知

欲使汽车行驶，必须对汽车施加一个驱动力以克服各种阻力。汽车等速行驶时，其阻力包括滚动阻力、空气阻力和上坡阻力。那么什么是驱动力和各种阻力呢?

滚动阻力主要是由于车轮滚动时轮胎与路面的变形而产生的。弹性轮胎沿硬路面滚动，路面变形很小，主要是轮胎的变形；车轮沿软路面（如沙地、松软土路、雪地等）滚动，轮胎变形很小，路面变形较大。此外，轮胎与路面以及轮毂、轴承间都存在着摩擦。车轮滚动时产生的这些变形与摩擦都要消耗发动机的动力，从而形成滚动阻力，以 F_f 表示，其数值与汽车的总重力、轮胎结构和气压以及路面性质有关。

汽车行驶时，需要挤开其周围的空气，汽车前面受空气压力、后面形成真空，产生压力差；此外还存在汽车表面与空气之间的摩擦；再加上冷却发动机、室内通风以及汽车表面外凸零件引起的气流干扰等，就形成空气阻力，用 F_w 表示。空气阻力的大小与汽车的形状、正面投影面积有关，特别是与汽车速度的平方成正比。汽车高速行驶时，空气阻力的数值将明显增加。

汽车上坡时，重力沿坡道方向的分力即为上坡阻力，以 F_i 表示，其数值大小取决于汽车的总重力和路面的纵向坡度。上坡阻力只是汽车上坡时才存在，但汽车克服坡度所做的功并未白白耗掉，而是以位能的形式储存下来。当汽车下坡时，所储存的位能又转变为汽车的动能，促使汽车行驶。

发动机经传动系统给驱动轮施加一个驱动力矩 M_t，力图使驱动轮旋转。在 M_t 作用下，通过驱动车轮与地面之间的附着作用对路面施加一个圆周力 F_0，其方向与汽车行驶方向相反，其数值为驱动力矩 M_t 与车轮滚动半径 R 之比：$F_0=M_t/R$。

由于车轮与路面的附着作用，在车轮向路面施加力 F_0 的同时，路面对车轮施加一个大小相等、方向相反的反作用力 F_t，F_t 就是汽车行驶的驱动力。

当驱动力增大到足以克服汽车静止时所受的各种阻力时，汽车便起步行驶。汽车起步后，其行驶状态取决于驱动力与总阻力之间的大小关系。总阻力等于上述各项阻力之和：$\sum F=F_f+F_w+F_i$，当总阻力 $\sum F$ 等于驱动力 F_t 时，汽车将匀速行驶。

当驱动力 F_t 大于总阻力 $\sum F$ 时，汽车将加速行驶。随着车速增加，总阻力会随空气阻力加大而急剧增加，所以汽车速度只能增大到驱动力与总阻力达到新的平衡为止。而后汽车便以这个车速匀速行驶。

当总阻力 $\sum F$ 超过驱动力 F_t 时，汽车将减速以至于停车。这时如欲维持原车速就需要加大油门或将变速器换入低档以便增大驱动力。但是，汽车并不是在任何情况下都能发出足够的驱动力。比如汽车在不良路面（冰雪或泥泞）上行驶时，加大油门可能会使驱动车轮原地滑转，而驱动力却不能增大。这是由于驱动力的最大值虽然取决于发动机的最大转矩和传动系统的传动比，但实际发出的驱动力还受到轮胎与路面之间的附着性能的限制。

附着力是指两种不同物质接触部分的相互吸引力。车轮与路面的相互摩擦以及轮胎的花纹与路面凸起部的相互吸引即车轮的附着作用，由附着作用所决定的阻碍车轮打滑的路面反力的最大值称为附着力。当驱动圆周力大于轮胎与路面间的附着力时，驱动车轮即出现打滑现象。因此最大驱动力不可能超过轮胎与路面的附着力 F_{ϕ}。

$$F_{\phi}=G\Phi$$

式中 G——驱动车轮上所分配的附着重力；

Φ——附着系数。

任务实施

通过本任务的学习，大家对汽车组成有了一定了解，以小组讨论的方式进行总结，将自己所学内容填入表 1-10 中。

表 1-10 汽车组成

汽车四大部分	组成	作用
发动机		
底盘		
电气		
车身		

任务小结

通过本任务的学习，我们了解了汽车是由发动机、底盘、车身及电气 4 部分组成。发动机就是汽车的心脏，负责将燃料燃烧的能量转化成机械能对外输出；底盘负责将发动机输出的能量传递给驱动车轮使汽车行驶，并且实现汽车的转向和制动；车身既是驾驶人工作场所，又是容纳乘客和货物的场所；汽车电气设备包括供电设备、用电设备、控制装置、仪表指示装置及配电装置。汽车行驶原理：驱动力大于各种阻力之和且小于地面附着力。

任务 4 汽车特征参数与性能指标的认知

任务解析

同学们都会有自己情有独钟的车型吧！那你对钟爱的车型了解多少呢？它在同级别车里是否有优势？都有哪些优势呢？下面我们来学习汽车尺寸参数、汽车的通过性参数、汽车的质量参数以及汽车的性能参数，对汽车进行进一步的了解。

资　讯

一、汽车特征参数的认知

1. 汽车尺寸参数（如图 1–35 所示）

车长：汽车前后最外端突出部位的两垂直面间的距离。

车宽：汽车两侧固定突出部分（不包括侧面标志灯、后视镜、转向指示灯、折叠式踏板、挠性挡泥板、防滑链）两垂直面间的距离。

车高：车辆空载且处于可运行状态，车辆支撑面与车辆最高突出部位相抵靠的水平面间的距离（不包括天线的长度）。

轴距：通过车辆同一侧相邻两车轮的中心点，并且垂直于车辆纵向对称平面的两垂线间的距离。轴距长能使汽车获得较好的直线行驶稳定性，轴距短能使汽车具有较好的灵活性。轴距越长，车内纵向空间就越大，膝部及脚部空间也就越宽敞。

轮距：同一车轴上两端车轮中心平面间的距离。轮距宽使得汽车横向稳定性与操纵性能较好。

前悬：两前轮中心垂面与抵靠车辆最前端垂面之间的最大距离。前悬数值越大，发动机舱空间就越大；但是前悬数值过大，则接近角过小，容易发生上坡触头现象，影响通过性。

后悬：两后轮中心垂面与抵靠车辆最后端垂面间的最大距离。

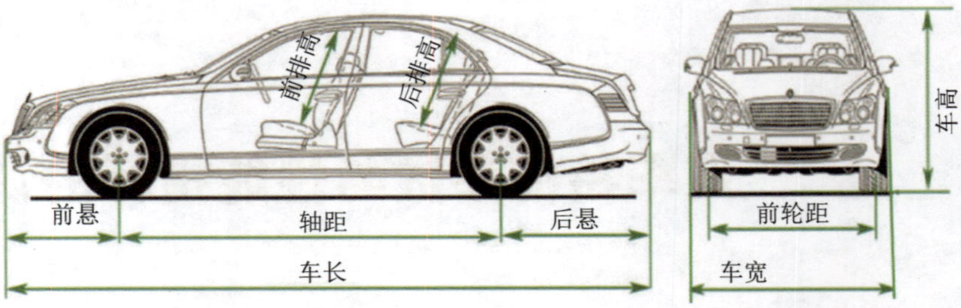

图 1-35 汽车外部尺寸

2. 汽车的通过性参数（如图 1-36 所示）

接近角：车辆静止、满载时，前端突出点向前轮所引切线与地面间的夹角。接近角越小，越容易发生因车辆前端触及地面而不能通过的情况。

离去角：车辆满载、静止时，后端突出点向后轮所引切线与地面间的夹角。离去角越小，越容易发生因车辆尾部触及地面而不能通过的情况。

图 1-36 汽车通过性参数

纵向通过角：车辆满载、静止时，分别与前、后轮胎外缘相切的两平面相交于车底下较低部位所夹的最小锐角。纵向通过角越大，车辆中间底部的零件因碰到地面而被顶住的可能性越小，通过性越好。

最小离地间隙：汽车在满载的情况下，其底盘最突出部位与水平地面的距离。

最小转弯直径：方向盘打到极限位置，汽车以最低稳定车速转向行驶时，外转向轮的中心平面在平整路面上滚过的轨迹圆直径。

3. 汽车质量参数

整车干质量：装备车身、全部电气设备和车辆行驶所需要的辅助设备的完整质量（不包括燃料和冷却液质量）与选装装置（包括固定的或可拆除的行李架、侧踏、防水蓬布等）的质量之和。

整车整备质量：整车干质量以及燃料（不少于整个燃油箱的 90%）质量、冷却液质量和随车件（备胎、灭火器、随车工具等）质量之和。

最大装载质量：最大载货质量与最大客运质量（包括驾驶人）之和。

最大总质量：整车整备质量和最大装载质量之和。

最大轴载质量：制造厂考虑材料强度、轮胎承载能力等因素而核定的轴载质量。

二、汽车主要性能指标的认知

汽车使用性能是指汽车能够适应各种使用条件而发挥最大工作效率的能力。主要有下面几项性能指标。

1. 动力性

汽车动力性是指汽车在良好路面上直线行驶时所能达到的平均行驶速度。动力性好坏直接影响运输效率的高低。所以，动力性是汽车最基本的、最重要的性能指标。汽车动力性的评价指标包括最高车速、加速时间、爬坡能力。

2. 燃油经济性

在保证动力性的条件下，汽车以尽可能少的燃油消耗量经济行驶的能力，称作汽车的燃油经济性。

燃油经济性通常是用单位里程的燃油消耗量或单位容积燃油的行驶里程来表示。我国汽车的燃油经济性常用一定运行工况下汽车行驶百公里的燃油消耗量来表示。这个数值越小，汽车燃油经济性越好。美国为 MPG（Mile Per Gallon）即每加仑燃油能行驶的英里数。这个数值越大，汽车燃油经济性越好。

3. 制动性能

汽车行驶时能在短距离内停车且维持方向的稳定性，在下长坡时能维持稳定车速，使已停驻的汽车在坡道上稳定不动的能力，称为汽车的制动性。

4. 通过性

汽车的通过性是指汽车在一定载荷下以足够高的平均车速通过各种坏路、无路地带（如松软地面、凹凸不平地面等）及各种障碍（如陡坡、侧坡、壕沟、台阶、灌木丛、水障等）的能力，又称越野性。

5. 操作稳定性

操作稳定性是指汽车对驾驶人操纵指令的响应能力，直接影响行车安全。汽车能遵循驾驶人的意图通过转向系统控制汽车按照给定的方向行驶，且当遭遇外界干扰（比如侧向力、转弯时的向心力等）时，汽车能抵抗干扰而保持稳定行驶的能力。

6. 平顺性

平顺性主要是指路面不平引起的汽车振动。评价乘坐者的舒适程度，通常指乘客对振动的适应程度。汽车在行驶过程中由于路面不平的冲击，会造成汽车的振动，使乘客感到疲劳和不舒适，损坏货物，同时振动还会影响汽车的使用寿命。为防止上述现象的发生，不得不降低车速。

7. 环保性

环保性是指汽车噪声、有害排放物、无线电干扰电波等。排放物是指一氧化碳、碳氢化合物、氮氧化合物、碳烟等，以重量表示；噪声以声压级的分贝数表示。

8. 可靠性

广义可靠性是指整个寿命周期内和规定条件下，完成规定动作的能力，常用的指标有平均首次故障里程，当量故障率、千千米维修时间、千千米维修费用和有效度。

9. 耐久性

耐久性是指在规定的使用条件和维修条件下，达到某种技术或经济指标极限时，完成规定动作的能力。一般只有大批量生产的汽车才进行耐久性试验。

任务实施

以小组讨论的方式，确认图 1-37 中汽车外形尺寸中序号的名称，互相交流个人喜欢车型特征参数以及性能指标优劣。而后将自己所喜爱车型尺寸特征参数的数值填入表 1-11。

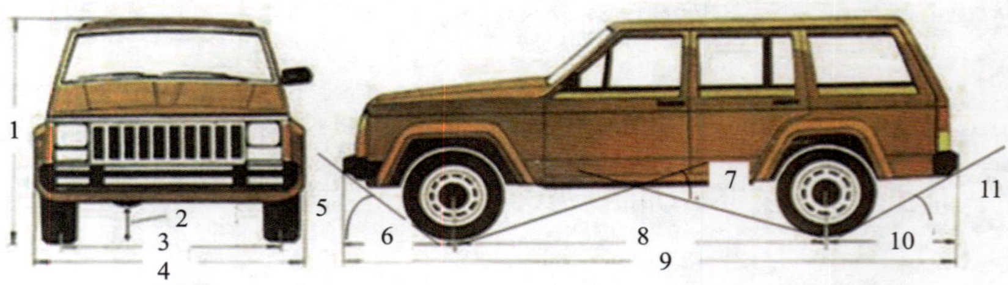

图 1-37 汽车外形尺寸参数

表 1-11 汽车外形尺寸表

汽车名	参数名	1	2	3	4	5	6
	参数值						
	参数名	7	8	9	10	11	
	参数值						

任务小结

通过学习，我们了解到汽车每个外形尺寸、质量参数的具体含义；汽车通过性的具体评价指标；汽车性能参数具体指标的意义。这样有利于我们通过特征参数和性能指标的对比分析竞品车型具有的优势和劣势。

项目自测题

1. 汽车的定义是什么？
2. 什么是乘用车？
3. 什么是商用车？
4. 汽车和机动车的含义的区别是什么？
5. 汽车和挂车类型的术语和定义（GB/T 3730.1—2001）把汽车分成几类？
6. 车辆识别代号有几位？其意义和作用是什么？
7. 解释车辆识别代号 LSGGF53W8CH066445 的含义。
8. 汽油发动机的组成及功用是什么？
9. 底盘是由几部分组成的？各部分具有什么功用？
10. 汽车行驶的基本原理是什么？
11. 详细说明自己喜爱车型的基本特征参数及性能指标。

项目二

汽车的衍生文化现象展示与分析

项目导入

汽车文化是汽车诞生以来在历史长河中积淀下来的物质文明和精神文明。汽车诞生之后，随着人们对汽车的追求，诞生了丰富多彩的汽车活动，比如汽车比赛、车展、汽车杂志、汽车电影、汽车博物馆、汽车公园，甚至是汽车城。在汽车日渐成为生活必不可少的交通工具的同时，汽车的衍生文化也成为潮流时尚的代名词。请同学通过以下汽车运动、汽车展览、汽车建筑、汽车节庆活动、汽车媒体 5 个任务的学习领略各种汽车文化现象的奥秘，并分析这些衍生文化对人类生产生活带来的影响和改变。

项目目标

- 学会欣赏汽车衍生的各类文化现象
- 体会汽车文化现象所展现出的人们对汽车的强烈追求
- 掌握各类汽车文化现象的内容、形式和组织特点

任务1 汽车运动对汽车产业进步影响的分析

任务解析

汽车运动伴随着汽车的产生、发展逐渐走入成熟。在这百余年的发展过程中，汽车运动虽经历波折却历久弥新。是什么样的魅力能让汽车运动长久以来保持新鲜且倍受追捧呢？它的组织形式又是怎样的呢？本次任务我们来学习汽车运动对汽车产业进步的影响。

资　讯

一、汽车运动的起源

汽车运动是指汽车在封闭场地内、道路上或野外比赛速度、驾驶技术和性能的一种运动项目。汽车运动即指各类汽车比赛。“赛车”一词来自法文（Grand Prix），意思是大奖赛。激烈、惊险、浪漫、刺激的汽车运动，不仅仅使成千上万的车迷观众为之痴迷，而且还推动着世界汽车技术的发展日新月异。

19世纪80年代，赛车运动之初，汽车比赛的目的只是汽车生产厂家为了检查车辆的性能，宣传使用汽车的安全性和可靠性，因此汽车生产厂家积极资助，推销其产品。1894年，Le Petit 日报的 Pierre Gifard 组织了世界上第一次汽车比赛，线路由巴黎到鲁昂（Rouen），共80mile（1mile=1.609km）。这次比赛远不及今天大奖赛扣人心弦，当时的报纸评价这次比赛说：“without danger，easy to handle and cheap to run!”意在讽刺比赛的无聊和无趣。

1895年6月11日，由法国汽车俱乐部和《鲁·普奇·杰鲁纳尔》报联合举办了世界上最早的长距离汽油车公路赛，由巴黎到波尔多往返，全程1178km。获得第一名的埃米尔·勒瓦索尔共用时48h 45min，平均车速为24.1.6km/h。但由于比赛规定车上只许乘坐1人，而他的车上却乘坐了2人而被取消了冠军头衔。此次比赛共23辆车参赛，跑完全程的只有8辆汽油车和蒸汽车。

虽然德国人发明了汽车，而英国当时又是工业强国，但这两个国家对汽车都不感兴趣，甚至在国内禁止赛车。法国人不但重视汽车，而且还建立了世界上最大的汽车工业。赛车运动也随之产生，标致（Peugeot）和潘哈德（Panhard）等是很有名的赛车，法国人靠它们开始统治赛车车坛，一直到19世纪末。

早期的赛事采取城镇到城镇（town-to-town）的比赛形式，和现在的拉力赛一样（见图2-1、图2-2），赛车依次等时间距发车，根据总用时排出成绩，分出胜负。1896年，法国汽车俱乐部（ACF，Automobile Club de France）组织了一次从巴黎到马赛返回的比赛。在1897年的赛事上，赛车有别于家用车的特征开始出现，赛车去掉了不必要的挡泥板，车座不再采用舒适的软结构，赛车制造商开发出大功率的发动机。

图2-1　20世纪初的汽车比赛

图2-2　比赛中的菲亚特赛车

随着赛车的改装，赛车的性能不断提高，随之也产生了许多伤亡事故。当时的比赛，赛道两旁有很多人围观，而人们并不知道这些铁家伙能干什么。1898年，赛车史上第一次出现了死亡。从巴黎到尼斯（Nice）的公路赛上，发车不久，站在路边的Benz车手M de Montariol向正在驾驶赛车的朋友Marquis de Montaignac挥手致意，而Marquis de Montaignac竟手脱方向控制杆向Montariol招手。结果汽车跑偏，撞飞了Montariol的赛车，翻了的赛车又伤到了Montariol的技师，使其脑部受到致命损伤。事后，巴黎警长曾试图阻止后来的巴黎—阿姆斯特丹的比赛，但他失败了。车手用火车把赛车运到比赛地点，超出了他的管辖范围，而他本人后来也觉得有些欠考虑，因为与庆祝冠军Fernand Charron胜利的人山人海的车迷相比，他确实显得有些势单力薄。

为了避免汽车在野外比赛扬起漫天的尘土影响后面车手的视线，造成伤亡事故，车赛逐渐改在封闭的赛场和跑道上进行，赛道两旁围上护栏，比赛选在人口稀少的地方举行。这就是汽车场地赛的雏形，它被认为是封闭赛道车赛开始的标志。

为了吸引更多的人参加汽车比赛，使比赛更加富有刺激性和挑战性，法国的勒芒市在1905年举行了第一次真正意义上的场地汽车大奖赛。此时赛车已经职业化，德国、意大利、英国、美国都有了自己的赛车参赛，涌现出 Felice Nazzaro、Georges Boillot、Jules Goux 等一批新的车手。

1911 年经济开始好转。第一次世界大战前的几年里，欧洲的赛车运动有了短暂的发展。第一次世界大战中，欧洲赛车运动基本处于停顿状态，战后相当一段时间才恢复起来。战争中，比赛虽然没有举办，但欧洲工程师们却从战争里学到了很多技术，欧洲人正走向一条通往先进科技的道路。第一次世界大战在赛车界有两个重要的结果：第一是意大利自此开始统治欧洲车坛；第二是美欧在赛车上的科技差距开始拉大。

二、汽车运动的组织机构

国际汽车联盟又名国际汽车联合会，法语名称为 Fédération Internationale de I' Automobile（即使是在使用英语的国家也不例外），缩写为 FIA，简称国际汽联，是个成立于 1904 年 6 月 20 日的非营利性国际组织，图 2–3 所示为国际汽车联合会标识。目前国际汽联成员包括全球 143 个国家的 245 个组织，现任主席是原法拉利车队经理让·托德（图 2–4）。

图 2–3　国际汽车联合会标识

图 2–4　国际汽联主席让·托德

国际汽车联合会的最高权力机构是世界汽车与旅游理事会和世界汽车运动理事会。两个理事会的主席均由国际汽联主席担任，分别另设一名执行主席。两个理事会的成员各由会员代表大会选举产生的来自不同国家的 21 名委员组成。

世界汽车运动理事会全面负责汽车运动项目的管理，研究制定项目发展规划、方针政策、管理规章和训练竞赛制度以及国际竞赛计划、规则和规程并实施；参加国际组织机构的有关活动，开展国际交往和技术交流；组织培训运动员、教练员、裁判员和机械师，不断提高其水平；审批上述人员等级称号，推荐并申报国际裁判；选拔和推荐国际队或集训队运动员、教练员，组织国家优秀运动队集训，参加国际比赛；制定比赛场地标准，指导场地建设和器材研究、开发，组织本项目的科学技术研究，提高科学训练水平。

世界汽车与旅游理事会（FIA World Council for Automobile Mobility and the Automobile）负责协调道路交通安全、环境保护、消费者权益保护、组织相关活动及旅行事务等。国际汽车联合会的世界汽车运动理事会（FIA World Motor Sport Council）负责管理世界所有形式的汽车运动，包括每年吸引50多亿人次电视观众的F1大赛，还有F3000大赛、旅行车（GT）赛、世界汽车拉力锦标赛、卡丁车赛等。FIA根据各国的申请，每年在世界上约80个国家安排近800场各类汽车比赛。

三、F1方程式汽车赛

方程式汽车赛属于汽车场地赛的一种。1950年，国际汽车运动联合会出于安全和汽车技术发展的需要，颁布了赛车竞赛规则，对汽车自身质量、车长、车宽、发动机功率和发动机排量等技术参数做出了一系列规定，使车赛趋于公平，于是便有了“方程式”（Formula）的概念。方程式既有方程式的意思，也有准则、方案的含义，联系到车赛，应把它理解为规则、级别更为合理。以共同的方程式（规则限制）所造出来的车就称为方程式赛车。

1. F1方程式赛车

F1方程式赛车，简称F1赛车（图2-5）由数千个高精尖零部件组成（图2-6）。F1赛车连人带车及燃料总重不得低于600kg，0～100km/h加速时间为2.3s，由0km/h加速到200km/h再减速到0km/h，所需的时间也只有12s。这么轻的车子要在这么高的速度下奔驰，要求F1赛车车身应该具有特殊的形状。

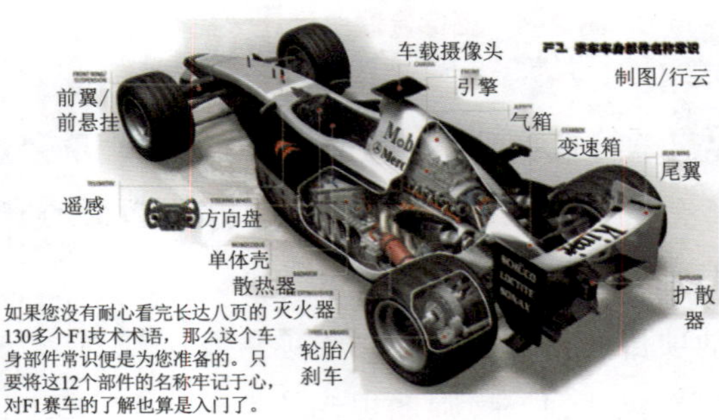

图2-5　F1赛车

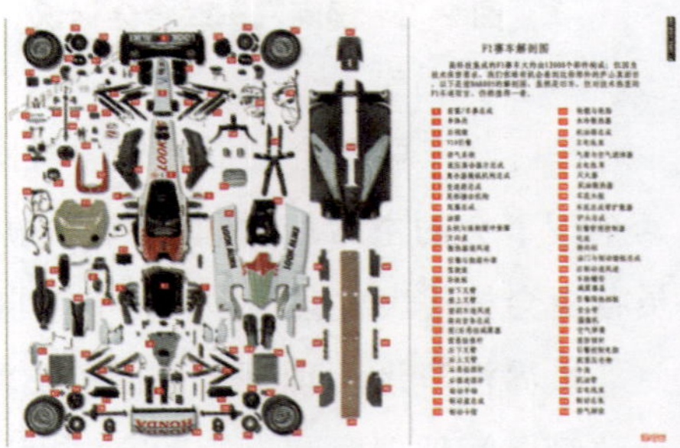

图2-6　F1赛车零件

F1赛车车身酷似火箭倒放于四个轮子之上，发动机位于中后部。它的外形是综合考虑减小车身迎风面积和增加与地面的附着力（图2-7）。赛车疾驰时，迎面会遇到极大的空气阻力，为了减小空气阻力，赛车外形要尽可能呈流线形，减小迎风面积并采用扰流装置，借以减小空气阻力，提高速度。另外，在赛车尾部安装后翼板后，可以增加向下的压力，使赛车行驶时的附着力增大。

轮胎也是赛车的关键技术。为了充分发挥发动机的动力，轮胎制作得相当宽大（前轮约为 290mm，后轮约为 380mm），用以增加与地面的接触面积。根据天气的不同，赛车选用不同的轮胎。无雨时选用轮胎表面光滑、无任何花纹的干地轮胎，以利于与地面良好贴合。在湿滑条件下则要选用湿地轮胎，这种轮胎具有明显的花纹，以利于排出轮胎与地面之间的积水，保持必要的附着力。比赛中的高速行驶及频繁的强力转向和紧急制动使轮胎磨损极快，经常需要在中途更换轮胎（图 2–8）。赛车轮胎只有一个紧固螺栓，便于迅速拆装。

图 2–7　F1 赛车车身实验

图 2–8　F1 赛车进站维护

2. F1 赛道

F1 汽车赛是一种封闭式的赛事，意思是说比赛是在一个完全与外界隔绝、封闭的范围内，以固定的路线绕圈进行。大部分举办 F1 汽车赛的场地都是专门用来进行各类车辆比赛的赛车跑道，但也有以一般市街道路围成，每年只有在举办 F1 比赛时才特别封路做出的市街赛道。甚至还有介于两种场地之间，以一半市街赛道与一半赛车跑道组成的混合赛道。

3. F1 赛车手

F1 赛车的驾驶人的驾照是 FIA 颁发的超级驾照（supper licence），国际汽车联合会规定，在国际范围内每年颁发的超级驾照数量不超过 100 张。想成为 F1 赛车手不仅要天赋异禀，还要经历艰苦卓绝的训练。

埃尔顿・塞纳（图 2–9）1960 年 3 月出生，13 岁时开始参加在家乡举行的小型赛车比赛，1984 年开始 F1 赛车生涯。自 1984 年到 1994 年，塞纳曾先后效力于托尔曼、莲花、迈凯轮和威廉姆斯车队，共参加 161 场 F1 比赛、获得 41 场分站赛冠军，获得 3 次世界冠军，被誉为“赛车王子”。1994 年 5 月 1 日在圣马力诺的伊莫拉赛道撞车身亡（图

2-10），年仅 34 岁。

图 2-9　埃尔顿·塞纳

图 2-10　塞纳车祸

迈克尔·舒马赫（图 2-11）1969 年 1 月 3 日出生于德国，1991 年代表乔丹车队首次参加 F1 比赛，随后转入贝纳通车队，在这里他连获 2 次（1994 年，1995 年）世界冠军。1996 年加入了法拉利车队，取得 5 次（2000 年，2001 年，2002 年，2003 年，2004 年）世界冠军。2006 年巴西站后退役。

费尔南多·阿隆索·迪亚兹（图 2-12），1981 年 7 月 29 日出生于西班牙阿斯图里亚斯奥维耶多，西班牙著名 F1 车手，F1 世界车手冠军之一。2005 年 9 月 25 日，24 岁 58 天的阿隆索首度封王 F1 世界冠军，由此终结了德国传奇车王舒马赫世界冠军 5 连冠，也由此成为 F1 史上最年轻世界冠军车手。

马青骅（图 2-13）1987 年 12 月 25 日出生于上海，中国首位进入 F1 比赛的中国籍车手。他 8 岁起开始练习赛车，12 岁时获得全国卡丁车青少年组的冠军。17 岁开始征战欧洲赛场，先后参加 A1GP 汽车大奖赛，西班牙 F1 赛等高水平比赛。2011 年马青骅轻取国内房车赛（CTCC）年度车手总冠军。2012 年 4 月，签约 HRT-F1 车队。2013 年转投卡特汉姆 F1 车队。2013 年 4 月 F1 上海站代表卡特汉姆参加官方第一次练习。

图 2-11　舒马赫

图 2-12　阿隆索

图 2-13　马青骅

遗憾的是，随着卡特汉姆车队的破产，马青骅也离开了 F1 的赛场，转战世界房车锦标赛（WTCC）。

4. F1 车队

一支 F1 车队是由赛车手、试车手、车队经理、技术总监、工程师、技师以及经营管理人员、医师、营养师等组成的团队。车队每年的各种花费上亿美元，因此，每一支 F1 车队的背后都有巨大的资金支持。2016 年度参赛的 F1 车队共 11 支，见表 2-1。

表 2-1　2016 年参加 F1 大奖赛的车队及车手

车队标志	车队名称	发动机提供商	总部所在地	总冠军数	车队经理	现役车手
	法拉利 Scuderia Ferrari	法拉利	意大利 马拉内罗	16	斯蒂法诺·多梅尼卡利	Vettel Kimi
	威廉姆斯 Williams F1	雷诺	英国 牛津郡	9	弗兰克·威廉姆斯	Bottes Massa
	迈凯轮 McLaren Honda	本田	英国 萨里郡	8	马丁·惠特马什	Alonso Button
	红牛 Red Bull	雷诺	英国 米尔顿·凯恩斯	3	克里斯蒂安—霍纳	Recciardo Kvyat
	Mercedes	梅赛德斯	英国	2	罗斯·布朗	Rosberg Hamilton
	红牛二队 （红牛青年队）	法拉利 056	意大利 法恩扎	0	弗兰茨·托斯特	Sainz Verstappen
	印度力量 Force India Mercedes	梅赛德斯	英国 北汉扑郡	0	维贾依·马尔雅	Perez Hulkenberg
	哈斯 HASS Ferrari	法拉利	美国 北卡罗莱纳州	0	Gene Haas	Grosjean Gutierrez
	索伯 SAUBER	本田	瑞士	0	皮特·索伯	Ericsson Nasr
	雷诺车队 RENRULT	雷诺	法国	0	贝尔	Magnussen Ralmer
	马诺 MRT Mercedes	梅赛德斯	英国	0	布斯	Haryanto Wehrlein

5. F1 旗语（见表 2–2）

表 2–2 F1 旗语

旗帜	含义
黄旗	黄旗代表前方车道上有障碍物或意外状况。比如一辆撞坏的或者出现故障的赛车。提醒车手要小心驾驶。出动黄旗的时候不允许超车。如果障碍赛车停在赛道一侧，或者障碍物不在赛道上，那么黄旗会静止不动。如果障碍物在赛道上，那么黄旗就会来回摇动，以提醒车手做好准备改变方向。黄旗的出现分两种情况：一种是赛段黄旗，提醒车手在这一赛段（整条赛道分若干赛段）不得超车；另一种是全场黄旗，表示全场都不得超车，并会有安全车出现在赛道上，所有赛车全部减速。如果一名车手没有认真读取黄旗的信息，而仍旧以比赛速度开车来到赛道的事故发生地段，那么这名车手将会受到严厉的处罚，甚至会被取消比赛资格
双黄旗	即一次摇动两面黄旗。分两种情况：一种是提醒车手赛道被事故彻底堵塞；另一种是当车手在暖胎圈之后并已经停在发车位时发生意外（比如赛车突然熄火）时，比赛官员会摇动双黄旗，此时会重新开始暖胎圈（正赛圈数对应地减少一圈）。发生意外的赛车回到维修区，修复赛车后（比如重新点火）从维修区发车，该车手原先的发车位将被空出
红黄条旗	红黄条纹旗代表赛道前方路面有油，或者路面较滑，车手应该小心驾驶，直到信号旗收回为止。如果比赛官员挥动红黄旗帜，代表着前方不远处就有所谓的湿滑地带
白旗	白旗表示前方有慢速行驶的车辆。可能是一辆救护车，或者一辆拖车，或者是赛会安全车辆。当看到白旗的时候，车手应该小心驾驶，甚至应该适当减速
红旗	红旗表示比赛或者试车因故暂停或提前结束。红旗会在整个赛道各个位置同时出示，这个时候车手应该回到赛道末端的检修车道，并在那里原地待命，以得知是否恢复比赛，并何时恢复比赛
蓝旗	蓝旗表示提醒即将被套圈的车手后方有领先一圈或多圈的车辆正在接近，并且准备超车。那么慢车就应该往一侧靠拢或减慢速度，为领先的赛车让路。蓝旗分两种：一种是静止的蓝旗，表示后车正在靠近；另一种是摇动的蓝旗，表示快车已经到身后，慢车必须马上让车。在 F1 比赛中，如果一名车手经过 3 次摇动蓝旗还没能够及时为后来的赛车让出超车路线的话，这名车手将会被处以进维修站并罚停 10s 的处罚
绿旗	绿旗表示前障碍已经得到清除，车手可以重新加速以比赛速度前进，而且还可以超车
黑旗	如果车手的号码显示在出发线，同时旁边有黑旗出现，这表示车手在跑完这一圈之后需要向检修站汇报。当一名车手因为比赛行为不当而需要对其进行管教的时候，或者当车手在比赛中犯规的时候，需要向车手出示黑旗。出现这种信号时，一般来说车手有可能被取消比赛资格，或者受到时间上的处罚。简而言之，黑旗相当于赛车场中的“红牌罚下”，是在赛场中的最严厉的处罚
黑底红圈旗帜	被赛车界人士戏称为“膏药旗”。如果车手的号码显示在出发线，同时旁边有黑底红圈旗出现，表示车手需要立即与检修站取得联系，必要时必须立即进站。当比赛官员怀疑车手的赛车存在机械问题而需要检修的时候，会出示黑底红圈旗帜。这种旗通常出现在某辆赛车在赛道上受到了严重损伤，却依然在赛道上比赛时，赛事干事有权出示黑底红圈旗以可能伤害到其他车辆为由，将某辆赛车强制召回维修站检修
黑白方格旗	当出现黑白方格旗的时候，表示比赛或者练习赛结束了。这个时候所有车手都要返回检修车道或者集中到出发区。从这里车手们需要将他们的赛车开到赛前检录处，赛车在这里需要被检测以确保符合比赛的各项规章制度。对于每次比赛的冠军，将会为他挥舞花色方格旗；对于亚军以及后来的车手，花色方格旗将会静止地出示。因此，黑白方格旗一般意味着“胜利”和“完赛”

四、其他汽车运动赛

1. 纳斯卡赛事（NASCAR）

纳斯卡赛事起源于 20 世纪 30 年代私酒贩子之间的地下比赛，纳斯卡（全名为 the

National Association for Stock Car Auto Racing）创办人 Bill France 在 1938 年 7 月 4 日于佛罗里达州 Daytona 海滩安排了一场吸引了 4500 名观众的赛车比赛，这也是历史是第一场纳斯卡赛车。1948 年 2 月 15 日纳斯卡正式宣布成立，50 年之后，这项运动由车辆赛事提升为一种美国大众的娱乐消费方式（甚至还有夜间比赛与季后赛）。2004 年纳斯卡赛事吸引了 800 万名观众到现场观看比赛，近 3 亿人在电视上收看赛事。只要你来到美国，你会发现 NASCAR 无处不在。现代意义上的赛车的成功应该归功于一个人——比尔·弗朗斯（Bill France），他既是一名出色的车手，也是一位优秀的机械师。1938 年，比尔·弗朗斯成功举办了代托那海滩赛车赛，接下来，他开始着手策划另一场更大的赛事——举办“全国赛车冠军赛”。由于得不到美国汽车联合会的支持，弗朗斯的计划几近夭折，于是他决定成立自己的组织机构，经过不断的策划和完善，NASCAR 于 1948 年 2 月 15 日正式主持成立（图 2–14）。

NASCAR 在经历了半个多世纪的蹉跎岁月之后，获得了巨大的成功。NASCAR 每年组织约 2000 场比赛。这些比赛分为 12 个独立的系列，在全国的 100 多个赛场举行（图 2–15）。NASCAR 的成员人数超过 5 万人，其中包括一部分全世界最出色的车手、机械师和车队老板。每年超过 1 亿 5000 万名观众观看比赛。

图 2–14　NASCAR 大赛

图 2–15　NASCAR 大赛全景

NASCAR 吸引人的特色是它的赛场。一个出色的赛场给车手提供了发挥的空间，使他们可以随心所欲地操纵自己的赛车；也为赛车迷们提供了一个良好的氛围，让他们从中感受到赛车运动的魅力。NASCAR 赛车通过巨大的噪声、地面的振动、飞扬的尘土和风驰电掣的速度，带给观众一种强有力的震撼，让人体验到其中的壮观，其过程充满着冒险。这是其他任何运动也无法比拟的。美国的三大汽车公司都竞相开发出最优秀的车型提供给 NASCAR 车手参加比赛，比如福特旗下的福特雷鸟，通用旗下的雪佛兰 SSR 等，除此之外，还有诸如道奇、雪佛兰都为 NASCAR 生产出高性能的轿车。

2. 世界拉力锦标赛

世界汽车拉力锦标赛也叫"WRC",始于1973年,是FIA四大赛事之一,与F1赛事齐名。与F1赛事不同的是，所有参赛车辆必须以量产车研发制造而成，并在世界各地的雨林、泥泞、雪地、沙漠及蜿蜒山路等不同的路况进行比赛，是最严酷的赛事之一，也是最有魅力的赛事之一，每年全球有近10亿人次通过各种方式观看WRC比赛。WRC是"World Rally Championship"（世界拉力锦标赛）的缩写。拉力是英文Rally的中文译音，又称"多日赛"，是汽车道路比赛项目之一，是参赛车辆按规定的行驶路线、在规定的时间内到达分站点目标并完成车辆的检验维修的一项汽车道路比赛项目。

拉力赛按车型不同可以分为摩托车赛（图2–16）、轿车赛（图2–17）和卡车赛（图2–18）。拉力赛是在有路基的土路、沙砾路或柏油路上进行的，在一个国家内或跨越数国举行的既检验车辆性能和质量，又考验驾驶人驾驶技术的长途比赛。比赛在规定日期内分若干阶段进行，每阶段内设置由行驶路段连接的数个测速的赛段交替进行，每个赛段的长度不超过30km。比赛采用单个发车方法，每个车组由1名驾驶员和1名领航员组成。以每个车组完成全部特殊路段比赛的时间和在行驶路段所受处罚时间累计计算最终成绩，时间越短排名越前。比赛对行驶路段的行驶时间有严格限制，迟到或早到都会受到处罚。

图2–16　摩托车拉力赛

图2–17　轿车拉力赛

图2–18　卡车拉力赛

拉力赛的每一站比赛通常为3天，在事先设定好的赛道上划出了20～30处被称为SS（Special Stage）的赛段，每个赛段最短3km，最长可达30km。赛车选手驾驶赛车以最快速度通过赛段以决出比赛名次。当然，比赛的主办者必须对赛段进行最严格的管理，除萨法利拉力赛以外，拉力赛的各个赛段都严禁其他车辆通行。在各赛段上每隔2～3min有一辆赛车出发投入比赛。拉力赛车与F1等场地汽车比赛的最大区别在于，错开时间出发的赛车选手们是在完全看不见竞争对手的情况下进行比赛的。

区别于场地赛在封闭的专用赛道上进行比赛，汽车拉力赛的比赛道路为各种临时封闭后的普通道路，包括山区和丘陵的盘山公路、沙石路、泥泞路、冰雪路等，也包括无法封闭的沙漠、戈壁、草原等地段。复杂的地形和漫长的赛程不仅考验车手的车技和经验，还要考验领航员的配合、车辆的性能以及车队维修的能力。因此，无论对于车手还是车队，拉力赛都是一项无比复杂的综合性考验。

3. 耐力赛

耐力赛也叫“GT 赛”，是一种在规定赛道上进行长时间连续行驶的耐久性比赛。比赛车辆分旅行车和运动原型车两类，并根据发动机排量分为若干级别。比赛中每车可设 2 ~ 3 名驾驶员，轮流驾驶。

勒芒 24 小时耐力赛（Le Mans 24 Hours）是世界上著名的耐力赛之一（图 2–19），1923 年第一次在法国勒芒举行，此后每年 6 月举行一次（1936 年、1940—1948 年未举行），比赛一般从第一天下午 4 点开始，一直持续到次日下午 4 点，历时 24h，赛程约为 5000km，对赛车的性能和车手的耐力都是极大的考验。

勒芒耐力比赛赛车有 4 种，分别为 LMP、LMPGTP、LMGTS、LMGT，各种不同排量和不同组别的赛车同场竞技，最后分别计算成绩。LMP 类赛车是一种专为勒芒赛道和长达 24h 的耐力赛而设计的车，称为 LEMANS 原型车（LEMANS PROTOTYPE，简称 LMP），分为 LMP 900 和 LMP 675 两种，主要区别在于车重不得低于 900kg 和 675kg。曾在 5 年中 4 次赢得勒芒大赛冠军的奥迪 R18 属于 LMP900 这种车型（图 2–20）。

图 2–19　勒芒 24 小时耐力赛

图 2–20　奥迪 R18 赛车

图 2–21　程丛夫

勒芒 24 小时耐力赛也有中国赛车手的身影。出生于 1984 年的中国赛车手程丛夫（图 2–21）2008 年 6 月 6 日签约奥迪后，参加奥迪 R8 LMS 杯以及亚洲 GT 锦标赛的各站赛事，获得第 76 届勒芒 24 小时耐力赛 LMP2 组的第三名。2015 年 10 月 31 日，程丛夫凭借精湛的车技、稳定的发挥，夺得亚军。

4. 世界房车锦标赛

WTCC（World Touring Car Championship）即世界房车锦标赛，是 FIA 国际汽联于 2005 年新推出的一项全球性汽车赛事，它的前身即为 ETCC（Europe Touring Car Championship）欧洲房车锦标赛。2005 年，WTCC 赛程除了延续 ETCC 原有的欧洲分站以外，增加了中美洲的墨西哥、欧亚交界的土耳其以及亚洲的中国澳门 3 站比赛，其中，中国澳门被指定为全年的收官之战。

任务实施

以小组讨论的形式分析自己喜欢的汽车比赛、车队或者是赛车手。说说喜欢他们的原因，写出小组讨论结果并填入表 2-3 中。

表 2-3　小组讨论结果统计

姓名	喜欢哪类比赛 / 车队 / 车手	喜欢的原因

任务小结

汽车运动是时尚不可或缺的一个元素。汽车运动来带了汽车科技的飞速进步，也引领了民用汽车的潮流，反映了最前沿的汽车技术和发展方向。从各类比赛中涌现了无数的赛车手、机械师和设计师。他们为之付出了毕生的精力、努力甚至是生命代价。相信只有热爱汽车的人才会将汽车作为毕生的事业来追逐，才会创造出辉煌。

任务 2 汽车展览的鉴赏与分析

任务解析

汽车展览是汽车综合性的展览，无论时间、地域或是举办的目的是什么，每届汽车展览都受到人们的追捧。汽车展览何以成为汽车界倍受瞩目的焦点？世界各地的汽车展览又有哪些独特之处呢？

资　讯

汽车展览带来很多的概念车型、新车型，汽车展会呈现的风格和文化氛围，让人们感受到世界汽车工业跳动的脉搏。汽车展览是汽车制造商们展示新产品的舞台，在流光溢彩的样车背后，是汽车制造商们为在汽车市场上争夺市场份额而进行的激烈竞争。世界著名的五大汽车展览包括法兰克福车展、巴黎车展、日内瓦车展、北美国际车展和东京车展。

一、法兰克福车展

德国法兰克福车展是世界上最大的汽车展览之一，创办于 1887 年 9 月。有世界汽车工业“奥运会”之称，是一些世界级汽车公司的主要车展会场。“梅塞德斯 – 奔驰”“宝马”“奥迪”“欧宝”以及“保时捷”等都有自己专门的展厅。

法兰克福车展的服务细致而周到，符合德国人一贯滴水不漏的办事作风，人们不仅可以看到百年“老爷车”和光彩夺目的新车，还可以观看新车展现和国际赛事实况转播，并可获得汽车发展史、技术性能、安全行车、环保节能等多方面知识。

二、巴黎车展

法国是汽车的发源地，在法国汽车俱乐部的倡议下，第一次国际汽车展览于 1898 年在巴黎的一个公园举行。

作为浪漫之都的巴黎，它的汽车展览总能给人新车云集，争奇斗艳的感觉。巴黎车展从1854年的第一部汽车到21世纪的电动汽车，展示了整个发展过程中的许多重要车型，吸引了世界各主要汽车厂商、零部件厂和科研中心参展。

世界各大汽车巨头总喜欢把最先进的技术产品放在巴黎露面，2年一届的巴黎车展，也是概念车云集的海洋，各款新奇古怪的概念车常常使观众大饱眼福。

三、日内瓦车展

日内瓦国际车展是全球五大国际车展之一，每年的参展作品多得不胜枚举，让人眼花缭乱。由于瑞士没有自己的汽车工业，日内瓦国际车展造成了它特有的中立地位，使得众多的参展商非常看好日内瓦车展。

一年一度在瑞士日内瓦举行的国际车展反映了当今世界的汽车流行趋势。由于欧洲是世界主要汽车消费市场，各大汽车公司竞相在该车展上亮相，推销自己的新产品，因此日内瓦车展也得来了“国际汽车潮流风向标”的称号，大型高级轿车、豪华小轿车、小型客车、跑车和赛车等是该车展上的主要展品。

四、北美国际车展

北美国际车展原名“底特律车展”，一年一度在美国底特律举行。始于1907年，当时参展的厂商只有17家，参展汽车一共只有33辆。随着汽车工业的兴盛，车展也越办越大，也是当今世界最负盛名的车展。

1965年开始，车展迁移到现在的COBO展览中心，那里是世界上最大的平面室内展览会场之一，可同时容纳上万名参观者。1989年该车展更名为“北美国际车展”。参展的汽车主要是世界各汽车大公司当年推出的新型车、概念车等。北美国际车展基本上是日本和美国车的天下。

五、东京车展

东京车展始于1966年，它一年一度交替展出商用车和小轿车。东京车展聚集了日本本土汽车厂出产的五花八门、千姿百态的小型汽车，以及各种各样的汽车电子设备和技术。

东京车展历来以规模大、注重新产品、新技术、展出产品实用性强而闻名于世界。环保和节能始终是东京车展的亮点，与其他西方大型车展相比，东京车展更具有亚洲东方的风韵。日本厂商的多款造型小巧精美、内饰高档的汽车总能成为车展的主角。

任务实施

1. 分小组讨论，各小组分别列出世界五大车展各自特点，并填入下表。以北京车展为例，分析中国车展受欢迎的原因，并与世界五大车展相比较，列出中国车展的不足之处。每总结一个特点加 1 分，最后得出每组在本项任务中的总成绩。

小组讨论结果统计表　　得分：________分

车展名称	车展特点

2. 成为车展的一分子是每个汽车工作者的必经之路，而这必经之路的第一步是参观车展。去车展体会车展的魅力并用简短的文字描述出来。

任务小结

车展是汽车活动的盛会，是汽车商家宣传、销售的必争之地。世界五大车展必然有她的魅力所在，中国各地的车展也如火如荼。了解车展并思考如何加入车展，给车展增添魅力是汽车工作者需要思考的问题。

任务 3 汽车节庆活动的鉴赏与分析

任务解析

汽车节庆是以汽车为主题的庆祝活动，全球各地的汽车节庆是第二次世界大战后在英国和美国兴起的，后来逐渐遍布全球各地。节庆的主题也纷繁多样，如老式汽车节、混合动力汽车节、微型汽车节等。现在仍在举办的汽车节庆有哪些？各有哪些特点？

资 讯

一、欧式汽车节

欧式汽车节（Euro Auto Festival）每年10月下旬在美国南卡罗来纳州举办，为期3天，到2015年已举办了20届。该汽车节由宝马汽车公司承办，发展至今已经形成颇大规模，吸引了全球各地的欧洲汽车爱好者。宝马汽车公司举办这个节庆，意在推广欧式的豪华车、经典车和古董车，让人们了解并懂得欣赏这些车辆。

二、格林菲尔德老式汽车节

格林菲尔德（Greenfield）老式汽车节是历史悠久的古董车展，到2015年已举办了65年，每年都有600多辆汽车参加展出。由于是老式汽车节，所以这个节庆对参加的车辆年代限制比较严格，要求必须是1890—1932年生产的汽车。

这个汽车节是由福特汽车公司间接赞助的，举办时间是每年的9月9日、10日两天，地点在美国马萨诸塞州格林菲尔德镇的福特公园。福特公园是为了纪念美国汽车大王亨利·福特而建造的主题公园。公园的建筑有亨利·福特小时候住的房子、第一个福特汽车工厂（图2-22）、爱迪生雕像、莱特兄弟的家等主题建筑。公园里的交通工具有马车、福特T型轿车和公交汽车。这是为了纪念亨利·福特将世界从马车时代带到

图 2-22　第一个福特汽车工厂

图 2-23　格林菲尔德老式汽车节场景

了汽车时代。

公园古色古香的建筑和人文景观，再加上汽车节庆期间的百余台老爷车，场景震撼，仿佛回到了福特汽车公司最辉煌的时期。格林菲尔德老式汽车节使汽车的历史活在了当下。图 2-23 为格林菲尔德老式汽车节一处场景。

三、镜湖经典汽车节

镜湖经典汽车节每年 10 月 20 ~ 22 日左右在美国佛罗里达州的雷克兰市中心举办，为期 3 天，到 2008 年已举办了 9 届。这个汽车节由梅赛德斯 – 奔驰公司承办，是美国东南海岸最流行的经典汽车活动之一。镜湖经典汽车节的参展车辆必须属于经典车的范畴，即 1948 年以前生产的经典车。镜湖经典汽车节的内容包括户外免费的音乐会和聚会，这项活动得到了雷克兰市当地政府，以及包括汽车交易公司、媒体、运输、保险等各个行业在内的 20 多家公司的赞助。

任务实施

你还知道哪些汽车节庆活动？各小组分别查找资料制作 PPT，介绍世界各大汽车节庆活动或者是身边的汽车节庆活动，并派一位同学在 5min 内对节庆活动进行介绍或讲解。要求小组分工明确，汇报时 PPT 图文并茂，能清晰展示活动内容，主题突出，布局合理，美观大方。突出节庆活动的时间、地点和主办单位。汇报者应着装整洁，仪表端庄，表情和蔼可亲，自然真诚，姿态自然大方，陈述准确、恰当、语言流畅，条理清晰 、逻辑合理；语音语调语气得当。

教师和其他小组分别对展示小组进行点评（时间控制在 1min 以内），并根据评分表给予打分，该小组的综合得分为各小组得分的平均值 ×0.4+ 教师评分 ×0.6。

任务小结

汽车节庆活动为喜欢汽车、热爱汽车的人提供了一个平台，提供了交流的机会，让人们可以分享在汽车收藏过程中的喜悦，感受汽车鉴赏的快乐，同时也为商家带来了宣传品牌、推广产品的机会。虽然通过汽车节庆活动能够实现的经济利益有限，但是对于文化底蕴的积淀作用是高效的、无可替代的。学会鉴赏汽车节庆也可以为将来从事汽车营销活动开阔思路，增长见闻。

任务 4 汽车建筑的鉴赏与分析

任务解析

在 100 余年的发展过程中，世界各地逐渐形成了以国际著名汽车企业为核心的五大汽车城。世界各地的很多国家也根据各自汽车产业特点兴建了各式的汽车主题公园、汽车主题博物馆等。这些场馆由于特点鲜明、设计感强、内涵丰富等原因而被人们追捧。在国际范围内有很多世界知名的汽车相关建筑，我国也有很多汽车相关的知名建筑。完成资讯部分学习后，请同学们分别描述各类汽车建筑的特点。

资　讯

一、世界汽车城

1. 美国底特律

底特律（Detroit）位于美国密歇根州东南部的底特律河畔，与加拿大安大略省的温莎隔河相望，是世界最大的汽车工业中心，号称“世界汽车之都”。底特律河穿过闹市区，河畔耸立着一座 72 层的建筑物，即“复兴中心”。它是汽车城底特律的象征。美国通用汽车公司、福特汽车公司和克莱斯勒汽车公司总部都在此地。在底特律城最繁荣的时候，全美 1/4 的汽车产于这里，全城大部分人靠汽车工业为生。

汽车制造业为城市工业的核心部门，与汽车制造业有关的钢铁、仪表、塑料、玻璃以及轮胎、发动机等零部件生产也相当发达，专业化、集约化程度很高；汽车年产量约占全国的 1/4；市内有福特（图 2–24）、通用（图 2–25）、克莱斯勒（图 2–26）三家美国最大的汽车制造公司的总部及其所属企业。

2. 日本丰田市

丰田市原名爱知县，因丰田公司建于此而闻名于世，有“东洋底特律”之称。全城从业人员均服务于丰田公司（图 2–27），年满 20 岁的职工即可分到 1 辆丰田汽车。丰田市的出口港是名古屋，建有世界第一的最高容量为 5 万辆的丰田汽车专用码头。

图 2-24　美国福特汽车公司总部

图 2-25　美国通用汽车公司总部

丰田市总人口 695.5 万，其中丰田汽车公司及其子公司的人员、家属占 62%。丰田公司有 10 座汽车厂，生产几十个系列的轻重型汽车。此外，它还有 1240 家协作厂。全公司每个职工平均年产值 13 万美元，居世界之首。

图 2-26　美国克莱斯勒汽车公司总部

图 2-27　日本丰田汽车公司总部

3. 德国斯图加特

斯图加特是德国西南重镇，它位于内卡河中游河谷地带，是巴符州首府，面积 207km^2，全城人口 60 万。斯图加特每年要接待 14 万来自世界各地的汽车用户和汽车商以及参观旅游的人，誉满全球的“奔驰”（图 2-28）和“保时捷”（图 2-29）汽车就是在这里下生产线。

著名的奔驰和保时捷汽车公司的总部都设在这里。奔驰汽车制造业是斯图加特的主体工业。在斯图加特，几乎家家都有奔驰汽车。参观奔驰、保时捷博物馆和奔驰汽车制造厂是游客游览斯图加特的重要内容。

4. 意大利都灵

都灵是意大利最大的汽车集团菲亚特公司总部所在地（图 2-30），全城有 120 万

图 2-28　斯图加特奔驰公司

图 2-29　斯图加特保时捷公司

人口，其中 30 多万人从事汽车工业，每年生产的汽车占意大利总产量的 75%。1899 年，菲亚特公司在都灵创立，成为意大利第一个汽车公司，现发展为世界第七、欧洲第二大汽车厂商，年产量达到 200 多万辆。菲亚特汽车的特点是技术先进，造型美观，装备齐全。不仅如此，它和通用公司还有一个共同的特点，就是大量从事汽车相关产业，分担了风险，使其在汽车发展的低迷时期不至于破产。

5. 德国沃尔夫斯堡

大众汽车公司所在地沃尔夫斯堡市也称狼堡（图 2-31），位于德国下萨克森州，总面积 310km^2，人口约 13 万。欧洲最大的制造厂商——大众集团总部就位于此。自从大众集团 1934 年成立以来，带动了城市的发展。1938 年，该市作为德国当时现代化的汽车城而兴建起来，开始逐步成为德国北部的工业重镇和欧洲最大的汽车制造中心。现在沃尔夫斯堡市民中的 40% 都在大众集团上班，大众集团在沃尔夫斯堡的员工达 5 万人。

图 2-30　意大利都灵

图 2-31　德国沃尔夫斯堡

6. 日本东京

东京是日本的首都，也是世界最大的城市之一。著名的汽车公司日产、本田、三菱、五十铃公司总部均设在此地。日产公司在东京的雇员总数近 13 万人，公司可年产汽车 320 万辆。本田公司雇员总数达 11 万人左右，汽车年产量已高达约 300 万辆。

7. 法国巴黎

巴黎，除了它举世瞩目的浪漫、时尚奢侈品外，也以总部设在此的法国最大汽车集团公司——标致汽车公司而闻名。标致汽车公司创立于 1896 年，创始人是阿尔芒·标致。1976 年标致公司吞并了法国历史悠久的雪铁龙公司，从而成为世界上一家以生产汽车为主，兼营机械加工、运输、金融和服务业的跨国工业集团。标致汽车公司总部在法国巴黎，汽车厂多在弗南修·昆蒂省，雇员总数为 11 万人左右，年产汽车 220 万辆。

8. 英国伯明翰

利兰汽车（Leyland）公司所在地伯明翰，是仅次于伦敦的英国第二大城市。该市市区面积 256km^2，人口 26.5 万。如今的伯明翰是英国的汽车城，世界各大汽车生产厂商在这里都设立了公司，使它的工业产值占全国工业产值的 1/5，并享有“世界车间”之美称。

9. 德国吕塞尔海姆

吕塞尔海姆是美国通用汽车公司最大的海外子公司——德国欧宝汽车公司总部所在地。德国欧宝汽车公司有雇员人数 5.9 万，年产汽车 100 多万辆。

2000 年，欧宝投资 15 亿欧元在欧宝原厂旁边兴建新工厂。经过两年的建设，吕塞尔海姆新工厂于 2002 年 1 月 7 日投产。欧宝吕塞尔海姆工厂目前拥有 18300 名员工，其中生产工人 4500 人，开发设计人员 7000 多人，其余为管理人员，最高日产汽车可达 1100 台。一辆汽车从冲压开始到组装完毕只需 15h。现代起亚的欧洲研发中心也设在了吕塞尔海姆市。

10. 法国比昂古

法国比昂古是雷诺汽车公司所在地。比昂古地处塞纳河河曲的布洛涅森林之南，人口约 10.3 万人。第二次世界大战期间，雷诺为德国法西斯生产武器和军火，1944 年 9 月被法国政府接管，路易·雷诺被惩处，1945 年收归国有。从 1970 年起，公司允许雇员购买公司股票，但最高不能超过 25%，此后，公司迅速恢复和发展，逐步实现了经营多样化。

二、汽车博物馆

1. 迪拜法拉利主题公园

法拉利主题公园“法拉利世界”（Ferrari World）是全球唯一的法拉利主题公园——

一个独特的多感官主题公园，同时也是全球最大的室内主题乐园。整个法拉利主题公园斥资400亿美元打造，坐落在亚斯岛开发区一个庞大的三角形红屋顶下（图2-32），毗邻一级方程式阿布扎比站的赛道。法拉利主题公园是全球最大的室内主题乐园，占地达86000m^2，拥有Ferrari GT经典的流线车型设计、火红屋顶，屋顶上有一个全球最大、直径达66m的巨型跃马厂徽。

整个公园内被红色充斥着，配以发动机的轰鸣声。公园内有除马拉内罗之外世界上最大的法拉利赛车展示馆，游客可以观赏众多经典款及当代法拉利赛车系列（图2-33）。此外，游客还可以游览法拉利的赛前停车场，亲自感受赛车和训练过程中使用的工具。可以接受培训，扮作后勤维修人员，为真正的F1赛车换轮胎。

图2-32　法拉利主题公园鸟瞰图

图2-33　法拉利展馆

2. 奔驰汽车的博物馆

奔驰汽车的博物馆位于德国斯图加特的城郊（图2-34、图2-35），在这里，人们可以直观地感受到奔驰品牌的文化和历史。它由荷兰设计师Ben van Berkel和Caroline Bos联合设计完成，凭借史无前例的DNA双螺旋结构和外层1800多块三角玻璃的完美拼接，这栋只有9层的建筑被誉为“世界上最美的建筑之一”，同时，它也是见证奔

图2-34　奔驰汽车博物馆

图2-35　奔驰汽车博物馆鸟瞰图

驰品牌成长的基因序列。

3. 宝马汽车博物馆

宝马汽车博物馆（BMW Museum）位于宝马全球总部慕尼黑宝马品牌体验中心（图 2-36），始建于 20 世纪 70 年代初，位于德国慕尼黑北部，毗邻宝马总部大楼，是宝马品牌体验中心的核心组成部分。宝马博物馆总面积 5000m^2，为“碗形”造型设计，它的旁边就是宝马“四气缸”造型的总部（图 2-37），两幢造型独特的建筑就这样壮观地展示在我们面前。

宝马汽车博物馆于 1973 年建馆，现在所看到的是于 2008 年重新翻新扩建开放的新馆。这座银色碗状的建筑，内分 3 层。建筑 19m 高，碗底直径 20m，碗口直径 41m，巨大的馆顶完全由碗壁支撑。博物馆内部展厅由柱子支撑，呈螺旋上升状。地上与地下建筑是连通的，形成了一个完整的参观路线。整个博物馆的设计理念体现了一个由汽车环境的基本要素组成的“交通综合体”。而新延展的 3 层建筑更进一步延续了卡尔·施旺哲先生的建筑哲学：除了街道、广场，桥梁和房屋也出现在了馆内。

图 2-36　宝马汽车博物馆

图 2-37　宝马汽车公司鸟瞰图

4. 北京汽车博物馆

北京汽车博物馆位于北京丰台区花乡四合庄，是北京国际汽车博览中心的一部分。博物馆投资约 7 亿元人民币，建筑面积 4.7 万 m^2。2006 年 4 月，博物馆奠基开工，2007 年 12 月，博物馆工程主体结构全面封顶，主要部分完工。北京汽车博物馆由德国海恩建筑师事务所和加拿大 BTH 建筑师事务所联合设计，建在北京国际汽车博览中心的正中部位。博物馆通过宽阔的坡道和天桥同其他城市环境相互衔接，各个展览空间呈环形围绕着中庭而布置，整体外形犹如一只明亮的“眼睛”，寓意开阔视野，面向世界（图 2-38）。博物馆设有汽车博览、主题展览、汽车科普、汽车娱乐、学术交流等功能展示区。一方面通过国内外不同历史时期的汽车、汽车用品、汽车艺术品和汽车衍生品来体现不同时代的生活和文化，另一方面通过知识性、参与性、娱乐性的科普娱乐项目来展现汽车科技的魅力和乐趣。

图 2–38　北京汽车博物馆

5. 上海汽车博物馆

上海汽车博物馆于 2006 年 10 月 24 日竣工完成。上海汽车博物馆是上海市重点文化工程之一，博物馆通过介绍汽车发展历程，来展示珍贵历史车辆、人物传奇和技术沿革。

博物馆位于上海国际汽车城博览公园内，占地 11700m^2，建筑面积 27985m^2，建筑高度 32.45m，项目总投资约 4 亿人民币（图 3–39）。上海汽车博物馆落成后，已成为首家汇集汽车历史、人物、技术、创意的大众文化传播机构，上海国际汽车城科教博览与文化旅游功能的标志项目，国内外汽车厂商展示品牌文化的开放交流平台，上海城市形象的新亮点。

图 2–39　上海汽车博物馆

任务实施

各小组分别查找资料，制作 PPT，介绍世界各大汽车建筑，每组派一位同学在 5min 内结合 PPT 对所展示的汽车建筑进行介绍、讲解。

考核评分标准

环节	考核重点	考核标准	分值	得分
汽车建筑特点内容展示	活动主题	目标明确，思新颖、独特，逻辑性强	20 分	
	PPT 制作	能清晰展示活动内容，主题突出，布局合理，美观大方	30 分	
	综合评价	汽车建筑介绍整体评价	10 分	
PPT 讲解	风采展现	着装整洁，仪表端庄，表情和蔼可亲，自然真诚，姿态自然大方	10 分	
	语言表达及沟通技巧	对汽车建筑陈述准确、恰当，语言流畅，条理清晰，逻辑合理；语音语调语气得当	25 分	
	时间管理	陈述时间分配合理、控制得当	5 分	

任务小结

汽车与建筑的结合使汽车的历史被定格在地面上，就像树木的年轮成为一个烙印。观察身边哪些是与车辆有关的建筑，这些建筑的特点是怎样的，思考这些建筑存在的价值，逐渐就会发现汽车建筑的巧妙之处了。

任务5 汽车媒体的鉴赏与分析

任务解析

汽车通过广播、电视、电影、期刊、报纸等媒体丰富了人们的娱乐生活，使汽车与社会保持着千丝万缕的联系，汽车还通过汽车俱乐部为汽车“发烧友”提供各式各样的更为人性化的服务。汽车与媒体的关系体现着汽车对现代人的重要性和普遍性。本次任务旨在为同学们打开了解汽车知识、探索汽车奥秘的渠道，开阔视野，增强对各种媒体中有关汽车的关注。

资 讯

一、汽车俱乐部

随着汽车的诞生，1897年英国成立了世界上最早的汽车协会——皇家汽车俱乐部，即现在的R.A.C前身。随后1902年美国AAA汽车俱乐部、1904年FIA国际汽车联合会、1905年ACI即意大利汽车俱乐部等相继诞生，世界上最早的汽车俱乐部至今度过了百年诞辰。

1. 美国汽车协会

美国汽车协会（American Automobile Association，简称AAA）成立于1902年。1902年3月，9个汽车俱乐部在芝加哥召开会议，宣布成立美国汽车协会，并接纳了1000个会员。目前，全美69个地区俱乐部为其成员，现有会员4800万，初级会员年费为70美元。100多年来，AAA服务范围和种类不断扩大，目前有以下几项主要服务：出行服务、会员服务、预订服务、金融服务、保险服务，汽车救援服务作为汽车主要服务嵌入到上述各项特色服务之中。

2. 大陆汽车俱乐部

1995年中国成立了第一家汽车俱乐部——大陆汽车俱乐部，简称CAA大陆救援。大陆汽车俱乐部以全国汽车道路救援为起点，建立全国综合性的汽车服务管理平台。

3. ADAC 全德国汽车俱乐部

ADAC 全德国汽车俱乐部成立于 1903 年，现有 1500 万会员，是一家企业化运作、非营利性、混合性的组织，拥有保险、空中救援、旅游、通信、汽车金融、汽车运动等领域的经营性公司 18 个，然而最基本的汽车救援等服务是以会员制的方式，收取少量的年费，服务时不收费或少收费向客户提供的。

ADAC 也是 AIT（国际汽车旅游联盟）与 FIA（国际汽车联合会）的双重会员。ADAC 在德国各地共设有 18 个地区性汽车俱乐部，会员数量超过 1500 万，仅次于拥有 4800 万会员的美国汽车俱乐部。ADAC 拥有救援直升机 39 架、直升机站 27 个，自成立以来，执行过 130 万次的救援任务。ADAC 在海外，包括美国、加拿大、欧洲各国等国，拥有 16 个海外会员救援呼叫中心，配备德语为母语工作人员，为会员提供各种（包括医疗在内）救助。

ADAC 追求高质量的救援网络建设，除不断完善自有的网络外，还发展了 4100 个合作伙伴，与其签订特约服务合同，建立通信联系，疏通指挥渠道，巩固、发展合作伙伴关系，实现更加有效、及时地向公众提供服务的目的。

4. ACI 意大利汽车俱乐部集团

ACI 意大利汽车俱乐部集团成立于 1905 年，公开声明自己是法定的非营利组织，但却是一个上市公司。拥有 106 家汽车俱乐部，11 个全资公司，7 个参股公司，经营范围涉及旅游、保险、通信、出版、传媒、救援、汽车运动、二手车评估等各个领域。13 个分支机构遍布意大利全国。

5. 日本汽车联合会

日本汽车联合会（Japan Automobile Federation，简称 JAF），成立于 1962 年，现有会员 1720 万，基本会费每年 2000 日元。日本汽车联合会也公开称自己为公众组织。他们的宗旨：为增强驾车人的安全与提高安全意识服务，努力改善驾驶安全与公共交通环境与秩序。这样的宗旨还体现在他们提出的三原则之中，即：面向服务的原则；面向挑战的原则；开放的原则。

6. 澳大利亚汽车协会

澳大利亚汽车协会（The Australian Automobile Association，简称 AAA）成立于 1924 年，由 8 个州和地区的俱乐部组成，现有会员 620 万人。协会的宗旨是：让所有的成员保持汽车服务领域的世界一流水平。使命是：提高驾车人对公共政策的影响力，推动会员有效地利用俱乐部。

二、汽车与电视节目

汽车类的电视节目由于收视率高，因而一直是商家必争之地。国内外各大电台几乎都有各种各样的汽车类节目，如《车行天下》《我爱我车》等等。这些汽车类节目从不同的视角反映汽车的不同特质。观赏性最强的应该是英国 BBC 电视台出品的《Top Gear》，虽然是一个汽车节目，但它相对于平时我们在电视上看到的《汽车杂志》之类的广告或节目有着天堂与地狱之间的差别。思维跳跃的编导，好莱坞级别的摄影，还有三个闻名世界的“大嘴”和一位貌似孩子气还从不说话的试车手，令你不仅是在看一个单纯的汽车节目，很多时候更像是在欣赏一部令你热血沸腾的大制作电影。

三、汽车与广播节目

广播电台在信息传播和节目形式上有许多独特的优势。其中，节目主持人与听众在广播节目中的双向交流，在听众要求信息对称的今天，就更显得具有优势。广播作为驾驶汽车过程中常听常用的工具自然也是汽车交流的一个理想平台。目前全国各地的广播电台都开辟了专门的频率聊交通、说驾驶、谈汽车，播放各类汽车广告，包括软广告。

四、汽车与期刊

作为传统四大广告媒体之一的期刊也是汽车厂商的必争之地。期刊不像报纸、广播、电视那样具有很强的新闻性，因此其特点主要表现为延缓性、持续性和知晓性。因此推广汽车产品、评价汽车性能、介绍汽车流行发展趋势等活动的重任自然落到了汽车期刊的身上。

目前在全国范围内被广泛关注的汽车期刊有《汽车之友》《车主之友》《轿车情报》《汽车导购》《中国汽车画报》《汽车杂志》《动感驾驭》《汽车与你》《汽车族》《汽车测试报告》《名车志》《汽车博览》《车迷》《汽车驾驶员》等。在众多汽车期刊中影响力和发行量都名列前茅的《汽车之友》（《AUTO FAN》）期刊是由中国汽车工程学会主办的汽车类专业期刊。中国汽车工程学会（SAE-China）成立于 1963 年，是由中国汽车科技工作者自愿组成的全国性、学术性法人团体，是中国科学技术协会的组成部分，非营利性社会组织，是国际汽车工程学会联合会（FISTA）成员，并任理事，也是国际太平洋地区汽车工程会议（IPC）发起人之一。

五、汽车主题电影

从电影诞生初期的无声黑白电影开始，作为时尚标志的汽车就成为电影中不可或缺的角色之一。汽车在电影中无声的反映着时代的变迁。《泰坦尼克号》中1906年产的潘哈德汽车（图2-40）代表着时代特色的一个镜头，1912款雷诺Type CB Coupe（图2-41）见证了露丝和杰克的爱情。轰鸣的引擎，惊心动魄的追逐，扭曲的金属、破碎玻璃和猛烈的撞车或爆炸，汽车成了不少好莱坞大片里必不可少的镜头，那些超级过瘾的视觉效果让走出影院的人们在茶余饭后、还津津乐道于好莱坞光环下的众多豪车。

图2-40　1906年产的潘哈德汽车

图2-41　1912款雷诺汽车

好的电影可以让汽车起到画龙点睛之妙。比如《钢铁侠》3中的奥迪R8（图2-42）是男一号小唐尼的座驾。奥迪R8与钢铁侠的气质浑然天成。影片中小唐尼用奥迪R8当货车拉沙盘的镜头让人过目不忘，虽是惊险瞬间，却看到了R8的铁骨柔情。

2003年的美国电影《偷天换日》（图2-43）为了达到良好的声光效果，尤其是为了表现最后在洛杉矶街头的追逐戏，与宝马公司签订合约，在影片中使用了32台MINI跑车。这种微型跑车，尺寸虽小，性能却十分卓越，在拥挤的街道穿梭自如，上至人行道、下到地下铁道畅行无阻，尽显其迷人之处。本影片导演格瑞说：“如果没有这些天赐

图2-42　《钢铁侠3》剧照

图2-43　《偷天换日》剧照

的小车，这部电影将完全不一样。” 汽车这个道具在电影中的重要性可见一斑。

电影中的汽车多得不胜枚举。好的电影中不仅让汽车衬托了电影，也让电影衬托了汽车的气质。我们期待更多好的电影，也期待在更多好看的电影中发现可以与之交相辉映的汽车。

任务实施

以小组为单位，尽可能多地列出与汽车相关的电视节目名称、广播节目名称、期刊名称、汽车为主题的电影名称和汽车为主题的网站名称。将小组讨论结果填入下表，每个名称为 1 分，比较各组的得分情况。

小组讨论结果统计表

媒体	节目名称
电视	
广播	
网络	
期刊	
电影	

任务小结

电视、电影、广播、网络、报纸、期刊是我们喜闻乐见的娱乐平台。汽车在这个平台里已经形成了一道独有的靓丽风景。关心身边的汽车，关心任何途径可以见到的汽车，长久的积累就会发现每辆车都散发着设计者、开发者和实用者带给它的独特气质和性格特点。

项目自测题

一、填空题

1. 汽车运动于_______年开始于___国。

2.1904 年 6 月 10 日在巴黎成立了_________（FIA），负责管理全世界的汽车俱乐部和各种汽车协会的活动。

3. 国际上影响比较大的汽车竞赛有：______________（F1），________________（WRC），________（NASCAR），_______（WTCC），法国勒芒 24 小时耐力赛等。

4. _________是方程式汽车赛中级别最高的比赛，也是所有汽车竞赛水平最高、竞争最激烈的一种比赛。

5. 著名的赛车手__________从 2000 年至 2004 年连续 5 次独霸 F1 锦标赛年度总冠军。

6. _________是所有赛车项目中行驶条件最恶劣、最艰难的比赛，也是最接近真实的一种车赛。

7. 美国最流行的汽车比赛是__________。

8. _________是各种汽车耐力赛中时间最长的比赛。

9. 1994 年 5 月 1 日在意大利______赛道，当 F1 比赛进行了第七圈时，世界著名赛车手______的车撞向发车位前的第一个弯道，不幸遇难，后经医治无效死亡。

10. 耐力赛也称_____赛，是汽车场地比赛的一种。比较著名的比赛包括日本铃鹿 8 小时耐力赛和_____________。

11. 世界五大汽车展览分别是德国的_______、日本的______、瑞士的______、法国的______、北美的______。

12. 享有“国际汽车潮流风向标”美誉的车展是________。

13. 世界五大汽车城分别是美国的______，德国的______，日本的______，瑞士的______，意大利的______。

14. 迪拜的 F1 主题公园_____年投入使用。它位于______F1 赛道旁。

15. 由宝马汽车公司举办，意在推广欧式的豪华车、经典车和古董车，让人们了解并懂得欣赏这些车辆的汽车节庆是_________。

16. 由“亨利 · 福特组织”承办，由福特公司间接赞助的__________老式汽车节，要求参加的必须是从 1890—1932 年生产的汽车。

17. 目前我们可以通过______、______等方式主动了解汽车，也不得不从______、______、______、______等媒体不断地被迫了解车辆信息。

18. ______这种媒体是最容易对汽车选购进行双向交流的平台。

二、判断题

（　）1. 中国人程丛夫 2005 年已经进入迈凯伦车队，正式参加 F1 大赛。

（　）2. 勒芒 24 小时耐力赛的举办地在德国境内。

（　）3. 宝马汽车公司的总部在德国的沃尔夫斯堡。

（　）4. 世界十大汽车城包括中国的长春。

（　）5. 汽车节庆就是由主办单位开展的与汽车相关的庆祝活动。中国也有很多汽车节庆活动。

三、选择题

1. F1 方程式比赛赛程分为几天（　）

A. 1 天　B. 2 天　C. 3 天　D. 5 天

2. 方程式赛车比赛中，最高级别的比赛是（　）

A. F1　B. F2　C. F3　D. 3000 国际锦标赛

3. 日本（　）公司的一则经典汽车广告场景为“多米诺骨牌”。

A. 丰田　B. 日产　C. 五十铃　D. 本田

4. “贴地飞行”是国外著名品牌轿车（　）在中国的广告用语。

A. 奔驰　B. 霍顿　C. 宝马　D. 萨博

5. 著名的 F1 赛车手舒马赫是（　）人。

A. 法国　B. 德国　C. 英国　D. 巴西

三、简答题

1. 列举五种以上国际性的赛车运动名称。

2. 说明国际汽车运动联合会的组织机构。

3. 总结赛车运动的魅力。

4. 为什么卡丁车运动能深受大众的喜爱？

项目三

汽车工业发展的必然性和逻辑性探析

项目导入

早在古代就有对车辆自动行驶的向往。汽车的产生需要哪些必要条件？汽车是如何产生的？汽车产生后又经历了什么使它实现如今的舒适、节能和高科技？中国汽车工业是怎样与世界接轨的？请带着这一连串的问题，进入本项目的学习。

项目目标

- 掌握世界汽车工业发展的历程及主要历史时间节点
- 掌握中国汽车工业发展历程及主要历史时间节点
- 学会根据国内外汽车工业的发展现状和国际形势分析汽车工业发展趋势

任务1 世界汽车发展历史回顾

任务解析

从古代开始人类就开始了对汽车的探索。汽车从4km/h的蒸汽机车发展到18km/h的蒸汽机车，再发展到现在的400km/h的奔跑怪兽，经历了翻天覆地的变革。世界汽车工业诞生于德国、成长于法国、成熟于美国、兴旺于欧洲、挑战于日本。

资　讯

一、汽车的萌芽阶段

早在意大利文艺复兴时期，备受瞩目的大师级人物莱昂纳多·达·芬奇就在他的手稿中创造了一台可以自动行走的发条车（图3–1）。这个原始的装置靠弹簧而不是汽油驱动，达·芬奇可能是希望它产生特别的动力，它是世界上第一个自行驱动的“车辆”。但是由于每走十几米就需要拧发条，所以这台车的实用价值不高，至今对它的了解也仅限于达·芬奇的手稿和在意大利博物馆里按照手稿制成的发条车。

中国古代对车辆的发展也有很大的贡献，弥尔顿在《失乐园》中描写的那辆最早的加帆车（图3–2）便是其一。中国的发明还包括指南车和记里鼓车。指南车是中国古

图3–1　达·芬奇的发条车

图3–2　加帆车

代用来指示方向的一种机械装置（图 3-3）。与利用地磁效应而闻名天下的指南针不同，指南车利用了齿轮原理，根据车轮的转动，由车上木人指示方向。不论车子转向何方，木人的手始终指向南方。世界著名科技史学家、汉学家李约瑟赞它为“世界上第一个自适应系统”。

西汉初年，中国人发明了用于计算道路里程的车辆——记里鼓车（图 3-4），又被称为“司里车”“大章车”。车上有两个木人，车行一里就击一次鼓。记里鼓车和指南车都是皇帝出行时的仪仗车，经常被排列在相同位置。记里鼓车是近代里程表、减速器的先驱，是科学技术史上的一项重大成就。

图 3-3　指南车

图 3-4　记里鼓车

二、蒸汽汽车的发明

在 1705 年，托马斯·纽科门首次发明了不依靠人和动物来做功而是靠机械做功的实用化蒸汽机。这种蒸汽机用于驱动机械，便产生了划时代的第一次工业革命，随着蒸汽驱动的机械汽车的诞生，人类社会开始了永无休止的汽车发展的历史。1785 年，瓦特制成的改良型蒸汽机的投入使用，提供了更加便利的动力，得到迅速推广，大大推动了机器的普及和发展。人类社会由此进入“蒸汽时代”。

（一）古诺的蒸汽汽车

曾在德意志陆军中担任技师的法国炮兵工程师尼古拉斯·古诺大尉由于刻苦钻研，技术精湛，得到了萨克森选帝侯奥古斯都三世的赏识，并在他的援助下开始研制汽车的工作。1763 年 38 岁的古诺回到法国，担任法国炮兵军官。法国陆军支持了他的研究。1769 年，经过 6 年苦心研究，古诺成功地制造出世界上第一辆依靠自身动力行驶的蒸汽动力无轨道汽车，准备用以牵引大炮。

古诺制作的这辆三轮蒸汽汽车车身是很重的木制框架（图 3-5），前面支撑着一个大锅炉，后面是两个气缸，锅炉产生的蒸汽送进气缸，推动着装在里面的活塞上下运动，再通过曲柄机构把活塞的运动传给装在车框架下面的前轮，驱动前轮转动前进。

该车全长 7.32m，车高 2.2m，牵引力 4 ~ 5t，前轮直径 1.28m，后轮前径 1.5m，前进时靠前轮控制方向。这辆蒸汽车存在着一个致命的缺点：每走 15min，锅炉的压力就损耗尽了，只得停下来再加上水烧开成蒸汽，而它的车速按照最快的一种说法也只有 3 ~ 4.5km/h。

当时，古诺把这辆车叫作“卡布奥雷”，这是一辆式样很奇特的蒸汽车，车的前面放着容积为 500 L 的梨形的大锅炉，锅炉后边有两个容积为 50L 的气缸。由于前轮上压着很重的锅炉，所以操纵转向杆很费力。最终在一次试车过程中，车撞到石头墙上损坏了（图 3–6）。

图 3–5　古诺研制的三轮蒸汽汽车

图 3–6　古诺的蒸汽汽车在试验时撞墙

虽然古诺的蒸汽汽车失败了，但是这是第一辆不依靠人力、畜力牵引而是靠自身驱动力驱动的车，是现代汽车的雏形。它的存在具有划时代的意义。从此以后，蒸汽汽车有了长足的发展，使世界进入了蒸汽汽车的时代。

（二）蒸汽汽车的发展

1804 年，法国人脱威迪克制造出了一辆蒸汽汽车。该汽车比古诺的车有了很大的进步，动力增强、噪声降低，速度也有一定的提高。这辆车拖着十几吨重物行驶了 15.7 km，创下了当时汽车负重行驶的纪录。

1815 年捷克人普什克制造出了世界上第一辆（5 座）载客汽车，以蒸汽为动力，但遗憾的是，因为当时普什克用于展览的钱被窃，在万分失望之余，竟将这辆汽车砸个粉碎。世界上第一辆载客汽车的原型车就这样毁了。

1825 年，英国人哥尔斯瓦底·嘉内制造了一辆蒸汽公共汽车（图 3–7），18 座，车速为 19 km/h，开始了世界上最早的公共汽车运营。

1834 年，世界上最早的公共汽车运输公司——苏格兰蒸汽汽车运输公司成立了。当时英国爱丁堡市内营运的蒸汽汽车前面坐着驾驶员，中部可容纳 20 ~ 30 名乘客，锅炉位于后部，配一名司炉员，蒸汽机气缸位于后轴的前方地板下，以驱动后轮前进。然而，这种车少则 3 ~ 4t，多则 10t，体积大，速度慢，常常压坏未经铺设的路面，引起各种事故。因此，在 1865 年，英国颁布了世界上最早也是最苛刻的机动车法规，即所谓“红旗法规”（图 3-8）。规定汽车最高车速不得超过 6.4km/h，行车时必须有专人挥动红旗，以警示路上的行人和马车。汽车需要跟在红旗的后面行驶。由于这条法规的实施，使得英国在制造汽车的进程上大大落后于其他工业国家。

图 3-7　嘉内研制的蒸汽公共汽车

图 3-8　英国的红旗法规

三、汽车的演变

现代汽车工业“诞生于德国，成长于法国，成熟于美国，兴旺于欧洲，挑战于日本”这句话精辟地概括了现代汽车工业的百年发展历程。

（一）现代汽车工业诞生于德国

现代汽车的诞生从发动机开始。法国工程师勒努瓦（ Lenoir）于 1859 年发明了第一台以照明瓦斯为动力的内燃机，在此基础上德国工程师尼古拉斯·奥古斯特·奥托（Nikolaus August Otto），在 1876 年制造出第一台以煤油为动力的四冲程内燃机。奥托对发动机的点火系统做了改进，与以往发动机相比这种发动机具有转动平稳、噪声小等优良性能，热效率高达 12% ~ 14%，是当时热效率最高、最受推崇的实用性很强的发动机。奥托的发动机工厂也培养了大批的能工巧匠，比如卡尔·本茨曾在奥托的曼海姆工厂担任技术工作，戈特利布·戴姆勒在奥托的道依茨发动机公司任技术主管，威廉·迈巴赫在奥托的道依茨发动机公司任技术员。这段工作经历为他们后来发明汽车奠定了坚实的基础。

1. 卡尔·本茨和他的汽车

卡尔·本茨（图 3-9），德国人，在 1877 年就决定制造发动机。1885 年，卡尔·本茨发明以汽油机为动力的三轮车（图 3-10），最高时速 18km/h。发动机特点：功率

0.65kW；单缸；转速 200r/min；高压线圈点火；带浮子阀的化油器；水冷。底盘特点：齿轮和链条传动；装有变速杆。后轴为两个半轴；装有差速器；制动器类似自行车的车闸；车架和车轴间安装弹性钢板，增加舒适性；转向手柄。

卡尔·本茨的发明最初被人们所怀疑。当时曼海姆的报纸把他的车贬为无用的可笑之物。本茨的夫人贝尔塔（Bertha）为了回击一些人的讥讽，于 1888 年 8 月带领两个儿子驱车实验（图 3–11），他们从曼海姆出发，途经维斯洛赫添油加水，直驶普福尔茨海姆，全程 144km。这次历程为本茨的发明增添了说服力。因此，贝尔塔成为历史上第一位女驾驶员，而维斯洛赫成为历史上第一个汽车加油站。

图 3–9　卡尔·本茨

图 3–10　卡尔·本茨的三轮汽车

图 3–11　贝尔塔

卡尔·本茨受到了妻子的鼓励，向德国皇家专利局申请专利。1886 年 1 月 29 日取得专利号为 37435a 的汽油内燃机汽车专利。这一天被公认为“世界汽车诞生日”，卡尔·本茨也被称为“世界汽车之父”。本茨的第一辆三轮汽车是世界上最早的汽车雏形，这辆汽车被收藏在德国的本茨汽车博物馆内。

2. 戈特利布·戴姆勒和他的汽车

1882 年 48 岁的戈特利布·戴姆勒（图 3–12）毅然与他共事多年的伙伴威廉·迈巴赫（图 3–13）一起离开了奥托的发动机工厂，尝试研制效率更高的发动机，希望内燃机可以应用到交通工具上。

1872 年，戴姆勒设计出四冲程发动机。1883 年 8 月 15 日，德国工程师戴姆勒和迈巴赫根据奥托发动机的模型，制成了今天汽车用发动机的原型——高压点火卧式汽油机，并于同年 12 月 16 日获得了德意志帝国专利——汽油发动机的专利。1884 年 5 月，戴姆勒把卧式汽油机改制成体积尽可能小的立式汽油机，并于 1885 年 4 月 3 日取得了立式汽油机的专利，该立式汽油机取名“立钟”（图 3–14），气缸采用风冷方式立于曲轴箱之上，进气阀可以自动开合，排气阀由戴姆勒发明的曲线槽控制装置控制。戴姆勒的立式汽油机重量轻、转速高，压缩比为 3，并首先在该机上应用了化油器。

图 3-12 戈特利布·戴姆勒

图 3-13 威廉·迈巴赫

1885 年 8 月 29 日，戈特利布·戴姆勒和威廉·迈巴赫装配了世界上第一台安装汽油内燃机的“骑士双轮车”——Daimler riding car，成为世界上第一辆摩托车（图 3-15）。戈特利布·戴姆勒也由此被誉为“世界摩托车之父”。

1886 年，戴姆勒把这种发动机安装在马车上，制造出第一辆戴姆勒汽车（图 3-16），该车最高时速 15km/h，发动机功率 0.83kW、单缸、水冷。由于戴姆勒和本茨在同一时期分别独立完成汽车的研制，所以并称为“世界汽车之父”。

图 3-14 立钟

图 3-15 第一辆摩托车

图 3-16 戴姆勒父子共乘的戴姆勒汽车

1898 年，奥地利商人埃米尔·耶米尼克向戴姆勒订购了一辆赛车，并以自己最喜欢的小女儿的名字“梅塞德斯（Mercedes）”命名。“梅塞德斯”一路领先，击败所有对手。后来，耶米尼克将其代理经销的 36 辆戴姆勒汽车全部取名为“梅塞德斯”。1902 年，戴姆勒公司正式将“梅塞德斯”作为自己产品的商标，一代名车“梅塞德斯”从此诞生了（图 3-17）。

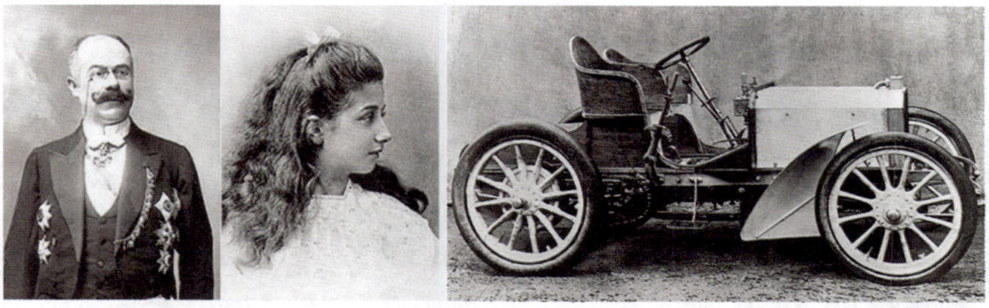

图 3-17　埃米尔·耶米尼克、女儿梅塞德斯和梅塞德斯汽车

（二）以法国为代表的现代汽车工业成长时期

汽车发展技术的先驱虽然在德国，然而法国以热情开放的天性，对于新科技保持着极高的热情。在 1889 年的巴黎万国博览会上，卡尔·本茨和戈特利布·戴姆勒所发明的汽车产品，便已经在展场中与巴黎人民及各国富豪人士见过面。他们的发动机也受到了法国人的喜爱。

在世界博览会之后，潘哈德 – 勒瓦索尔（Panhard & Levassor）公司得到了戈特利布·戴姆勒开发的 DMG 公司所生产的发动机的授权，用于潘哈德 – 勒瓦索尔品牌（P&L）的车辆上（图 3–18），使其成为法国的第一家汽车公司。1891 年的潘哈德 – 勒瓦索尔汽车第一次设计了许多现代部件，比如离合器踏板操作，链传动的变速器，前置式散热器，发动机前置后轮驱动的布置形式和润滑动齿轮传动的驱动形式。1896 年潘哈德 – 勒瓦索尔的 4CA 汽车（图 3–19）采用了有两排面对面座位的车身形式，1898 年又开发了 AL 型小型单排座敞篷轿车（图 3–20），为汽车的多样性奠定了基础。

图 3–18　1891 年 P&L 汽车

图 3–19　P&L 4CA 汽车

图 3–20　P&Ltype AL 型轿车

阿尔芒·标致于 1889 年在法国设计制造了他的第一辆汽车，并于 1896 年创造了以狮子为标志的标致汽车公司。1900 年阿尔芒坐在标致 28 型（Type28）敞篷车中（图 3–21），该车车速已达 35km/h。1901 年设计出摆脱马车外形的 Type36 汽车（图 3–22），其发动机罩、驾驶员专座以及方向盘、轮胎尺寸较以前有所减小。

图 3-21　标致 Type28

图 3-22　标致 Type36

1889 年法国人路易斯·雷诺（Louis Renault）凭借 Voiturette Type A 创立了雷诺汽车公司。这是历史上第一辆用轴传动而不是像自行车那样用链条传动的汽车，具有相当的创造性技术含量。雷诺 Voiturette Type A（图 3-23）搭载的发动机排量只有 273mL，最大功率只有 1.75 马力[1]，与之匹配的是路易斯·雷诺设计的 3 挡变速器，最高车速能够达到 32km/h。这款车拥有出色的爬坡能力，使得它在当时颇受关注。为了增加汽车的舒适性，路易斯·雷诺在 Type A 的基础上用了几个月时间研制了 Type B（图 3-24）。封闭的驾驶舱使得 Type B 看起来完全不同。由于封闭驾驶舱的设计，汽车终于成为一种可以全天候驾驶的交通工具——轿车诞生了。除了 Type A 和 Type B，雷诺 Voiturette 系列还在 1900 年推出了双排座位的 Type C 型车（图 3-25）。

图 3-23　雷诺 Type A

图 3-24　雷诺 Type B

图 3-25　雷诺 TypeC

在法国，汽车设计指导思想主要是为了人们的娱乐需求，所以研制的汽车都是轿车，而且是豪华型轿车，售价昂贵，一般人经济条件难以承受，销售市场受到限制，产量不能大幅度提高。另外，汽车是一种结构复杂的大型机械产品，当时世界上还缺乏大量生产这种大型机械产品的技术条件，不论在欧洲还是在美洲都不可能形成汽车工业。

① 马力为非法定计量单位，1 马力 =735.499W。

1906 年，法国的汽车厂家宣称欧洲的汽车产量占世界年产量的 58%，但是他们的产量只有 5 万辆左右。

（三）以美国为代表的现代汽车工业的成熟阶段

汽车文明从欧洲传到美国后，这个年轻而富有创造性的国家对它表示了极大的兴趣。通过流水线生产、资本运营和企业兼并，美国三大汽车公司福特、通用、克莱斯勒迅速崛起为世界汽车工业三大巨头。1908 年，威廉 · 杜兰特创建通用汽车公司。

1. 福特 T 型车

1903 年，亨利·福特创立福特汽车公司，当时的年产量只有 1700 辆。1908 年，亨利·福特及其伙伴将奥尔兹、利兰以及其他人的设计和制造思想结合成为一种新型汽车——T 型车（图 3–26）。T 型车采用了许多先进的制造技术及材料，用以简化生产过程，降低成本。1914 年，他将泰勒的流水生产线技术运用到汽车上，这种技术被后人称为装配线（图 3–27）。装配线不仅有助于在装配过程中通过生产设备使零部件连续流动，而且便于对制造技能进行分工，把复杂技术简化、程序化，提高生产效率。福特 T 型车的年产量达到了 10000 辆。大批量生产使 T 型车的成本降得很低，大众能够消费得起。原来卖 800 美元一辆的 T 型车，1913—1914 年降至 500 美元。 1916 年，T 型车年产量达到 50 万辆，福特公司已经控制了美国乃至世界各地的汽车市场，地球上几乎有一半汽车是 T 型车。 1925 年 10 月 30 日，福特公司的工厂里平均每 10s 就出一辆 T 型车，创造了世界汽车生产史上的奇迹，而车价也降到了 300 美元以下。

图 3–26　福特和他的 T 型车

图 3–27　福特的流水生产线

然而，由于产品结构单一，无法满足消费者个性化需求，1926 年 T 型车遭受了致命的产品滞销打击。因为 20 年代中的美国汽车顾客对自己运输方面的要求已不仅仅局限于经济实惠，买主们要求有漂亮的颜色、四轮驱动、减振器、变速器、低压大轮胎和流线形车体。T 型车在爵士乐、私酒贩卖、华丽影院诞生的过程中，在乡间小镇渴求炫耀财富的日子里，在通用公司的新型车雪佛兰推出时，终于退出了辉煌的历史舞台。1927 年停产时，T 型车的产量超过了 1500 万辆。

在 T 型车出现以前，汽车仍然是少数富人生活的奢侈品。亨利·福特推出的被称为“世界汽车工业史上具有划时代意义的伟大创举”的福特 T 型车，使汽车从贵族及有钱人的专利品一变而成为大众化商品。福特 T 型车可以说是将家庭轿车从神话变为现实的第一车。

几十年以后《福特传》的作者写道：“T 型车不仅是一部车，更是一种召唤，它把汽车工业带入了有希望、有前途、高效率、有实用价值的领域。”T 型车之所以畅销，首先是因为它价格便宜而且性能优良。在 T 型车的研制之初，福特的技术人员不但参考了国内其他公司的汽车，而且还引入了法国颇受好评的雷诺汽车的先进技术。经过不断地改良，发动机由手动起动改为电气起动装置起动，原来使用的油灯或瓦斯灯，也改装成了电灯。T 型车坚固耐用，结构紧凑，实用性能好。大批量流水生产的成功，不仅使 T 型车成为有史以来最普遍的车种，而且使家庭轿车的神话变为现实。

福特发明的流水线生产方式的成功，不仅大幅度地降低了汽车成本、扩大了汽车生产规模、创造了一个庞大的汽车工业，而且使当时世界上的大部分汽车生产从欧洲移到了美国。1929 年，美国生产汽车 54.5 万辆，出口占 10%，占领了美国之外的世界市场的 35%。

2. 标准化、集团化运营的通用汽车公司

1908 年凯迪拉克 Model K（见图 3-28）参与了一年一度的伦敦皇家汽车俱乐部的标准化测试。标准化生产的凯迪拉克凭借其精湛的工艺获得了欧洲最高汽车制造业奖项，伦敦皇家汽车俱乐部颁发的 Dewar 杜瓦奖。

图 3-28 凯迪拉克 Model K

为了测量车内零部件的标准化水平，三辆 Model K 被大卸八块，总共分拆成了 721 个部件，并从中抽取了 89 个部件进行极其严格的精准度测量；然后，将这 89 个部件封存，并从经销商处拿来 89 个新部件重新与剩余的 632 个拼装在一起，结果在重新拼合的过程中，工作人员仅仅用螺钉旋具和扳手就完成了三辆车的安装，这毫无疑问说明了每一个零件的标准化程度和可替代程度之高。被重新安装的三辆车又进行了 800km 的强度测试，以及 3200km 的可靠性测试。几个月过去了，当测试报告公布出来时，人们惊喜地发现凯迪拉克这一美国产品居然全面达到了国际标准。如此高的成绩是以前美国产品中从

未得到过的，也因为如此，凯迪拉克获得了美国历史上第一尊杜瓦奖奖杯。1912 年凯迪拉克工程师 Charles Kettering 发明了“电子起动、照明和点火装置”并将其安装在凯迪拉克 Model 30 汽车上（图 3–29）。凯迪拉克再次获得伦敦皇家汽车俱乐部（RAC）授予永久性“世界标准”荣誉，成为世界上第一家也是唯一一家获得此项殊荣的公司。

图 3–29　凯迪拉克 Model 30 和它的设计师

1909 年凯迪拉克公司被通用公司收购。1921 年由于福特汽车公司的竞争和通用汽车公司内部机构庞大，各品牌各自为政、互相竞争，加之金融危机的影响，使通用公司濒临破产。阿尔弗雷德·斯隆临危受命，短短三年内让濒临破产的通用汽车反败为胜，更为企业组织管理立下世纪典范。

阿尔弗雷德·斯隆这位通用传奇般的领袖从 1921—1955 年的 34 年间，以福特大规模生产技术为先导，对车间、工程部门和销售系统在内的整个公司系统的组织和管理体制进行改造，从而率领通用公司逐步走向辉煌。他在 1921—1922 年期间就提出了一种叫“集中政策控制下的分散经营”组织机构模式，这是事业部制组织结构的雏形。他把通用汽车公司按产品划分为 21 个事业部，分属 4 个副总经理领导。有关全公司的大政方针，如财务控制、重要领导人员的任免、长期计划、重要研究项目的决定等，由公司总部掌握，其他具体业务则完全由各事业部负责。斯隆认为；这种管理体制贯彻了“政策决定与行政管理分开”这一基本原则，因而能使集权和分权 得到较好的平衡。通用汽车公司经过斯隆的改革和整顿以后，迅速发展成为世界上最大的汽车公司。至此，汽车企业告别了以往的以技术为主导的运营方式，资本化的公司运营模式趋于成熟。

（四）以欧洲为代表的汽车产品多样化时期

20 世纪 50 年代，美国汽车业界已形成“通用”“福特”“克莱斯勒”三大公司鼎立局面，并且以压倒的优势雄居世界汽车市场。他们凭借霸占世界市场的既得利益，疏忽了继续开发新技术的创造力。此时欧洲厂家也开始实行流水线生产。另外欧洲厂商具有卓越的产品设计能力，从而生产出各式各样的跑车、小型汽车，转而销往美国，从而出现欧美两霸并存的局面。世界汽车工业也进入了由欧、美各国汽车汽车产品组成的多样化时期。这个时期从 20 世纪 50 年代一直延续至至 20 世纪 70 年代。

20 世纪 50 年代早期，当欧洲经济开始恢复的时候，由各式小型汽车厂家组成的汽车工业，只占世界汽车生产的 13.8%。而北美却占 85.1%。后来，欧洲汽车厂商改进国内生产的产品，以适宜各国各不相同的市场情况。如意大利国民收入低，燃料税率高，人们集中在街道狭窄、停车条件受限制的古老城市。这些条件结合起来导致消费者需求集中在小型汽车；在瑞典，燃料税低，国民收入高，城市人口密度小，冬天的驾驶条件恶劣，消费者要求大而耐寒的车辆，耗费更多的燃料也在所不惜。当时的许多欧洲制造商也在寻求对不同设计要求的多样化技术方案。有的偏爱功率大的发动机，有的在设计别出心裁的气缸；有的使用后置式发动机，也有的集中研究前悬挂式发动机和后轮驱动。竞争的领域不仅表现在组合车身的设计上，连柴油发动机和汽油发动机也包含其中。

1. 神奇的“甲壳虫”

20 世纪 30 年代初，德国经济危机发展到了顶点，失业率剧增，罢工运动高涨，德国政府也不断更迭。 1934 年 1 月 17 日，著名汽车设计大师波尔舍向帝国政府提交了一份设计一种新型的能为广大群众买得起的”大众”牌轿车的建议书。波尔舍的建议得到了批准，并迅速投入设计和试制。同时，德国政府实施一项措施，筹建了由 34 万人集资入股的大众汽车公司。这种大众汽车的外形被设计成甲壳虫状，因而得名”甲壳虫”。

1938 年，“甲壳虫”的最后一辆样车完成（图 3–30）。1939 年 8 月 15 日，第一批“甲壳虫”牌汽车问世。随后，由于第二次世界大战爆发，“甲壳虫”牌汽车的生产中断了，这种问世不久的新型汽车战前总共才生产了 800 辆。

图 3–30　波尔舍和他的“甲壳虫”牌汽车

第二次世界大战后，大众汽车公司被盟国监管。1948 年，恢复了“甲壳虫”牌汽车的生产，但年产量仅为 1.9 万辆。由于“甲壳虫”牌汽车结构简单、价格低廉、外形可爱，而第二次世界大战后人们恰好能承受该车的价格，于是需求猛增。1949 年，大众公司归还原联邦德国后，进入稳定发展阶段，“甲壳虫”牌汽车开始大批量生产，到 1955 年，这种颇受市场青睐的汽车累计生产量达 100 万辆，出口到 100 多个国家。

10 年后的 1965 年，由于畅销不衰、购销两旺，累计产量已达 1000 万辆。1972 年 2 月 17 日，“甲壳虫”牌汽车累计生产 15 007 034 辆，超过福特公司 1908—1927 年间 T 型车的产量，创造了新的世界纪录。1974 年，“甲壳虫”牌汽车在生产了近 30 年之后，由于产品进入不可抵御的衰落期，除在其他分厂和子公司继续以日产 3300 辆的速度生产外，在大众总部沃尔夫斯堡全部停产。1981 年，第 2000 万辆“甲壳虫”牌汽车在墨西哥的大众分厂开下了装配线。尽管后来“甲壳虫”牌汽车被高尔夫新型车所取代，但无论如何，“甲壳虫”车型仍然是世界上最畅销和最流行的车型。

2. 法国的“丑小鸭”

第二次世界大战以后，法国刚从战争的废墟中复苏，法国四大汽车公司（雷诺、雪铁龙、标致和西姆卡）就开始了开发和生产微型轿车的竞争。它们不断开发新车型，采用赊购、降价等方式促销，刺激工薪阶层的购车欲望。

雷诺公司是国有公司，优先利用国家资金开发了多种车型，所以发展最快。雷诺公司的“雷诺 4”（图 3–31）是当时著名的微型轿车。“雷诺 4” 可乘四人，排量只有 782mL 或 845mL，发动机输出功率 20kW，最高车速 110km/h 。“雷诺 5” 的排量仍是 845mL，但功率提高到了 26.5kW。这两款车型一经问世，就一直畅销不衰。雪铁龙公司开发的 2CV 型轿车，以价廉物美受到了普遍的欢迎，被人们喜爱地叫作“丑小鸭”（图 3–32）。

1936 年，雪铁龙的董事长皮埃尔·布朗热成立了一个设计组，设计 2CV 轿车。要求该车要能拉上一对农村夫妇，带 50kg 土豆，一筐鸡蛋，走农村小路，车度 60km/h，回到农舍一个鸡蛋也不能破，每百公里油耗 3L。它得让中低收入的百姓买得起。

1949 年，“2CV”开始批量生产。这种车受到了法国和其他国家人民的普遍欢迎，从 1950—1955 年一直处于供不应求的状态。到 20 世纪 60 年代，被称为“机械奇迹、商业奇迹，社会奇迹”而享誉全球。它特别受到当时“叛逆”型青年的追求，成为最时髦的汽车。“2CV”一直生产到 1990 年，才在法国停产，累计生产了 700 万辆。

图 3–31　雷诺 4

图 3–32　雪铁龙 2CV

在法国四家公司的竞争下，排量在 1L 以下的微型轿车十分畅销，在全部轿车的销售量中所占的比重逐年上升。1956 年，法国的轿车千人保有量达 79.3 辆，其中 42% 为工人阶层所拥有。到 1963 年，微型轿车在全部轿车销售量中的比例达到了 70% 的历史最高水平，这时，法国的轿车千人保有量为 157 辆，实现了轿车进入家庭。

1975 年，法国“雷诺 4”和“2CV”两种微型轿车的产量合计达到 106 万辆。直到 1983 年，法国微型轿车保有量仍然有 706 万辆，并有十多个微型汽车公司继续生产微型和超微型汽车。

3. 英国的”迷你”

在第二次世界大战后，英国的汽车生产较早地恢复到了战前的水平。当时，为了争取出口，一直发展中高级轿车。从 1951 年起，中高级轿车的出口量逐渐减少，汽车工业才开始转向国内市场，开始发展微型轿车。微型轿车所占的比重逐年上升，在 1960 年达到 46% 的历史最高水平。此时英国的轿车千人保有量为 105 辆，基本上实现了轿车进入家庭。

1948 年，由阿历克·伊斯戈尼斯设计的莫利斯·米诺（Morris Minor）诞生了（图 3–33）。米诺的造型圆润秀美，采用承载式车身，前独立悬架，齿轮齿条转向器。它不仅具有优异的操纵性，而且也非常舒适。它从 1948 年一直生产到 1971 年，总产量 162 万辆。10 年后，艾斯戈尼斯又设计出了著名的廉价“迷你”微型轿车。

迷你（MINI）车长不过 3m，4 座，排量为 1L，25kW。1959 年它刚面世的时候，被许多人认为是“开玩笑的东西”（图 3–34）。不过，就是这种被人瞧不起的微型汽车，竟在世界著名的蒙特卡洛汽车大奖赛中三次夺魁，这是因为它重量只有 630kg，又特别灵活。从此，它成了一种受人崇拜的汽车，加上价格低廉，在英国进入了普通家庭，各地都可以见到，目前仍在生产。

4. 意大利的“米老鼠”

意大利的菲亚特早在 1936 年就开发了著名的“500”米老鼠微型轿车（图 3–35）。

图 3–33　Morris Minor

图 3–34　MINI

它一直生产到 1948 年。在 1955 年，又开发了 600B 型微型轿车（图 3–36），四座，867mL，18.4kW，长 3.3m，最高车速 110km/h，很受人们的欢迎。

图 3–35　菲亚特 500

图 3–36　菲亚特 600 B 型微型轿车

四、以日本为代表的经济型汽车时期

1973 年，举世震惊的第一次石油危机爆发后，在美国，由于用户对汽车需求型式的转换，日本生产的小型、省油、价廉的汽车受到青睐。20 世纪 60 年代初期，日本车刚打入美国市场时，售价相当低（甚至到了保不住成本的地步），但是后来，日本汽车制造商独自创造出了欧美汽车厂商所没有的生产系统，孕育出了举世闻名的日本汽车生产体系。这种被称为“品管运动”“及时化”“总体品管活动”的生产方法，在极短的时间里生产出了质量好、性能高、价格低廉的小型汽车。于是，1968—1970 年间，在竞争压力颇大的美国市场脱颖而出，顺利实现了快速增长的目标。

由于日本实现了汽车国内销售量和出口量双高速增长，迎来了日本汽车工业高速发展，创造了世界汽车工业发展的奇迹。1960 年，日本汽车产量仅 16 万辆，远远低于当时美国及西欧各主要汽车生产国的水平。但到 1967 年，汽车产量即达到 300 万辆，超过欧洲各主要汽车生产国的产量，居世界第二位；到 1980 年，汽车产量达到 1100 万辆，超过美国的汽车产量，跃居世界第一位。日本成了继美国和欧洲之后，世界上第三个汽车工业发展中心。

五、汽车技术的发展历程

（一）发动机的发展历程

1. 第一台柴油机的诞生

本茨和戴姆勒发明的都是汽油机。当时的人们在尝试用汽油作为燃料的同时，也尝试用其他燃油作为燃料。 1897 年，德国人鲁道夫 · 狄塞尔（Rudolf Diesel）成功地试制出了第一台柴油机（图 3–37）。

柴油机从设想变为现实经历了 20 年的时间，狄塞尔柴油机是冒着生命危险在一片指责声中试制出的。狄塞尔虽然未能活到柴油机用于汽车的那一天，但他亲眼看到自己的发明用于造船业，以绝对优势取代了蒸汽机。

鲁道夫 · 狄塞尔于 1858 年 3 月 18 日生于巴黎。由于父亲是德国移民而遭到法国当局的驱逐，家中生活窘迫。12 岁时，他回到法国，毕业后即进入了当地技校学习。两年后以获国家奖学金的优等生资格被当时德国最有名的学府——慕尼黑高等技术学校录取。读书期间，狄塞尔萌发了研制新型经济型发动机的念头。为了研制经济型发动机，狄塞尔利用业余时间在一些作坊式的小工厂里以自己的设备开始实验，一次氨气实验时，发生爆炸，险些丧命。

1893 年，制造出第一辆试验样机。通过试验，狄塞尔决定对 1892 年所获得的专利作若干改动，其中重大改动之一是不用煤粉作燃料。1894 年 2 月 7 日，第二台试验样机运转了 1min，转了 88 圈。狄塞尔在日记中写道：第一台不工作；第二台工作不好；第三台会工作好的。

狄塞尔的柴油机诞生于 1897 年。柴油机的出现不仅为柴油找到了用武之地，而且它比汽油机省油、动力大、污染小。可惜的是，由于柴油机诞生初期存在工作粗暴、排气冒黑烟等问题并没有被人们重视。这位对柴油机做出重大贡献的狄塞尔穷困潦倒，于 1929 年 9 月 29 日在自安特卫普去英国的船上结束了生命。鲁道夫 · 狄塞尔的发明改变了整个世界。人们为了纪念他，就把柴油机称作狄塞尔柴油机。柴油也是用他的名字 Diesel 来命名的（图 3–38），所以英文 Diesel 就是柴油的意思。

图 3–37　狄塞尔和他发明的第一台柴油机

图 3–38　美孚柴油加油站

柴油机在 1914 年以前发展缓慢，1914—1918 年第一次世界大战期间，迫于战争的需要才开始大量生产柴油机。柴油机在 1898 年被首先用于固定式动力上。1902 年开始用于商船动力，1904 年装在了海军舰艇上。1912 年第一台柴油机车研制成功。1920 年左右应用于汽车及农业机械。

2. 电动汽车的发展

电动车的历史非常悠久，比我们现在常见的内燃机驱动的汽车还要早。1828 年匈牙利的发明家、工程师阿纽什·耶德利克（Ányos Jedlik）在实验室试验了电磁转动的行动装置。美国人托马斯·达文波特（Thomas Davenport）于 1834 年制造出第一辆直流电动机驱动的电动车。在 1832—1838 年，英国人罗伯特·安德森（Robert Anderson）发明了电驱动的马车，这是一辆使用不能充电的初级电池驱动的车辆（图 3–39）。

1859 年，法国伟大的物理学家、发明家噶斯顿·普兰特发明了可充电的铅酸电池，这对于当时电动汽车来说是一次重大的技术变革，由此电动汽车需求量大幅提高。在 19 世纪下半叶，电动汽车成为交通运输的重要产品，写下了电动汽车在人类交通史上的辉煌一页。1890 年法国和英国的街道上都行驶着电动大客车，当时的车用内燃机技术还相当落后，行驶里程短、故障多且维修困难，而电动汽车却维修方便。

在欧美，电动汽车最盛期是在 19 世纪末。1899 年法国人考门·吉纳驾驶一辆 44kW 双电动机为动力的后轮驱动电动汽车（图 3–40），创造了时速 106km 的记录。1899 年费迪南德·保时捷发明了轮毂式电动机，将电动机直接与车轮相结合实现驱动，省去了链条传动。随之应运而生了 Lohner–Porsche 车型。Lohner–Porsche 也是第一款以保时捷命名的车型（图 3–41），并参加了 1900 年的巴黎世博会，该车一经展出便轰动一时。

图 3–39 罗伯特·安德森和他的电动车

图 3–40 考门·吉纳的电动汽车

1900 年美国制造的汽车中，电动汽车为 15755 辆，蒸汽机汽车 1684 辆，而汽油机汽车只有 936 辆。1912 年，世界电动汽车已经超过几十万辆，这些电动汽车开始被用于出租、物流、公共汽车等领域（图 3–42）。但随着世界石油产量的日益剧增和内燃机技术的不断进步，尤其是 1908 年美国福特汽车公司 T 型车问世，以流水线生产方式大规模批量制造汽车使汽油机汽车开始普及。电动汽车的辉煌仅仅保持了 20 多年。在市场竞争中蒸汽机汽车与电动汽车由于存在着技术及经济性能上的不足，使前者被无情的岁月淘汰，后者则呈萎缩状态。

图 3–41　保时捷电动车

图 3–42　电动公交车

进入 20 世纪 90 年代，美国爆发了严重的石油危机。石油资源的日益减少、大气环境的污染严重，让人们重新关注起电动汽车。随着国家新能源汽车政策的进一步出台和落实，电动汽车又迎来了它的春天。

3. 转子发动机的发展

1957 年，德国人弗力斯・汪克尔（1902—1988 年）发明了转子活塞发动机，这是汽油发动机发展的一个重要分支。汪克尔于 1902 年出生在德国，1921—1926 年受雇于海德堡一家科技出版社的销售部。1924 年，汪克尔在海德堡建立了自己的公司，他花了大量的时间在那里进行转子发动机的研制。1927 年，诸如气密性和润滑等的一系列技术问题的攻克终于有了眉目。1957 年在德国生产出第一辆装配了转子发动机的小跑车。1958 年汪克尔将外转子改为固定轴转子，制成功率为 22.79kW、转速为 5500r/min 的新型旋转活塞发动机（图 3–43）。该机具有重要的开发价值，因而引起各国的重视。日本东洋公司（马自达公司）买下了转子发动机的样机，并把转子发动机装在汽车上，可以说，转子发动机生在德国，长在日本。

当时业内人士认为这种发动机的结构紧凑轻巧，运转宁静畅顺，也许会取替传统的活塞式发动机。1964 年，日内瓦的德法合资企业 COMOBIL 公司，首次把转子发动机装在轿车上成为正式产品。1967 年，日本人也将转子发动机装在马自达轿车上开始成批生产。

一向对新技术情有独钟的马自达公司投巨资从汪克尔公司买下了这项技术。由于这是一项高新技术，懂得这项技术的人寥寥无几，发动机坏了无人会修，而且耗油大，汽车界有人对这种发动机的市场前景产生了怀疑。20 世纪 70 年代石油危机爆发，各国忙于应付各方面的困难而无暇顾及发展转子发动机，唯有马自达公司仍然深信转子发动机的潜力，独自研究和生产转子发动机。

一般发动机是往复运动式发动机，工作时活塞在气缸里做往复直线运动，为了把活塞的直线运动转化为旋转运动，必须使用曲柄连杆机构。而转子发动机则不同（图3-44），它是利用内转子圆外旋轮线和外转子圆内旋轮线相结合的机构，无曲轴连杆和配气机构，可将三角活塞运动直接转换为旋转运动。它的零件数比往复活塞式发动机少40%，质量小、体积小、转速高、功率大。

图 3-43 汪克尔转子发动机

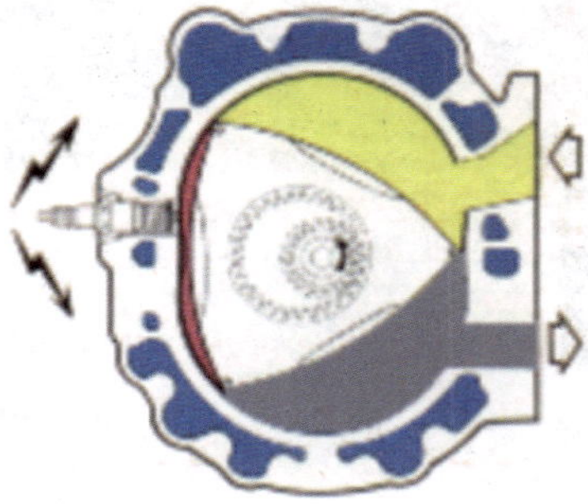

图 3-44 转子发动机的工作原理

汪克尔转子发动机的转子每旋转一圈就做功三次，而一般的四冲程发动机每旋转两圈才做功一次；转子发动机整个发动机只有两个转动部件，跟一般的四冲程往复式发动机具有20多个活动部件相比，简化的结构使发动机体积缩小、质量减小，故障率也减少。另外，由于转子发动机的轴向运转特性，它不需要精密的曲轴平衡就能达到较高的运转转速，其转速比往复式发动机上升得快，且具有高功率容积比（发动机容积较小就能输出较多动力）的优点。

4. 四冲程汽油机燃料供给系统的发展

汽油机燃料供给系统的主要作用是将汽油与空气均匀混合形成可燃混合气，供给发动机燃烧做功。其中最重要的混合气装置是化油器或燃油喷射装置。汽油机先前大多使用化油器，利用化油器使燃油雾化，和空气混合。但是传统的化油器无法精确地获得发动机在不同工况下可燃混合气的空燃比，所以在现代汽车上已被电子燃油喷射系统（EFI）所代替。

最早的燃油喷射系统是在1952年由德国博世（Bosch）公司在奔驰300L型赛车上采用的，它是一种曾用于第二次世界大战德军飞机的机械控制式喷射装置。1957年，美国本迪克斯（Bendix）公司将电子喷嘴首次装用在克莱斯勒豪华型轿车上，这是最早的电子控制汽油喷射系统。1962年，奥兹莫比尔 Cutlass Jetfire 成为全球首款搭载涡轮增压发动机的车型（图3-45），与同排量的自然吸气发动机相比动力提升明显。

1967 年，博世公司制造出 K 型机械式燃油喷射系统，由电动燃油泵提供低压燃油，经燃油量分配器输往各缸进气管上的机械式喷油嘴；同年，博世公司制造出 D 型模拟式电子燃油喷射系统，装在大众 1600 型轿车上（图 3–46），率先达到了美国汽车排放法规的要求，打入了美国市场。

图 3–45　奥兹莫比尔 Cutlass Jetfire

图 3–46　大众 1600

5. 四冲程汽油机点火系统的发展

最早获得热管式点火专利的是英国人纽顿（A. W. Newton）。热管就是一个从气缸内伸出的封闭金属管，把它加热到红热状态，由于热管保持高热，当气缸内混合气被压缩时压力升高，就自行发生点火。

第一个建议用电火花点火的是法国化学家勒本，他是在 1799 年提出的，但没有实现，也没有引起人们的注意。1844 年，英国人雷诺茨实现了电火花点火，它是用干电池做电源，点火室内装一根烧到白炽状态的电热白金丝，利用一个阀门，定时开闭点火室的进气口，可燃混合气接触电热丝而着火燃烧。1859 年法国的勒诺瓦赫发明了世界上第一只长石质瓷绝缘体制成的电点火火花塞，使电池和感应线圈产生的高压电火花点火在内燃机上获得了实际的使用。

6. 四冲程汽油机润滑系统的发展

早期的汽车发动机润滑大多采用“全失”润滑系统。机油送到发动机的工作部件，进行润滑，使用后的机油就白白地流到地上浪费掉了。现代汽车广泛采用压力飞溅润滑系统，在采用了压力润滑后，发动机寿命大大提高。

7. 四冲程汽油机冷却系统的发展

早期内燃机的冷却系统是简单的环绕气缸的大水套，在水套中注入一定量的水，发动机开始工作后水量随着沸腾而减少、散失，带走热量。目前采用的水泵强制冷却剂循环大大改善了冷却系统的工作效能。它可以有效地避免冷却水因蒸发而造成的损失，同时还可以起到提高冷却水沸点的作用，也就可以使汽车长时间爬坡时避免“开锅”

现象发生，大大降低了对发动机零部件的损害，提高了行驶的安全性和平稳性。

8. 发动机气门的布置形式的发展

1930年以前的发动机，大多数采用侧置式气门的设计方案。随着发动机转速的提高，逐步采用顶置式气门（成为一种设计标准），其优点是可使气门的动作加快，减少气门阻力，以便更好地进行换气，还可使燃烧室的设计更加紧凑。

9. 滚珠轴承的发展与应用

1794年，威尔士卡马森的一个叫菲利普・沃恩的铁器制造商用滚珠轴承作为四轮马车的车轴轴承，并为此申请了专利。从那时起直到19世纪的五六十年代，人们将滚珠轴承广泛使用在儿童玩的旋转木马，螺旋桨轴，军舰上的机枪转塔，扶手椅和自行车等器械的轴上，并取得了若干专利。但直到有动力装置的车辆出现以后，金属部件因快速行驶而产生大量的高热和磨损时，这项发明才开始得到充分利用。

（二）汽车底盘发展简史

1. 汽车传动系统的发展

早期汽车的传动系统，从发动机到车轮之间的动力传递形式是很简单的。发动机驱动一组锥形减速齿轮，再传到轴和带轮，带轮和驱动桥上的链轮之间采用带传动。小链轮通过在驱动轮上的内齿轮啮合，使汽车行驶，而大链轮则用来加速。如果汽车遇到上坡而爬坡能力不够时，驾驶员就停下车子，把小链轮啮合后进行驱动。

1893年美国的杜里埃兄弟设计了差速器，使汽车转弯时能使两个轮子的转速不同，可以克服轮胎磨损快的缺点，同时，他们还在汽车上首次使用了干式单片离合器。法国工程师路易・雷纳・潘哈德和埃米尔・勒瓦索尔在其制造的潘哈德－勒瓦索尔汽车上装备了他们发明的变速器（图3–47）。直到1904年，潘哈德－勒瓦索尔手操作滑动齿轮变速器被汽车界普遍采用，从此变速器正式踏入历史舞台。

汽车速度的变化，先前大多采用齿轮式变速器，现在采用自动变速器的汽车已越来越多了。早在1901年，美国的汤姆森兄弟就申请了自动变速器专利，但由于问题太多，无法普及实用。1938年，通用旗下的奥兹莫比尔成为全球首个配备液力自动变速器的汽车品牌（图3–48），但液压系统的控制精度较低，难以适应车辆行驶状况的变化。1948年别克轿车采用了与行星齿轮机构组成一体的液压变矩器，这就是现代液力自动变速器的原型；1957年，美国的辛普森推出了他几年前发明的由太阳轮、齿圈和行星轮巧妙构成的三速自动变速器。

2. 汽车转向系统的发展

汽车行驶过程中，经常需要改变行驶方向，即所谓的转向，这就需要有一套能够按照驾驶人意志，使汽车转向的机构，它能将驾驶人转动方向盘的动作转变为车轮（通常是前轮）的偏转动作。

图 3–47　第一台搭载变速器的汽车

图 3–48　第一台自动变速器

内燃汽车发明者本茨在他发明的三轮汽车上，首先采用了所谓的齿轮齿条式转向器，但是靠一根操纵杆控制，类似舵柄；1908 年福特 T 型汽车采用了行星齿轮转向器；1923 年美国的马尔斯为了减少转向器中涡轮副和滚轮轴之间的接触摩擦力，在两者之间接触处放置滚球支撑，这便是最早的循环球式转向器。

为了使转向轻便，如今世界上的各种汽车广泛使用动力转向系统，最早的动力转向系统是在 1928 年美国的戴维斯研制出的液压动力辅助转向器。1966 年美国凯迪拉克公司推出了一种可变速比的动力转向机构，这种动力转向系统车轮偏转的角度越大，提供的助力也越大；当车轮接近于直线行驶时，助力随之减到最小。

3. 汽车制动系统的发展

从汽车诞生时起，车辆制动系统在车辆的安全方面就扮演着至关重要的角色。最早的汽车采用的是与马车相同的用摩擦垫压紧车轮的制动器，而且只安装在后轮上。1889 年戴姆勒汽车将制动鼓装在后轮上，再绕上钢缆，构成了制动装置。1902 年英国的兰切斯特取得了盘式制动器的专利权。1902 年美国的奥兹发明了钢带与制动鼓式制动器，后来许多汽车采用了这种制动器。1903 年美国的廷切尔汽车采用了气压制动器。1907 年英国的弗罗特发明了石棉制动蹄片。1918 年英国的洛克希德发明了液压鼓式制动器。1928 年皮尔斯 · 阿罗汽车第一次装用真空助力制动器，它利用进气歧管的真空度以降低驾驶人作用于制动器上的操作力。1936 年，博世公司申请一项电液控制的 ABS 装置专利促进了防抱死制动系统在汽车上的应用。1958 年英国道路研究所研制出第一个防抱死制动装置。1969 年的福特使用了真空助力的 ABS 制动器。1971 年，克莱斯勒汽车采用了四轮电子控制的 ABS 装置。这些早期的 ABS 装置性能有限，可靠性不够理想，且成本高。1979 年，默本茨推出了一种性能可靠、带有独立液压助力器的全数字电子系统控制的 ABS 制动装置。1985 年美国开发出带有数字显示微处理器、复合主缸、液压制动助力器、电磁阀及执行器“一体化”的 ABS 防抱死装置。随着大规模集成电路和超大规模集成电路技术的出现，以及电子信息处理技术的高速发展，ABS

已成为性能可靠、成本日趋下降的具有广泛应用前景的成熟产品。1992 年 ABS 的世界年产量已超过 1000 万辆份，世界汽车 ABS 的装用率已超过 20%。如今，诸多国家和地区（如欧洲、日本、美国等）已制定法规，使 ABS 成为汽车的标准设备。

4. 汽车悬架的发展

在汽车时代远未到来之前，使车辆平稳运行的装置就已经在四轮马车中使用了。1580 年，载客四轮马车已使用减振的弹簧悬架。1805 年，埃利奥特获得椭圆形和半椭圆形弹簧板的专利。1900 年，美国人哈德福特制成了第一个汽车减振器，并将它装在奥兹莫比尔轿车上。1921 年，英国的利兰德汽车公司生产第一个使用扭杆弹簧悬架的汽车。1933 年，美国的费尔斯通公司研制成了第一个实用的空气弹簧悬架。同年，门罗公司为赫德森轿车研制双向筒液压减振器。1934 年，通用汽车公司采用了前螺旋弹簧独立悬架。1938 年，别克汽车第一次将螺旋弹簧应用到汽车后悬架上。1950 年，福特汽车公司的麦弗逊制成了麦弗逊式独立悬架（图 3–49），是轿车上应用较多的悬架形式。1956 年，英国利兰车和法国雪铁龙车开始使用液压和液气压悬挂系统，前后轮的悬架用管道相连，液气混合在管中保持压力。1984 年，林肯大陆轿车采用了可调整的空气悬架系统，从此电控悬架在汽车上开始采用。目前采用的主动悬架，一般由传感器检测系统运动的状态信号，反馈到电控单元 ECU，然后由 ECU 发出指令给执行机构主动力发生器，构成闭环控制（图 3–50）。

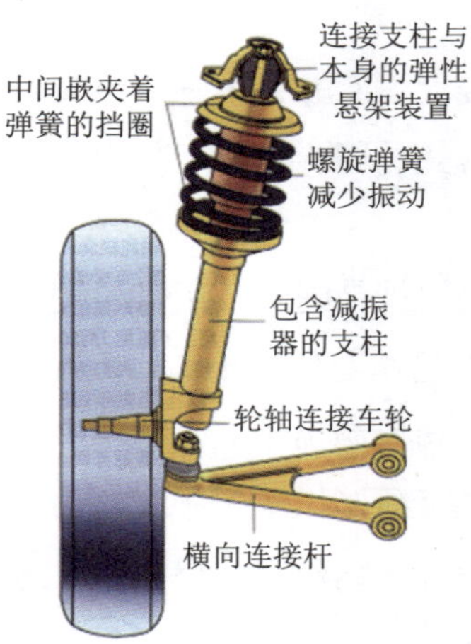

图 3–49　麦弗逊研制的麦弗逊式独立悬架

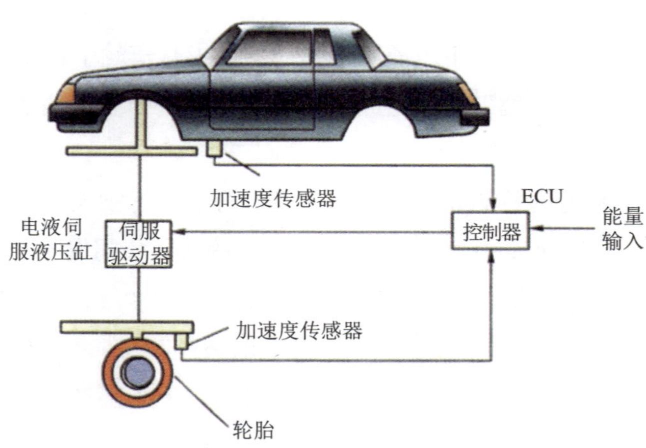

图 3–50　主动悬架示意图

5. 汽车轮胎的发展

1886 年本茨和戴姆勒发明的汽车是实心橡胶轮胎；直到 1888 年英国一位兽医邓禄普发明了自行车用充气轮胎，这种充气轮胎才开始应用到汽车上。

1888 年英国兽医约翰·伯德·邓禄普（图 3–51），看到自己儿子自行车的实心橡胶轮在石头路上颠簸很厉害，于是用一根通过活门充气的管子，外面涂上橡胶作保护层，做了一个气胎。这种气胎缠在车轮上（图 3–52），要修补内管的刺孔，必须首先用苯把涂的橡胶剥下来，修好后再涂上橡胶。这种新轮胎一开始受到人们的嘲笑，但他的儿子骑此车参加比赛获得了第一名，于是此项发明受到人们的重视。邓禄普为他的发明申请了专利，并放弃了兽医职业，建立了世界上第一家轮胎制造厂，开始生产橡胶轮胎。从 1894 年起，早期大批量生产的“希尔德布兰德”和“沃尔米勒”牌摩托车正式使用了邓禄普轮胎。1895 年米其林工程师发明了首条轿车用充气轮胎（图 3–53）。从此，人们在车中交谈时再也不用因为行驶噪声而大声叫喊，乘坐的舒适性也得到了提升。

图 3–51　邓禄普

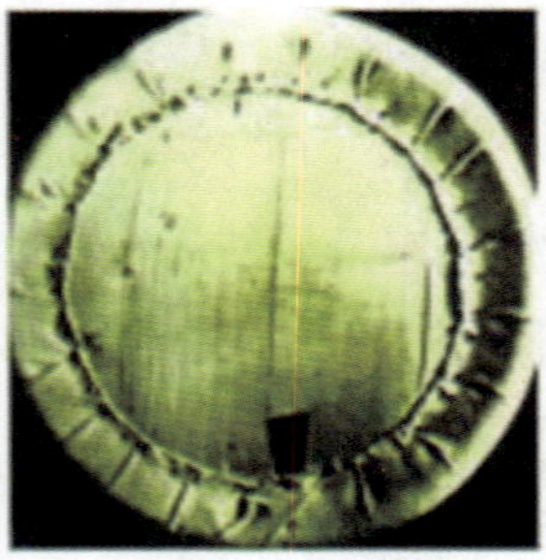

图 3–52　第一只充气轮胎

图 3–53　米其林车用充气轮胎

早期在行车中若遇到爆胎，驾驶人从车轮上拆下或装上内胎非常困难，很多时候需要专门修理工才能完成。1904 年，克莱斯勒采用了可拆式轮圈，以便于驾驶人在行车途中快速换胎。

平滑的轮胎在潮湿的路面经常打滑，驾驶人在行车中得携带绳子，用来缠绕在轮胎上以增强牵引力。直到 1908 年，固特异公司发明了能在轮胎上刻出花纹的机器，制造出防滑轮胎，这一问题才得到解决。1908 年，米其林公司研制出了双式车轮，有效地解决了重型汽车的轮胎负荷问题；1937 年，米其林公司又研制出了子午线轮胎，这种命名为“蝇笼”的轮胎胎面，由多层帘布层加强，并用分层钢丝帘线层箍紧。这些帘线层均与轮胎钢丝垂直排列，极大地改善了轮胎行驶方向的稳定性。1948 年美国古德奇公司制成了汽车无内胎轮胎。1981 年，英国邓禄普公司又发明了一种新型轮胎，在穿孔的情况下汽车仍可继续行驶，而轮胎不会从轮辋上脱出，这种轮胎的胎冠内表面涂有聚凝胶，既是密封剂，又是润滑剂。

为提高轮胎使用寿命，降低油耗，适应汽车行驶速度高、安全性和舒适性的要求，如今汽车轮胎发展趋势是子午线、无内胎化和扁平化。

（三）汽车电器发展简史

1. 最早汽车电源

现代汽车上使用的铅酸蓄电池已近一个半世纪。1859 年，法国物理学家普兰特发明了铅酸蓄电池，为后来汽车用电开辟了道路。他的第一个铅蓄电池有两块卷成螺旋状的铅片，中间用橡皮隔开，浸没在浓度为 10%（质量分数）的硫酸溶液中。在此以前的电池只能使用一次，而普兰特造出的是第一个放电后能重新充电，从而可以反复使用的蓄电池。

2. 发电机与起动机

1831 年，英国物理学家法拉第在证明磁能生电以后，发明了第一台转轮式发电机。而美国物理学家亨利于 1831 年发现自感现象后，又发表了介绍电动机的论文。根据发电机原理，做成与发电机原理相反的电动机，这就是起动机。可以说，发电机技术进步的同时就有了起动机。

1912 年凯迪拉克轿车使用了直流发电机。1962 年通用汽车公司采用了二极管整流的交流发电机。现在，汽车使用的发电机都是交流发电机。

在汽车未安装起动装置之前，汽车发动机都必须靠摇动手柄起动，既费力又危险，起动机就是在一次偶然的事故中产生的。1910 年利兰德的好友卡顿因为帮助一辆抛锚的凯迪拉克轿车女车主摇起动手柄，结果发动机产生回火，卡顿被手柄打伤额部，随后因并发症而死。由此利兰德邀请凯特林研究发动机的起动装置。1912 年凯迪拉克轿车开始使用了起动装置。

3. 仪表与信号

最早的汽车仪表与信号是由一排外视器组成的，随后出现的仪表是精确计时仪。在 1900—1905 年间，大多数汽车上的计时仪仅仅是卷簧时钟；后来又出现了速度表、润滑油压表、充电电流表、发动机冷却液温度表以及燃油液位表等各种仪板，并使仪表板配备了夜间照明系统；1916 年，美国一个名叫托马斯的人把一个带电池的灯泡装在手套上，这样夜间行车时，对方驾驶人就能看到他打的手势。1920 年，在选用倒挡装置时，使用了倒车灯。1938 年，别克公司提供了转向灯作为选用的附件，但当时只在汽车尾部安装。20 世纪 80 年代，随着电子技术的发展，电子数字式显示仪表板代替了原来的机械仪表，彩色显示器也在汽车仪表上得到应用。

4. 照明灯及其他部件的发展

汽车上有许多部件都是不可少的，如前照灯、转向信号灯、尾灯、刮水器、喇叭、速度表、温度计、后视镜、保险杠和行李箱等。但开始时这些东西并非必备部件，许多发明应用到汽车上往往要过很多年，甚至要通过立法强迫采用。

1898 年，“哥伦比亚”号电动汽车首先把电用于前灯和尾灯。最初的前照灯不能调光，所以汽车在会车时有些晃眼，后来采用了附加光度调节器，并由美国导航灯具公司推广应用。这种前照灯可以在垂直方向上下移动，但驾驶人必须下车搬动夹具装置，非常不方便。1925 年，导航灯具公司推广了双丝灯泡，远光和近光的调节通过开关来控制，才把这个问题彻底解决。

1899 年，法国首先制定了有关汽车必须装备警笛的法规，但正式在汽车上使用电喇叭是在 1908 年，美国新泽西州的洛厄尔麦康纳东工业公司取得了生产电喇叭的专利权，并大量装备在各种新出现的汽车上。

5. 汽车音响

汽车问世最初的 30 多年里，人们未曾想到要在汽车内安装收音机，驾驶人或乘客想要在旅途中听音乐、新闻或其他信息的话，只能随身带上电池供电的家用收音机。1930 年，摩托罗拉推出了全球首款车载无线电收音机（图 3-54），售价高达 130 美元，而当时一辆福特 Model A 的售价仅 540 美元，而且此时的车用收音机体积庞大——宽 610mm、高 203mm、深 406mm，很难在车厢内完美安装。

1936 年，飞歌公司采用了一种可以组装在汽车仪表盘内的体积较小的收音机；1955 年，克莱斯勒公司采用了一种用晶体管取代电子管的收音机，这种改进不但使收音机的尺寸变小，还节省了电能的消耗。

1934 年飞利浦公司推出了最早的汽车收放机。1961 年，推出了第一台全晶体管调谐收放机。1964 年，采用了第一个盒带式的汽车音响系统。1968 年推出首台带立体声调谐汽车收放机。1978 年，生产出首台集成电路输出汽车收放机。1979 年生产出首台具备电子显示及微电脑控制的汽车收放机。1982 年飞利浦公司发明了 CD 唱机，并于 1988 年应用于汽车音响。1991 年推出带 RDS 功能的汽车音响——调频收音数码系统，可自动追踪电台并获得 CD 般的音质，此系统已在很多国家推广。

6. 汽车空调

汽车上最早的取暖装置出现在 1897 年，当时戴姆勒公司装用了一种从发动机冷却水中吸取热量的热水加热器；最早的制冷装置出现在 1884 年，当时汽车制造商威廉·怀特（W. White）将冰块放在汽车底板的托盘里，并且利用装在车桥上的风扇将冷空气吹入车内。

实际上真正的汽车空调直到 1902 年，美国的“空调之父”开利发明了世界上第一台空调后才开始发展研制。1939 年，美国的派克特汽车首先采用了车内温度空气流通调节装置——空调器（图 3-55），从而开创了汽车车厢内有冷气的崭新时代。1953 年，美国多家汽车公司装用了凯迪拉克公司生产的带有通、断控制装置的汽车空调器。

1956年，世界上第一台客车空调系统研制成功。1957年，顶置式客车空调问世。1962年，装有空调的汽车达75.6万辆。1967年，空调汽车已增至355万辆左右。1964年，凯迪拉克公司又研制成一种新型汽车空调，首次能调节供热、通风和空调至恒温。1979年，美国和日本等公司研制开发了用计算机控制的空调系统，实现了数字显示最佳控制，使汽车空调进入新的先进产品时期。

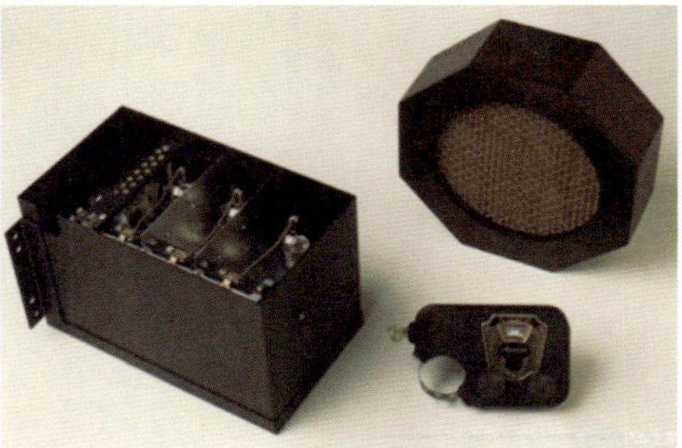

图 3–54　第一台车载收音机

First Air-Conditioned Auto

图 3–55　1939 年车载空调

汽车空调发展到至今，大部分中高级轿车上采用了自动空调。这种空调利用多个传感装置感知车内及外界的状态，将信息传递给中央芯片进行处理，得出系统最佳运行模式，并控制车内温度、湿度、通风等。这种控制使汽车无论在何种天气，车内始终保持最佳舒适状况。

任务实施

1. 分组讨论汽车发展的各个时期与当时的国际形势（包括人文、政治、经济、军事等方面）的关系，并填入下表。

汽车发展阶段	国际形势与其促进或制约的关系

2. 分小组讨论世界汽车工业的发展历程，并分析汽车工业的发展趋势和问题。

任务小结

纵观世界汽车工业发展的历史，经历了诞生的历程与演变的历程。在这个过程中逐步诞生了许多伟大的发明以及在汽车界有着伟大贡献的人。回顾历史，展望将来，汽车工业在经历了四次大迁徙后，在能源日益紧张的今天，又将何去何从，这将是我们要面临的新的课题。

任务 2 描述中国汽车工业发展历程

任务解析

世界汽车工业诞生于 1886 年，而此时中国正处于清政府统治的末期，闭关锁国的政策使我国的生产力水平远低于欧美等工业国家，加之连年战乱，使中国的汽车工业发展比欧美等工业国家，晚了几十年。中国的汽车工业按照其发展历程大致可以分成五个阶段：第一个阶段是 1901—1949 年，新中国成立前汽车工业有过萌芽时期；第二个阶段是 1949—1965 年，为创建阶段；第三个阶段是 1966—1981 年，为成长阶段；第四个阶段是 1982—2001 年，为全面发展阶段；第五个阶段是 2001 年至今，为快速发展阶段。

资　讯

一、新中国成立前的汽车业（1901—1949 年）

1. 汽车出现在中国大陆

1901 年，匈牙利人李恩时（Leinz）从香港将两辆美国生产的奥兹莫比尔牌汽车运至上海公租界（图 3-56），1902 年 1 月 30 日工部局颁予其“临时牌照”，准许其上路行驶。也就是说，我国第一部汽车交通法规也由此伴随产生。

清朝重臣袁世凯于 1902 年 11 月 9 日为了庆贺慈禧太后 67 岁生日，送上一辆汽车作为贺礼（图 3-57）。该车现在还在颐和园“德和园”陈列。这辆车装有一台横置式气缸、10 马力的汽油发动机，后轮驱动，最高车速 19km/h。这种车的车厢由当时制作马车的工匠手工制作，黑色木头车厢，双排座，木轮毂，橡胶实胎，顶棚由 4 根木杆支撑。

据传，慈禧看到这车很不以为然，觉得无非是一个稍作改动的轿子，袁世凯忙让德国驾驶员操作一番，慈禧开了眼：“这玩意叫什么？”袁世凯顺水推舟地回答：“回太后，这玩意叫轿车。”轿车由此得名。遗憾的是，这宝贝玩意儿没开过几回。传说有一天，慈禧乘这车去颐和园，看到驾驶员不仅坐着，而且还坐在前面，破了皇家规矩，大为不快，最后还是换乘 16 抬大轿。此后，该车就在紫禁城里封存，辛亥革命后迁到

图 3–56　李恩时运进的奥兹莫比尔牌汽车

图 3–57　慈禧太后的汽车

颐和园至今。虽然慈禧没怎么坐过这车，但仍然是中国第一个“有车族”。

1907 年以后，中国少数沿海城市陆续出现汽车客运和汽车货运。1913 年，全国经济委员会成立，督导公路建设，拨款地方修路，鼓励民办汽车运输，将公路列为政要之一。1917 年，当时中国第一条汽车运输线路张家口—库伦（今蒙古乌兰巴托）公路通车。到 1927 年，全国公路总长已达 29170km，民用汽车保有量由 1912 年的 294 辆增长到 18677 辆。1934 年成立公路委员会，统一路政，开展省际联运。到抗日战争爆发之前的这一时期，可以说是中国汽车运输业日趋繁荣的年代，每年平均进口汽车 5500 辆，全国公路总长延伸到 117296km，民用汽车保有量 68917 辆，出现了一批官办和民营的出租汽车公司和公共汽车公司。

2. 新中国成立前的汽车生产

严格地说，旧中国没有汽车业，经过几次尝试建立汽车业都以失败而告终。历史上最先提出要建立民族汽车工业这一想法的是孙中山先生。1920 年，孙中山先生在《建国方略》中指出“中国人民既决定建造大路，国际发展机关即可设立制造自动车之工场。最初用小规模，后乃逐渐扩张，以供给四万万人之需要。所造之车当合于各种用途，为农用车、工用车、商用车、旅行用车、运输用车等。此一切车以大规模制造，实可较今更廉，欲用者皆可得之。”他还邀请美国福特汽车公司来华发展。但因战乱、国难，民不聊生，“甫出娘胎，当即夭亡”。

张学良先生首先将孙中山先生的造车设想付诸实施，在辽宁迫击炮厂造出民生牌汽车。张学良在东北“易帜”后，认为全国统一后要“化兵为工”，先后拨款 80 万银圆，在辽宁迫击炮厂内成立工业制造处，后改为附属民生工厂，试制汽车。1929 年 3 月，民生工厂进口了一辆美国瑞雪号汽车，进行装配、试验。后将该车拆卸、测绘，对部分零件、部件另行设计制造。历时 2 年，于 1931 年 5 月试制成功第一辆民生牌 75 型汽车（图 3–58）。民生牌 75 型汽车可装载 1.8t 货物，适于城镇使用。曾计划制造适用于较差路面的 100 型的货车，可装载 2.7t。1931 年九·一八事变，日军发起大规模侵略战争，四个月后东北全面沦陷，民生工厂的造车梦也彻底破灭了。

1932 年 4 月，阎锡山建汽车修理厂制造汽车。1932 年 12 月仿美国飞德乐（Federal）牌汽车试制成装载量 1.5 t 的汽油载货汽车一辆，阎锡山将其命名为山西牌。到 1933 年夏，试车行驶约 1.8 万 km。图 3–59 为当时的山西汽车工厂。

图 3–58　民生牌 75 型汽车

图 3–59　山西汽车工厂

从 1936 年至 1946 年，我国各地先后试制过几种汽车。除沈阳的"民生牌"、太原的"山西牌"以外，还有长沙的"衡岳牌"、上海的"中国牌"、云南的"资源牌"、天津的"飞鹰牌"等，但都仅仅是昙花一现。在新中国成立之前，中国人创建民族汽车工业的夙愿始终未能实现。中国民族汽车工业只有在新中国成立以后才变成了现实。

二、新中国汽车创建阶段（1949—1965 年）

1. 第一汽车制造厂建成

中华人民共和国成立之初，毛泽东和周恩来等第一代国家领导人非常重视中国汽车工业的建设，在前苏联援助中国建设一批重点工业项目中列入建设一座现代化的载货汽车工厂。1953 年 7 月 15 日，在吉林省长春市举办了隆重的奠基典礼（图 3–60）。毛泽东同志亲笔题名"第一汽车制造厂"（图 3–61），生产规划为年产 3 万辆货车。

图 3–60　第一汽车制造厂奠基典礼

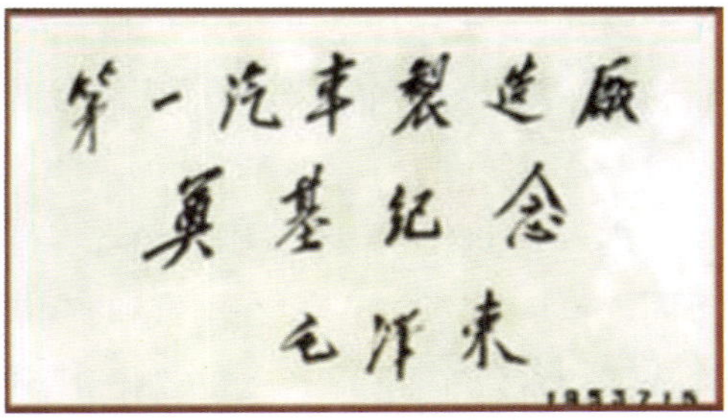

图 3–61　毛泽东亲笔题词

第一汽车制造厂（以下简称一汽）第一任厂长饶斌为了实现党中央提出的“力争三年建成长春汽车厂和出汽车、出人才、出经验”的目标，以苏联吉斯150为蓝本制造汽车。1956年7月13日，国产第一辆CA10型4t中型载货汽车承载着荣誉驶下生产线。该车自重3900kg，装有90hp[①]、四冲程六缸发动机，载重量为4t，最高车速为65km/h。毛泽东主席亲笔为其题名为“解放”。中国不能生产汽车的历史至此结束了，圆了中国人自己生产汽车之梦。图3–62所示为解放牌汽车诞生时的庆祝场面。

图3–62 解放牌汽车诞生时的庆祝场面

图3–63 毛主席视察一汽

1956年4月，毛泽东主席在视察一汽时提出“什么时候能坐上自己生产的小轿车来开会就好了”（图3–63）。于是，第一汽车制造厂又接到了第二个任务——制造轿车。1958年5月21日，毛主席观看并试乘最新试制成功的东风CA70型轿车，高兴地说：“坐了我们自己制造的小汽车了。”东风CA70型轿车由于技术原因只试制了10台，赠予新中国开国“十大元帅”。1958年5月，一汽开始仿照法国“西姆卡”样车自行设计轿车。经过33天的艰苦努力，1958年8月1日红旗轿车试制成功。作为国庆献礼，两辆CA72型轿车以国防部长和阅兵总指挥座驾的身份参与了1959年的国庆阅兵仪式（图3–64），从此红旗轿车作为国庆阅兵的礼宾车身份一直延续至今。

图3–64 红旗CA72型轿车

进入20世纪60年代，国民经济实行“调整、巩固、充实、提高”方针，在国家和省市支持下，形成了一批汽车制造厂、汽车制配厂和改装车

① hp（英马力）为非法定计量单位，1hp=745.7W。

厂，其中，南京、上海、北京和济南共4个较有基础的汽车制配厂，经过技术改造成为继一汽之后第一批地方汽车制造厂，努力发展汽车品种，相应建立了专业化生产模式的总成和零部件配套厂，为今后发展大批量、多品种生产协作配套体系打下了初步基础。

2. 南京汽车制造厂

1957年南京汽车制配厂开发轻型载货汽车。由厂领导、工程技术人员和老职工三结合的攻关班子，将研发重点放在了70马力发动机、驾驶室和车架总成这三大总成上。经过两个多月的奋战，轻型载货汽车的技术方案跃然纸上。1958年3月10日，第一辆跃进NJ130型2.5t载货汽车驶下生产线（图3-65）。这是继一汽解放CA10型汽车之后，第二种国产载货汽车。与此同时，该厂也更名为南京汽车制造厂（图3-66）。到20世纪60年代初南京汽车制造厂已经成为一个以军用车、货车为主的多品类汽车的生产基地。

图3-65 NJ130型汽车

图3-66 20世纪60年代初的南京汽车制造厂

3. 上海汽车制造厂

1958年，上海汽车制造厂为满足国家对外接待等工作需要，开始生产轿车。由于当时上海汽车工业几乎也是一片空白，所以上海人选择了进口奔驰220S轿车，进行类似“活体解剖”似的拆解、研究、测绘等工作。由于当时的上海工业水平很低，没有大型的冲压机、锻造机，上海的工人师傅们只能用榔头、铁锤，手工敲制出复杂的车身覆盖件，这不仅大大降低了生产效率，也使得工人们的工作量骤增。1959年2月15日，第一辆凤凰牌样车驶入中南海（图3-67），周恩来总理乘坐后高兴地说：“中国人有志气，不容易，把中国的车造出来了！”由于在实际生产中，凤凰牌轿车出现了诸如车门无法关严、车内有异响等问题，因此它并没有出现在国庆10周年庆典上。到1960年底，共生产了凤凰牌中高级轿车 18 辆。随后因三年国内经济困难，凤凰牌中高级轿车停产。

1963 年，上海汽车制造厂开始生产上海牌 SH760 型轿车（图 3–68），使用上海汽车发动机厂生产的 680Q 型发动机，功率 90 马力。上海多家企业协作，通过技术改造和攻关，使得生产工艺和装配不断完善，完成了成套的冲模制作，结束了车身依靠手工敲打的落后的生产方式，当年小批量生产 50 辆。

图 3–67　凤凰牌轿车

图 3–68　上海牌 SH760 型轿车

4. 北京汽车制造厂

北京汽车制造厂创建于 1958 年。朱德委员长亲自题写厂名。北京汽车制造厂研制的第一辆车是东方红牌高级轿车（图 3–69）。1960 年 4 月，第一轮研制出三辆 BJ760 型东方红牌轿车样车，同时编制了技术改造计划，到 1961 年年底基本完成了生产技术准备工作。

北京汽车制造厂的代表车型是越野车。1961 年 1 月，北京汽车制造厂接到了一项紧急任务——为解放军研制生产轻型越野车，确定生产车辆型号为 BJ210。BJ210 轻型越野车外形酷似威利斯 M31，硬朗的线条有着军用的风格（图 3–70）。此后，在 BJ210 的基础上，一种车身稍大、四门、双排座、宽敞舒适的轻型吉普车不久后问世，这就是在我国道路上驰骋了三四十年的“北京吉普——BJ212”。BJ212 也是新中国自主品牌汽车的主要代表。

图 3–69　东方红牌轿车

图 3–70　北京牌 BJ 210 型越野车

5. 济南汽车制造厂

1956 年，济南汽车制造厂成立。1960 年济南汽车制造厂参照捷克的斯柯达货车，制造了我国的黄河牌 JN150 型 8t 重型载货汽车。图 3–71 为黄河牌 JN150 型 8t 重型载货汽车出厂的情景。黄河 JN150 型 8t 重型载货汽车（图 3–72）改写了中国汽车长期“缺重”的历史，为国防建设和经济社会发展做出了重要贡献。后来毛主席到济南视察时，参观了这辆样车，朱德元帅亲笔题写“黄河”。几十年来，济南汽车制造厂共生产重型汽车数十万辆，为国民经济的发展和国防建设做出了重大贡献。

图 3–71　黄河牌 JN150 型 8t 重型载货汽车出厂

图 3–72　黄河牌 JN150 型 8t 重型载货汽车

1966 年以前，汽车工业共投资 11 亿元，形成一大四小 5 个汽车制造厂，年生产能力近 6 万辆、9 个车型品种。至 1965 年年底，全国民用汽车保有量近 29 万辆，其中国产汽车 17 万辆（一汽累计生产 15 万辆）。

三、汽车工业成长阶段（1966—1980 年）

20 世纪 60 年代中后期，为适应国防建设的需要，我国主要依靠自己的力量，在内地投资兴建了一批汽车工业的骨干企业。第二汽车制造厂（以下简称二汽）经过数年筹备，于 1969 年开始大规模施工建设。1970 年 10 月 1 日，二汽将第一批拼凑起来的东风牌 EQ140 型汽车（图 3–73）送到武汉参加建国 21 周年的纪念游行，期间历经几次改型，终于在 1975 改型成功。1975 年 6 月，二汽开发的东风牌 EQ240 型 2.5t 中型载货汽车（图 3–74）正式投产。

20 世纪 60 年代后期，中央提出调动地方积极性，建设地方工业体系的方针，从 1969 年开始至 80 年代初，除西藏外，全国各省、市、自治区均建起汽车制造厂，汽车生产厂如雨后春笋般拔地而起。同期兴建的四川、陕西汽车制造厂至 20 世纪 70 年代中期也陆续投产，它们和济南汽车制造厂一起逐步形成了我国重型载货汽车的主要生产基地。这一时期，一汽、二汽、长春汽车研究所、南京汽车制造厂还相继研制开发

图 3–73　东风牌 140 型汽车

图 3–74　东风牌 EQ240 型 2.5 t 中型载货汽车

了数种越野汽车。

进入 20 世纪 80 年代，汽车需求日趋多样化。随着中央“保军转民”方针的贯彻，具有雄厚实力的军工部门成为发展汽车工业的一支新兴力量。它们着重发展了重型、轻型、微型汽车，各种改装车、专用车以及摩托车，对扭转我国汽车工业“缺重少轻”的局面起了重要作用。

四、汽车工业全面发展阶段（1981—2001 年）

1979 年开始，在改革开放方针指引下，我国国民经济以较快速度增长，交通运输依然紧张。1980 年下半年出现了汽车滞销，汽车工业老化，不适应客观需求的落后局面逐步显现，我国汽车在数量、品种、功能和质量上都满足不了国内市场的需求。以国家制定交通运输技术政策为契机，有关部门全面分析了我国汽车工业现状与未来，认识到我国需要加大汽车工业投入，加快汽车老产品（解放、跃进、黄河车型）升级换代，结束 30 年一贯制的历史；需要引进技术和资金，建设轿车工业；需要调整商用车产品结构，需要改变“缺重少轻”的生产格局；需要改变我国长期以来汽车投资结构不合理、汽车保有量结构与全球保有量结构相反的状况（世界汽车保有量中，轿车比重占 70%）。

（1）汽车产品升级换代　在汽车产品的升级换代方面，20 世纪 80 年代前期进行了提高发动机功率等老产品改进工作。1983 年 9 月，新研制的 CA141 型解放牌汽车通过国家鉴定。1987 年和 1988 年间，生产时间最长的三个老产品开始换型、转产。以新解放、跃进与黄河为起点，到 20 世纪 90 年代初，老产品全面实现换型，改变了汽车产品 30 年一贯制的落后局面，新产品技术水平大大提高，并实现了系列化、多品种。

（2）调整产品结构　为解决“缺重少轻，轿车几乎空白”的问题，国家加大了对汽车工业的投资规模。“七五”期间，国家向汽车工业投资了 170 多亿元，超过新中国成立以来 20 年对汽车工业的投资总量，重点发展轻型车基地和重型车厂家。

在 1987—1990 年期间，轻型汽车发展速度加快，已开始冲击中型货车的市场份额，

“缺重”的问题也有所缓解，微型车开始起步。在此期间，国家也决定集中力量建设“三大”“三小”轿车生产基地，后来又扩展到“二微”。随着我国市场经济的建立与发展，汽车市场相应发生结构性调整，朝着与全球市场相同的方向发展，产品结构渐趋合理。

（3）引进和消化先进技术，发展民族轿车工业　为了缩小我国与发达国家在轿车制造业上的差距，发展民族轿车工业，从20世纪80年代中期开始，我国开始从国外引进技术。据统计，这一时期从摩托车到微型车、轿车、越野车、轻型车、重型车，特别是轿车共引进了数百项各种各样的制造技术。引进方式经过了从单一引进生产制造技术、工艺技术向引进产品开发技术的推进。

改革开放以来，通过对汽车的行业结构做出重大调整，产品已经从单一的中型载货汽车发展到货车、客车和轿车等多种系列，汽车制造技术水平和经济效益不断提高，建成了一汽、东风、上汽、天汽、北汽、广汽几大集团和一大批零部件骨干企业，形成了比较完整的产品系列和生产布局，汽车工业的实力明显增强。至2000年，全国最大的13家汽车企业已占全国汽车总产量的92%以上，2000年汽车的生产和销售均突破了200万辆，中国汽车市场位于法国之后，在世界上排名第7位。

五、汽车工业快速发展阶段（2001年至今）

2001年，我国加入世界贸易组织，开始了新一轮的汽车国际化脚步。要迅速缩短与世界汽车的距离，把中国汽车工业与世界近六七十年的差距拉平，这给中国的汽车工业带来了巨大的压力和前所未有的挑战。“逆水行舟，不进则退”，中国汽车工业不快速发展就会被世界汽车工业淹没。在党和国家政策的指引下，在一代代汽车人共同努力下，中国汽车工业终于走上了快速发展的轨道。从2003年起，中国汽车工业进入了井喷式发展阶级。

公安部交管局数据显示：截至2015年年底，全国机动车保有量达2.79亿辆，其中汽车1.72亿辆，汽车新注册量和年增量均达历史最高水平。以个人名义登记的小型载客汽车（私家车）超1.24亿辆，比2014年增加了1877万辆。全国平均每百户家庭拥有31辆私家车。北京、成都、深圳等大城市每百户家庭拥有私家车超过60辆。

汽车保有量的迅速增长，直接带动了“汽车后市场”的快速发展。所谓“汽车后市场”是指汽车销售以后，围绕汽车使用过程中的各种服务市场，涵盖了消费者买车后所需要的一切服务，如汽车电子、汽车维修、汽车用品美容、汽车洗护、汽车租赁等。

汽车产业大而不强，中国品牌汽车发展前景令人担忧。2013年，中国品牌乘用车共销售722.20万辆，占乘用车销售总量的40.28%，占有率同比下降1.57个百分点；中国品牌轿车共销售 330.61 万辆，占轿车销售总量的 27.53%，占有率同比下降 0.85 个百分点。在销量排名前十位的轿车品牌中，已经连续两年没有中国品牌。中国品牌与外国品牌的差距仍然很大，中国品牌的未来发展之路依然任重道远，这需要我国汽车企业继续苦练内功，不断提升自主创新能力和品牌竞争力。

任务实施

1. 将中国汽车工业发展的几个阶段和每个阶段的特点填入下表。

时间段	发展特点

2. 根据本市、本地区或汽车行业发展现状，结合自己所学专业的特点和个人爱好，以小组讨论的形式说说未来就业形势。谈一谈自己希望在哪个领域工作，未来发展目标是什么。

专业特点和个人爱好	就业形势	预期工作领域	发展目标

任务小结

中国汽车工业在快速发展的同时也存在着很多问题。主要有产品的自主研发能力弱、技术水平差距比较明显、缺乏核心技术等问题。同时还面临着汽车工业快速增长给能源带来的压力，对环境、交通带来的困扰。要想提高国际竞争能力，跟上世界发展步伐，国家的“十三五”规划对汽车工业的发展有很具体的描述。那么作为汽车专业的学生，未来汽车工业的一分子，我们将何去何从是一个需要思考的问题。

项目自测题

一、填空题

1. 在发明汽车之前，______是人类历史上使用时间最长和最有影响力的陆地交通运输工具。

2. 中国与车的发明有不解之缘。中国人发明的______和记里鼓车，反映了中国人的聪明才智，体现了我国古代技术的卓越成就。

3. __________在总结前人经验教训的基础上，研制出世界上第一台真正意义上的动力机械——蒸汽机。

4. 实用、高效的奥托发明的_________，为现代汽车的发明提供了理想的动力。

5. _______最早提出中国要建立民族汽车工业，制造汽车的愿望。张学良以沈阳迫击炮厂为基础建立了_____，生产民生牌 75 型汽车。

6. _______年 7 月，第一汽车制造厂（简称一汽）在长春动工兴建。

7. _______是汽车大批量流水线生产方式的先驱。

8. 通用汽车公司是美国第一大汽车公司，它是由_______于1908年9月18日创立的。

9. _______集团公司是中国最大的汽车制造企业，成立于 1953 年。

10. _______和_______被誉为“汽车之父”，_______被誉为“汽车大王”。

11. 1949—1965 年，我国建成了中国第一汽车制造厂，实现了中国汽车工业零的突破；接着建立了第二汽车制造厂、_____汽车制造厂、_____汽车制造厂、北京汽车制造厂，形成了五个汽车生产基地。

二、选择题

1.（　）年 7 月，第一汽车制造厂又试制出红旗 CA72 型高级轿车。

A. 1956　　B. 1958　　C. 1965　　D. 1968

2. 中国人拥有的第一辆汽车，是袁世凯于 1902 年从国外进口了一辆汽车，作为送给（　）的生日礼物。

A. 光绪皇帝　　B. 慈禧太后　　C. 袁世凯的夫人　　D. 袁世凯的父亲

3.（　）成功地创造了一整套现代公司组织管理体系。

A. 阿尔弗雷德·斯隆　　B. 丰田喜一郎

C. 威廉·杜兰特　　D. 威廉·迈巴赫

4. 1901 年，一个叫李恩时的匈牙利人将两辆美国生产的奥兹莫比尔牌汽车从香港运到（　），从此中国开始出现汽车。

A. 广州　　B. 上海　　C. 北京　　D. 承德

5.（　）年 7 月 15 日，在长春举行了第一汽车制造厂奠基典礼大会。

A. 1950　　B. 1951　　C. 1952　　D. 1953

6.（　）基于蒸汽机的结构发明了第一台内燃机。

A. 奥托　　B. 纽科门　　C. 狄塞尔　　D. 雷诺尔基

7. 一汽集团建厂之初生产（　）品牌轿车。

A. 解放　　B. 东风　　C. 红旗　　D. 凤凰

三、判断题

1. 1956 年我国第一辆解放牌载货汽车下线。（　）

2. 我国境内最早的汽车整车合资企业为北京吉普汽车有限公司。（　）

3. 法国人雷诺发明了世界上第一辆汽车。（　）

4. 改革开放前，我国国家领导人乘坐的高级轿车为红旗牌。（　）

5. 红旗牌轿车和解放牌卡车是由周恩来总理命名的。（　）

6. 日本本田公司生产出 T 型车，又创造了精益生产方式。（　）

项目四

汽车厂商、品牌及名人认识

项目导入

从汽车诞生至今100多年中，汽车工业以它特有的速度发展着。汽车成为“改变世界的机器”，汽车公司也如雨后春笋般兴起。它们的创建、发展和变迁，记录了汽车的发展历程。现在，行驶在道路上的汽车品牌众多，令人目不暇接。每一个品牌都有一段传奇的故事，各品牌的标识往往在设计时采用寓意题材的图案、字体和颜色来突出企业的形象。各品牌企业在发展中又不断推陈出新，推出各系列新车型，以适应瞬息万变的市场需求。

项目目标

- 了解世界知名汽车厂商发展历程、创造的汽车品牌、创始人及代表性人物、品牌标识、在售车型
- 掌握世界知名汽车品牌的标识及其含义及品牌发展过程中的代表性人物
- 能够根据汽车标识熟练判断其所属品牌

任务 1　德国汽车厂商、品牌及名人认识

任务解析

德国是世界第四经济大国，主要依靠制造行业，德国生产的汽车处于世界领先水平，其中宝马、奔驰、大众等都是家喻户晓的世界知名品牌。那么，德国有哪些汽车厂商？他们创造了哪些汽车品牌？这些厂商和品牌背后又有哪些人和事？

资　讯

一、宝马汽车

（一）宝马汽车品牌历史

宝马是德国制造业的骄傲，是汽车品牌的典范，是无数人的梦想座驾，是最成功的豪华汽车品牌之一，在全球有着不俗的销量和口碑。宝马的历史，最早可以追溯到20世纪初的两家公司：Rapp（拉普）发动机制造公司和Gustav Otto（古斯塔夫·奥托）飞机制造公司。

1910年Gustav Otto创办了一家飞机培训学校，并且开始制造飞机。Otto的这个飞机作坊在1913年正式更名为Gustav Otto飞机制造公司，经过多次搬迁后最终定址在慕尼黑的Lerchenauer大街。Otto的飞机制造公司成为巴伐利亚皇家空军的主要供应商，此时正值第一次世界大战爆发，生产飞机的Otto公司本应借助军方订单大获成功，然而它却因为一些棘手的质量问题陷入了困境。之后Otto公司被一个财团收购，并在1916年3月7日重组成了BFW（Bayerische Flugzeugwerke，巴伐利亚飞机制造公司）。BFW随着第一次世界大战的进行而迅速发展，几个月后就成长为拥有3000名工人、每月可以生产100架飞机的工厂，也成为巴伐利亚最大的飞机制造商。BFW的火热发展随着第一次世界大战的结束戛然而止。当时的飞机大多都是木质的，战争结束时BFW的工厂中还剩余了足够生产200架飞机的木料，于是BFW变身木器厂，利用自己的设备将这批木料加工成家具和橱柜到市场上售卖。除了家具，BFW从1921年开始生产助力自行车和

摩托车，其中名为 Helios（太阳神）的摩托车搭载了一台 494mL 的水平对置双缸发动机。尽管 BFW 靠这些产品活了下来，但工厂逐渐破败，奥地利金融家 Camillo Castiglioni（卡米洛·卡斯蒂格利奥尼）从 1921 年秋季到 1922 年春天完成了对 BFW 全部股份的收购。

Rapp 公司由 Karl Rapp 在 1913 年创建，它的厂址就在 Gustav Otto 飞机公司附近，为这家飞机公司提供四缸航空发动机。随后它还收到了一份来自奥地利 Austro-Daimler 公司的订单，为后者代工生产更加先进的 V12 航空发动机。1916 年，设计师 Max Friz 进入公司，1917 年，Max Friz 被任命为研发部门负责人，Franz Josef Popp 当选为公司总经理，而创始人 Karl Rapp 则退出了公司经营。同年 7 月 21 日，Rapp 公司正式更名为巴伐利亚发动机制造有限公司（Bayerische Motorenwerke GmbH，BMW GmbH），这也是 BMW（宝马）这个名字的首次出现。

1922 年时 BMW 合并了 BFW，成为今日我们所熟悉的 BMW。在追溯该公司历史时，公司的官方说法以 BFW 的创厂时间为准，1916 年 3 月 7 日成为 BMW 的创厂日。

（二）宝马汽车标识

随着公司的更名，宝马也在同年启用了自己的新商标。这个标识实际上继承自 Rapp 公司的老商标，它使用了和老商标相同的黑色圆圈，只不过上面的“RAPP MOTOR”字样被换成了“BMW”，另外圆环内部的图案也由一个马头换成了源自巴伐利亚旗帜的蓝白格子。到了 20 世纪 20 年代末，BMW 商标中的圆形蓝白格在该公司的广告中又有了一个新的解释——旋转的螺旋桨，如图 4-1 所示。整个商标就像蓝天、白云和运转不停的螺旋桨，寓含宝马公司渊源悠久的历史，又象征公司的一贯宗旨和目标：在广阔的时空中，以最新的科学技术、最先进的观念满足顾客的最大愿望。商标反映了公司蓬勃向上的精神和日新月异的新风貌，表明宝马汽车的品质优秀、技术领先、驰骋全球。

图 4-1　宝马汽车标识

（三）宝马汽车史名人

1. 古斯塔夫·奥托（Gustav Otto）

古斯塔夫·奥托（Gustav Otto）（图 4-2）是 Gustav Otto 飞机制造公司的创始人，

是大名鼎鼎的四冲程内燃机发明者 Nikolaus Otto（尼古拉斯·奥托）之子。作为 BMW 的创始人，是他将 BMW 的战场由天空转到陆地。

2. 卡尔·拉普（Karl Rapp）

1913 年，卡尔·拉普（Karl Rapp）（图 4–3）利用德国慕尼黑近郊原来设计和制造脚踏车的工厂厂房，设立了 Rapp（拉普）发动机制造公司，从事航空用发动机的制造。由于评估错误，过度扩张而导致营运不善，拉普在 1917 年时黯然离开。

3. 佛朗兹·约瑟夫·帕普（Franz Josef Popp）

拉普发动机制造厂成为奥地利 – 戴姆勒公司（Austro–Daimler）V12 飞机发动机的生产制造商后，奥地利政府派遣佛朗兹·约瑟夫·帕普（Franz Josef Popp）（图 4–4）作为奥地利 – 戴姆勒航空发动机项目的监督员，被从维也纳委派到德国慕尼黑来监督该发动机的生产。

图 4–2 Gustav Otto

图 4–3 Karl Rapp

图 4–4 Franz Josef Popp

帕普这个人很有管理才能，当时他并没有把自己局限在观察者的角色，而是积极参与公司的整体管理。帕普当时观察到拉普发动机制造厂缺乏一个优秀的设计师，他就积极说服卡尔·拉普吸收工程师马克思·弗利兹（Max Friz）加入拉普发动机制造厂，弗利兹后来成为一名飞机发动机的设计师。1917 年，佛朗兹·约瑟夫·帕普和马克思·弗利兹合作接下了发动机厂的业务，他们将拉普发动机制造厂进行重组，1917 年 7 月 20 日工厂改名为“巴伐利亚发动机制造股份有限公司”（Bayerische Motoren Werke GmbH，缩写为 BMW），由帕普担任公司首任总裁。

（四）BMW 产品系列及旗下品牌

1. BMW 产品系列

目前，宝马生产的车系有 1、2、3、4、5、6、7、X、Z4、M、BMW i 等若干个系列，如图 4–5 所示。其中，M 系列是由宝马官方的高性能改装部门在各系列基础上进行改进的。

图 4–5　宝马产品系列

BMW i 代表着未来纯电力驱动汽车和移动出行服务，以及全新的、注重可持续性发展的高端汽车理念。令人振奋的创新型汽车——纯电动 BMW i3 是以可持续发展理念为基调，专为城市出行而设计的零排放汽车。BMW i8 是一款集超级跑车性能与紧凑车型的耗油量于一体的车型，表现出令人折服的高效性能和可持续性。这款插电式混合动力跑车以极低的耗油量，提供了不同凡响的驾驶体验。

2. MINI

Mini 是由英国汽车公司推出后，被宝马公司持有的一款汽车品牌。该品牌汽车是一款风靡全球、个性十足的小型两厢车，1959 年 8 月 26 日由英国汽车公司（BMC）推出。在其半个多世纪的历史里，Mini 获得了巨大的成功。2000 年旧款 Mini 停止生产，Mini 品牌的新持有者宝马公司宣布推出 Mini 的继承车款，并将新车的品牌定为 MINI（全为大写英文字母），其标识如图 4–6 所示。

图 4–6　MINI 标识

1959 年的 8 月 26 日，世界上第一辆 Mini 从 BMC 的生产线上驶下。长 3m、宽 1.41m、高 1.35m 的超级紧凑造型令 Mini 在车坛立即掀起了阵阵波澜，处处被诸如“难以置信”“奇迹”和“巫术”等字眼来形容。从这时开始，Mini 开始了其 50 多年的风靡旅程。不过一开始该车并没有使用“Mini”作为 logo，而是分别用 Morris Mini Minor 或者是 Austin Seven，后来改名为 Austin Mini 和 Morris Mini。1961 年 10 月，世界上第一辆 Mini Cooper 终于面世，当时以奥斯丁（Austin）和莫里斯（Morris）两个名字上市的 Mini Cooper 开始让人觉得 Mini 颇具玩味了。1963 年 BMC 公司应时势所驱推出了更高级别的 Mini Cooper，并将该版本命名为 Mini Cooper S（S 代表 Special，特别的意思），这就是迄今为止代表 Mini 车系中最高级别的 Cooper S。2001 年，经过宝马公司重新设计的全新 MINI 问世了。目前，MINI 车系包括经典 MINI 三门版、经典 MINI 五门版、

MINI COUNTRYMAN、MINI CLUBMAN、MINI CABRIO 和 MINI PACEMAN 车型，如图 4–7 所示。每个车型设计了 MINI ONE、MINI COOPER、MINI COOPER S 和 JOHN COOPER WORKS 的不同级别。

图 4–7 MINI 车型

3. 劳斯莱斯

劳斯莱斯（Rolls–Royce）是世界顶级超豪华轿车厂商，1906 年成立于英国，公司创始人为亨利 · 莱斯（Henry Royce）和查尔斯 · 劳斯（Charles Rolls）。劳斯莱斯出产的轿车是顶级汽车的杰出代表，以豪华而享誉全球。除了制造汽车，劳斯莱斯还涉足飞机发动机制造领域，它也是世界上最优秀的发动机制造者，著名的波音客机用的就是劳斯莱斯的发动机。2003 年劳斯莱斯汽车公司被宝马（BMW）接手。

劳斯莱斯的标识图案采用两个“R”重叠在一起，象征着你中有我，我中有你，体现了两人融洽及和谐的关系；而著名的飞天女神标识则是源于一个浪漫的爱情故事，如图 4–8 所示。

图 4–8 劳斯莱斯汽车标识

目前，劳斯莱斯共有幻影、古思特、魅影、曜影和 Black Badge 系列，如图 4–9 所示。其中 Black Badge 是劳斯莱斯品牌阵营中的一位新成员。

图 4-9 劳斯莱斯车型系列

二、奔驰汽车

（一）奔驰汽车品牌历史

奔驰汽车，一个几乎全世界无人不知的汽车品牌。从汽车诞生直到今天，奔驰汽车的发展史不仅仅是一个传奇，更是代表了人类汽车工业的发展史。

提起奔驰汽车，需要先讲讲它与戴姆勒公司的关系。1883 年，卡尔·本茨（Carl Benz）建立了曼海姆奔驰公司莱茵燃气发动机工厂（奔驰的前身）。1890 年 11 月 28 日，戈特利布·戴姆勒（Gottlieb Daimler）与事业伙伴共同成立了“戴姆勒汽车公司”。经过 30 多年的发展与变革，戴姆勒与奔驰这两家公司在 1926 年 6 月 29 日走到了一起，成立了在汽车史上举足轻重的戴姆勒－奔驰汽车公司。戴姆勒－奔驰汽车公司是德国汽车制造业大垄断组织之一，世界商用汽车的最大跨国制造企业之一。公司总部设于斯图加特，素以生产优质高价的梅赛德斯－奔驰轿车著称于世。

“梅赛德斯”又与戴姆勒－奔驰公司有着怎样的联系呢？梅赛德斯的起源还要追溯到 1899 年，公司主要投资人兼任奥地利驻匈牙利总领事的艾米·耶里耐克是戴姆勒汽车公司的最大客户，他驾驶以女儿梅赛德斯（温文尔雅之意）命名的汽车在“尼斯之旅”汽车大赛上一举夺魁，随后欣喜的他建议戴姆勒公司生产的汽车都用“梅赛德斯”来命名。戴姆勒则欣然同意了这个提议，从那时起，戴姆勒公司出产的每一辆车都以“梅赛德斯”来命名，并于 1902 年 6 月 23 日申请将 MERCEDES（梅赛德斯）这个女孩的名字注册为商标。

（二）奔驰汽车标识

卡尔·奔驰不但发明了汽车，而且还巧妙地将希腊文学艺术中的神话与德国的制造技术有机地结合在一起，理所当然地成为世界汽车文化的先驱。这从奔驰的标识便可略知一二。原奔驰汽车标识是在两个嵌套的圆中有“BENZ”字样，后在两个嵌套的圆之间加上了两个月桂树叶，它就像一顶桂冠，预示着该公司独占鳌头，其产品独夺“桂冠”。在奔驰发展过程中，使用过的标识如图 4-10 所示。

今天的奔驰，采用了简洁的三叉星标识，如图 4-11 所示。奔驰的三叉星象征着征服陆、海、空的愿望。此标识是戴姆勒公司和奔驰公司合并后产生的。戴姆勒公司原

图 4–10　奔驰使用过的标识

图 4–11　奔驰三叉星标识

商标是三个尖的星，而奔驰公司的商标是二重圆中存奔驰（BENZ）字样，到了 1916 年，星形的标识与奔驰的名字终于合二为一。两者合并后，戴姆勒－奔驰公司的商标为单圆中的一颗三叉星。随着这两家历史最悠久的汽车生产商的合并，厂方再次为商标申请专利权，而此圆环中的星形标识演变成今天的图案，一直沿用至今，并成为世界著名的商标之一。

（三）奔驰汽车史名人

1. 卡尔・本茨

卡尔・本茨（Carl Benz）是戴姆勒－奔驰汽车公司的创始人之一，现代汽车工业的先驱者之一，被后人称为“汽车之父”“汽车鼻祖”，如图 4–12 所示。

图 4–12　Carl Benz

1844 年 11 月 25 日，本茨出生于德国巴登－符腾堡州的卡尔斯鲁厄。他曾在机械厂当学徒，在制秤厂里成为“绘画者和设计者”，在桥梁建筑公司担任工长，并先后就读于卡尔斯鲁厄文理学院和卡尔斯鲁厄综合科技大学。1872 年本茨决定要创建一个以自己名字命名的工厂——本茨铁器铸造和机械工厂。由于受到经济不景气的影响，工厂成立之后面临倒闭。无力偿还借款的本茨在穷困潦倒中，想起了老师的“资本发明”理论，于是决定制造可以获取高额利润的发动机作为人生的转机，并在 1879 年 12 月 31 日，制造出第一台单缸煤气发动机。

经过多年的努力，1886 年 1 月 29 日，本茨终于又研制成功了单缸汽油发动机，并将发动机安装在三轮车架上，发明了第一辆不用马拉的三轮车，该车现保存在慕尼黑的汽车博物馆。奔驰汽车公司获得“汽车制造专利权”的这一天被确认为汽车的诞生日。1888 年 9 月 12 日，本茨的发明在慕尼黑博览会上取得非常大的轰动。此后，他的事业开始蓬勃发展，进而拥有了德国最大的汽车制造厂。1894 年本茨开发生产了便宜的“自行车”，成为世界上第一种批量生产的机动车。后来，本茨又对前期生产的“维克托得亚”牌汽车进行了改进，将车厢座位设计成面对面的 18 个，它因此成为世界上第一辆公共汽车。1899 年奔驰公司制造出第一辆赛车。1899 年，奔驰汽车公司改组为奔驰莱茵汽车股份有限公司，成为当时世界上最大的机动车生产厂家。1906 年本茨和他的两个儿子在拉登堡成立了 Carl Benz Sohne（奔驰父子公司），从此奔驰汽车成为世界著名品牌。

2. 戈特利布・戴姆勒

戈特利布・戴姆勒（Gottlieb Daimler）是德国工程师和发明家，现代汽车工业的先驱者之一，如图 4–13 所示。

图 4–13　Gottlieb Daimler

1852 年，戴姆勒就读于斯图加特工程学院。1872 年，戴姆勒设计出四冲程发动机。1883 年，戴姆勒与著名的发明家威廉・迈巴赫（Wilhelm Maybach）合作，成功研制出使用汽油的发动机，并于 1885 年将此发动机安装于木制双轮车上，这辆取名“骑式双轮车”的双轮车，是世界上第一辆摩托车。1886 年，戴姆勒把这种发动机安装在他为妻子 43 岁生日而购买的马车上，创造了第一辆戴姆勒汽车。1926 年 6 月 29 日戴姆勒公司和奔驰公司合并，成立了在汽车史上举足轻重的戴姆勒 – 奔驰公司（Daimler–Benz），从此他们生产的所有汽车都命名为“梅赛德斯 – 奔驰（Mercedes–Benz）”。

3. 威廉・迈巴赫

威廉・迈巴赫（Wilhelm Maybach）是德国工程师和实业家，第一批梅赛德斯汽车的总设计师。威廉・迈巴赫一生最大的传奇在于创造了两个举世闻名的豪华品牌：梅赛德斯与迈巴赫，分别在豪华车的不同领域演绎着各自的辉煌。他是戴姆勒 – 奔驰公司（梅赛德斯 – 奔驰公司前身）的三位主要创始人之一，也是世界首辆梅赛德斯 – 奔驰汽车的发明者之一，如图 4–14 所示。

图 4–14　Wilhelm Maybach

1846 年 2 月 9 日，威廉・迈巴赫出生于德国的海尔布隆（Heilbronn），后来全家搬到了斯图加特（Stuttgart）。1865 年在小城鲁特林根（Reutlingen），威廉・迈巴赫与有“汽车鼻祖”之称的戈特利布・戴姆勒（Gottlieb Daimler）初次见面。年仅 19 岁的威廉・迈巴赫凭借自己在绘图方面非凡的天分，很快引起了戴姆勒的注意。1869 年威廉・迈巴赫接受戴姆勒的邀请来到了 Gasmotorenfabrik Deutz 公司，担任技术制图员的工作。在奥托工厂着手四冲程发动机的研发工作，而年仅 27 岁的迈巴赫也被任命为设计室主管。当戴姆勒与 Duttenhofer 和 Lorenz 在 1890 年建立 DMG（Daimler–Motoren–Gesellschaft）公司时，迈巴赫被任命为总工程师，并于当年研发出蜂窝式散热器，这一有效的发动机冷却系统为现代汽车的发明奠定了坚实的基础。法国人称呼他为“Roides Constructeurs”（设计之王）。

尽管奔驰汽车在随后的年头里获得很大的成功，但威廉·迈巴赫显然成了公司内部利益争夺的受害者。他的总工程师的职位被别人取代，并且他的工作活动也被限制。于是他在 1907 年愤然离开 DMG 公司。1909 年 3 月 23 日他建立了 Luftfahrzeug-Motorenbau-GmbH Bissingen 公司，技术主管是他的儿子，同时也是迈巴赫品牌创始人之一的卡尔·迈巴赫。时至 1919 年，迈巴赫父子使用梅赛德斯轿车的底盘建造了第一辆试验车 W1，并进行了全面的实地测试，这就是第一辆迈巴赫轿车。

（四）奔驰产品系列及旗下品牌

1. 奔驰产品系列

梅赛德斯 – 奔驰公司现有 A 级车、B 级运动旅行车、长轴距 C 级轿车、E 级运动轿车、S 级轿车、CLA 运动轿车、CLS 运动轿车逸彩版、GLA SUV、GLC SUV、新一代 GLE SUV、新一代 GLS SUV、G 500、SLK 敞篷跑车、SL 敞篷跑车、AMG GT 和 R 级大型旅行车，如图 4–15 所示。

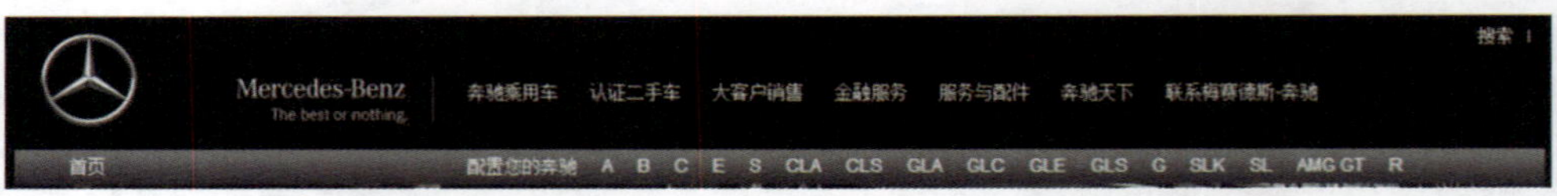

图 4–15　奔驰产品系列

2. 迈巴赫

迈巴赫（Maybach）品牌首创于 20 世纪 20 年代。1919 年，难舍汽车梦想的威廉·迈巴赫与其子卡尔·迈巴赫共同缔造了“迈巴赫”这一传奇品牌——一个象征着完美和昂贵的轿车。1921 年，第一辆迈巴赫轿车 W3 问世。1941 年，迈巴赫由于战争原因而被迫停产，从此进入到一个长达 60 年的沉睡期。1997 年戴姆勒·克莱斯勒集团在东京车展会场中展出一辆以 Maybach 为名的概念性超豪华四门轿车，正式让这个德国汽车品牌在销声匿迹多年后再次复活。但是由于市场业绩不佳，迈巴赫系列轿车已于 2013 年全面停产。2014 年 11 月 19 日，梅赛德斯 – 奔驰在广州正式发布全新子品牌梅赛德斯 – 迈巴赫，同时，该品牌首款车型迈巴赫 S 级也正式全球首发亮相。

具有传奇色彩的迈巴赫标识是两个交叉的 M，围绕在一个球面三角形里，如图 4–16 所示。品牌创建伊始的 2 个 M 代表 Maybach Motorenbau（迈巴赫汽车）的缩写，而现在 2 个 M 代表的是 Maybach Manufaktur（迈巴赫制造）的缩写。

3. smart

smart 是德国梅赛德斯－奔驰与手表巨头瑞士 Swatch（斯沃奇）公司合作的产物。名称中的 s 代表了斯沃奇，m 代表了梅赛德斯－奔驰，art 意为艺术，代表了双方合作的艺术性；而 smart 本身就有聪明伶俐的含义，也与其品牌理念相契合，其标识如图 4–17 所示。

图 4–16　迈巴赫汽车标识

图 4–17　smart 汽车标识

三、大众汽车

（一）大众汽车品牌历史

大众汽车是一家总部位于德国沃尔夫斯堡的汽车制造公司，也是世界四大汽车生产商之一的大众集团的核心企业。1938 年早些时候，在今天的沃尔夫斯堡，大众汽车公司开始建厂，用以生产由 Ferdinand Porsche 设计的新款车型。第二次世界大战结束后，1945 年 6 月中旬，大众汽车公司由英国军政府接管。在 Ivan Hirst 少将的管理下，“甲壳虫”汽车（Volkswagen Beetle）投入大量生产。1955 年，第一百万辆“甲壳虫”汽车下线。1973 年，新一代大众汽车的首款车型帕萨特（Passat）投入生产，它采用模块化战略设计，标准化的组件可同时应用于多款不同的车型，从而带来显著的规模经济效应。1974 年 1 月，首辆高尔夫（Golf）汽车在沃尔夫斯堡亮相。这款紧凑型箱式小客车一经推出便快速风靡，进而成为“甲壳虫”汽车神话的继承者。1976 年，首辆高尔夫 GTI 下线。1983 年 6 月，第二代高尔夫的生产正式拉开序幕。1984 年引进至今，上海大众汽车公司的桑塔纳汽车已经进行了几百项技术改进，技术含量不断提升，并一直保持着良好的销售势头，被誉为中国车坛的“常青树”。1985 年，上海大众汽车有限公司成立。1991 年 2 月，一汽－大众汽车有限公司正式成立。1991 年 12 月 5 日，中国第一辆捷达 A2 轿车在一汽轿车厂组装下线。

（二）大众汽车标识

大众汽车公司的德文 Volkswagen，意为大众使用的汽车。大众汽车的商标是德文

Volkswagen 单词中的两个字母（V）olks（W）agen 的叠合，镶嵌在一个大圆圈内，然后整个商标又镶嵌在发动机散热器前面格栅的中间。商标图形形似三个“V”字，像是用中指和食指做出的 V 形，表示大众公司及其产品“必胜—必胜—必胜”，如图 4–18 所示。

（三）大众汽车史名人

提及大众汽车，必会想到费迪南德·波尔舍（如图 4–19 所示）。1875 年 9 月 3 日，费迪南德·波尔舍出生于捷克北部波西米亚省的一个小村子里，从小就表现出电工和机械方面的天赋，16 岁时他就为家里制造了一套照明装置。1894 年，19 岁的波尔舍来到了维也纳，在一家电力工业大学进修，并在 1897 年担任了这家电力公司实验部门的经理。这时他开始接触汽车。1898 年，他设计出可装在汽车车轴上的电动机。这一杰作被奥匈帝国皇家马车厂——洛纳公司看中，他们聘请波尔舍设计洛纳公司的第一辆汽车——洛纳，于是波尔舍 1 号诞生了。

图 4–18 大众汽车标识

图 4–19 费迪南德·波尔舍

1906 年，波尔舍转入奥地利戴姆勒公司，出任总工程师。这一年，他推出了自己设计的第一辆豪华轿车——马佳。波尔舍在奥地利戴姆勒公司最大的成就，是著名的“亨利王子型”赛车。

1914 年第一次世界大战爆发，波尔舍积极参加了奥匈帝国的军工动员，被任命为斯柯达军工厂的技术总监。1917 年，波尔舍得到了维也纳工业大学颁发的荣誉博士学位。从此，人们总是叫他波尔舍博士。

1923 年波尔舍转入汽车技术的领头羊——德国戴姆勒公司，担任首席工程师和公司董事。1926 年，戴姆勒公司与德国奔驰公司合并，波尔舍出任合并后的梅赛德斯 – 奔驰汽车的首席工程师和董事。在奔驰公司的董事会上，波尔舍力主开发小型轿车，但得不到任何支持。1928 年年底，极度失望的波尔舍辞职。1933 年 12 月 16 日，保时捷设计公司正式宣告成立。1937 年 2 月，波尔舍维林组建了“德国国民轿车促销公司”，具体着手“国民轿车”的生产、销售的准备工作。当年晚些时候，波尔舍借助奔驰公司车身厂打造出了30辆原型车，但这些车实在太丑陋了，于是一个“恶毒的”绰号被加在了它们身上——甲壳虫。可人们发现“甲壳虫”一词具有惊人的“公关效应”，简单易记，朗朗上口。第二次世界大战后大众公司干脆把它作为“国民轿车”的正式名称，后在德国中部沃尔夫斯堡建立工厂，新工厂命名为“大众汽车厂”，波尔舍博士出任总工程师。

（四）大众汽车产品系列及旗下品牌

1. 大众汽车产品系列

大众汽车产品系列非常宽，从超经济的紧凑型车到豪华型小轿车应有尽有，如图4-20所示。

紧凑型车　旅行车　MPV　SUV　运动型车　新能源车型　豪华车　商务型车　小型车　中型车　微型车

图 4-20　大众汽车产品系列

大众汽车产品系列中包括众所周知的甲壳虫、高尔夫、桑塔纳、捷达、夏朗、途安、途锐、途观、尚酷、辉腾、Polo、迈腾、帕萨特、CC等，各车型都深受各层次消费者青睐。

2. 奥迪

奥迪（Audi）是德国大众汽车集团子公司奥迪汽车公司旗下的豪华汽车品牌。高技术水平、高质量标准以及高强劲动力的准则，让奥迪品牌成为国际著名豪华汽车的标志。公司总部设在德国的英戈尔施塔特，并在中国等许多国家建有分公司。

奥迪是德国历史最悠久的汽车制造商之一。从1932年起，奥迪开始采用四环徽标，它象征着奥迪与小奇迹（DKW）、霍希（Horch）和漫游者（Wanderer）合并成的汽车联盟公司，其中每一个圆环代表一个公司。4个圆环同样大小，并列相扣，代表四家公司地位平等，团结紧密，整个联盟牢不可破。从1932年开始，无论奥迪公司的组织结构如何变动，四环车标都没有发生任何改变，如图4-21所示。

图 4-21　奥迪汽车标识

在 19 世纪末的德国，汽车工业是标准的朝阳产业，无数的青年才俊们满怀雄心地投入到发动机的创造之中，希望自己能成为新纪元的开拓者，其中就包括奥古斯特·霍希。这位车坛大佬是一个出生于萨克森州的铁匠之子，中学毕业后考入了当地的技术学院，28 岁进入了鼎鼎大名的奔驰公司，当上了制造部门的总经理。1899 年他离开奔驰公司，孤身一人来到科隆，在这座莱茵河畔的城市创建了自己的汽车公司——奥古斯特霍希公司。按照霍希本人的话说，他的公司在任何情况下都只生产大型豪华汽车，这一年也成为奥迪汽车的诞生之年。1902 年，霍希将公司迁移到家乡萨克森州。就在公司业绩稳中有升的时候，霍希和他的投资商们却翻脸了，负气离开了以自己的名字命名的公司。一个月之后，霍希在老公司的对面开了一家新公司，准备和昔日的伙伴打擂台。可没等他的公司正式开业，就被一纸诉状告上法庭，法院最终判决霍希不得使用自己的名字作为新公司的名称。这段曲折的经历让奥迪正式出世了。据说一天晚上，霍希来到老朋友家中商量新公司的名字，朋友的儿子脱口而出：“为什么不叫奥迪？”原来霍希在德语中是“听”的意思，而拉丁语的奥迪也是“听”的意思，二者意义相同，还避开了侵权的麻烦。于是，霍希将自己的新公司定名为奥迪汽车制造公司。

1910 年，由霍希创办的新公司——奥迪公司生产了第一辆奥迪牌汽车。目前，奥迪汽车主流车型如图 4–22 所示，包括 A1、A3、A4、A5、A6、A7、A8、Q3、Q5、Q7、TT、R8 以及 RS 和 e–tron。

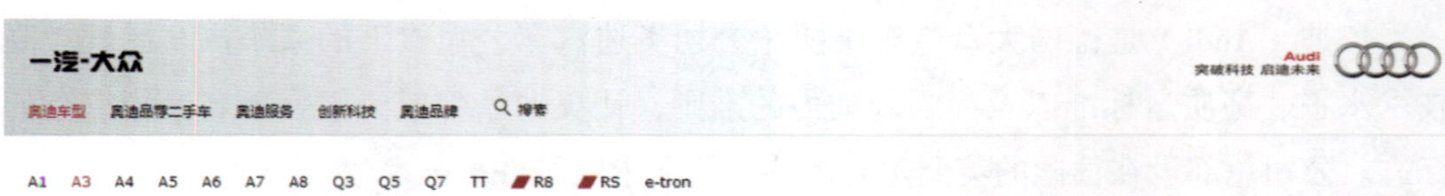

图 4–22 奥迪全系车型

3. 西雅特

西雅特（SEAT）是西班牙最大的汽车公司，1950 年成立于巴塞罗那，现在是德国大众汽车公司的子公司，其标识如图 4–23 所示。当时西班牙正处于内战后的恢复期，道路上几乎没有任何车辆。作为当时西班牙唯一一家汽车制造商，西雅特公司肩负起了为国家“装上车轮”、振兴国家未来的光荣使命。1953 年，西雅特公司首款车型西雅特 1400 正式下线，如图 4–24 所示。1957 年，传奇车型西雅特 600 正式投产，正是这款车型为公司未来的发展奠定了基础，并给西班牙人的日常生活方式带来了一场变革。1983 年德国大众汽车公司买下了西雅特的大部分股份，与另一合资者——西班牙政府共同经营西雅特汽车公司，使西雅特成为大众汽车公司的子公司。

目前，在我国销售的西雅特有欧悦搏、伊比飒和 LEON 几款车型，如图 4–25 所示。

图 4-23　西雅特汽车标识

图 4-24　西雅特 1400

图 4-25　西雅特车型系列

4. 斯柯达

斯柯达（SKODA）是德国大众汽车公司经典品牌之一，总部位于捷克姆拉达－博莱斯拉夫，是世界上历史最悠久的四家汽车生产商之一。

宝马从飞机发动机起步，本田在摩托车找到自己的兴奋点，比它们更早的斯柯达在 1895 年圣诞节却从一家很小的自行车厂开始了自己百年的旅程。1895 年圣诞周，机械师 Vaclav Laurin 和商人 Vaclav Klement 开始管理一家自行车厂，这就是有名的 L&K 公司。当时公司只有 7 人，从事自行车的生产和维修，以 Slavia 做商标。捷克语 Slavia 是“奴隶”的意思，由于当时捷克被奥匈帝国奴役，他们以此来告诫人们不忘国耻。1899 年，L&K 公司开始生产摩托车，成为世界上生产机动车最早的工厂之一。1905 年，公司转向生产汽车。第一辆汽车 Voiturette（意为：小型汽车）在 1906 年的布拉格车展中亮相，当时世界上能生产汽车的公司还寥寥无几。很快，第一次世界大战爆发，汽车生产受到阻碍，公司实力也被削弱。战后，为了恢复往日的声誉，他们找到了当时国内最大的工业集团，从事农业机械、飞机发动机及卡车生产的斯柯达·佩尔森（Skoda Pilsen）集团，从此开始生产以斯柯达为品牌的汽车。

1991 年 4 月 16 日，斯柯达公司成为德国大众集团公司的一个子公司，大众集团购买了斯柯达公司 70% 的股份，其余 30% 股份在 2000 年收购，斯柯达进而成为德国大众旗下继大众（VW）、奥迪（Audi）、西雅特（SEAT）后的第四大品牌。

1993 年，斯柯达汽车公司设计出自己的商标，如图 4-26 所示。而挂在车上的车标则略有不同，用两根别具风格的月桂树枝取代了圆圈底部的“AUTO”，该车标在 1994 年的 Felicia 上首次采用。斯柯达标识诞生以后，斯柯达赋予了它全新的含义，被喻为“插上翅膀的飞翔之箭”，其中 3 支羽毛象征着斯柯达的翅膀，意味着斯柯达将不断把技术创新的产品带到全世界，飞翔的箭则象征着无限的想象力和创造力，以及斯柯达所代表的先进的汽车生产工艺。同时，这支飞翔之箭也表达出斯柯达永不停留的创新精神和实现最高目标的强烈愿望。朱黑的外环围绕，象征着斯柯达有着百余年汽车历史浓缩而成的汽车文化底蕴，而绿色的底色寓意无限活力与生命力。

到了 2011 年的日内瓦车展，斯柯达推出了全新的标识，新的斯柯达商标的颜色由原来的“自然”绿色改为“茂盛”的斯柯达绿。中间的箭形商标比老车型也更加突出，四周采用了新的镀铬装饰，同时车标上的 SKODA 字母也被取消，这个标识从 2012 年开始应用在斯柯达所有的车型上，如图 4–27 所示。

斯柯达（SKODA）全系车型如图 4–28 所示，明锐、晶锐、速派等车型都是深受广大消费者青睐的车型。

图 4–26　斯柯达汽车旧标识

图 4–27　斯柯达汽车新标识

图 4–28　斯柯达全系车型

5. 兰博基尼

兰博基尼（LAMBORGHINI）是全球顶级跑车制造商及欧洲奢侈品标志之一，公司坐落于意大利圣亚加塔·波隆尼，由费鲁吉欧·兰博基尼在 1963 年创立。早期由于经营不善，于1980年破产；数次易主后，1998年归入奥迪旗下，现为大众集团（Volkswagen Group）旗下品牌之一。在奥迪的资助和管理下，兰博基尼在2001年推出了时年的旗舰级跑车Murcielago。

创始人费鲁吉欧·兰博基尼年轻时曾是意大利皇家空军的一名机械师，由于工作的原因，费鲁吉欧对机械原理非常熟悉。第二次世界大战之后，费鲁吉欧·兰博基尼开始使用剩余的军用物资制造拖拉机，并成立了最初的兰博基尼公司，主营业务是制造拖拉机、燃油器和空调系统。20世纪50年代中期，由于对机械原理和机械制造的精通，以及极佳的商业头脑，兰博基尼公司成为当时最大的农用机械制造商。

兰博基尼的标识是一头充满力量、正向对方攻击的斗牛，与大功率高性能跑车的特性相契合，同时彰显了创始人斗牛般不甘示弱的个性，如图4-29所示。

6. BENTLEY

宾利汽车公司（Bentley Motors Limited）是举世闻名的豪华汽车制造商，总部位于英国克鲁。1919年，华特·欧文·宾利先生创办了宾利汽车公司，如图4-30所示。近一个世纪之后，宾利先生的理念仍继续指引着人们的信念、行动和宏大目标。宾利汽车历久弥新，熠熠生辉，跻身于顶级英国豪华汽车之列，手工打造全世界最佳性能的豪华旅行轿车。每一个宾利汽车部件均采用上好材质，经手工打造而成，无一不值得人们赏析品鉴。

图4-29　兰博基尼汽车标识

图4-30　华特·欧文·宾利

从学校毕业以后，华特·欧文·宾利成为一名铁路工程师，不久，他对汽车产生了浓厚的兴趣，致力于高档运动汽车的设计开发，成立了自己的公司，并在1919年的汽车展上，推出了以他自己名字命名的宾利3.0汽车，从此宾利公司走上了专业设计高档跑车、赛车的历程。1931年，华特·欧文·宾利正式加盟劳斯莱斯汽车公司；1946年，汽车生产线迁往英国克鲁，此时劳斯莱斯和宾利已被划分为了两大独立品牌。1998年，宾利被德国大众汽车公司收购。

宾利车标设计运用简洁圆滑的线条，晕染、勾勒形成一对飞翔的翅膀，整体恰似一只展翅高飞的雄鹰。中间的字母“B”为宾利汽车创始人 Bentley 名字的首字母，令宾利汽车既具有帝王般的尊贵气质，又起到纪念设计者的意味。另外，在部分高端宾利车型（如慕尚、雅骏、布鲁克兰等）的前发动机盖上装有一枚与主体标识构成相仿的立体标志，这一点与劳斯莱斯的飞天女神立体标识有着异曲同工之妙，如图 4–31 所示。

图 4–31　宾利汽车标识

宾利在我国销售的车型包括慕尚、飞驰、欧陆及添越各系列车型，如图 4–32 所示。

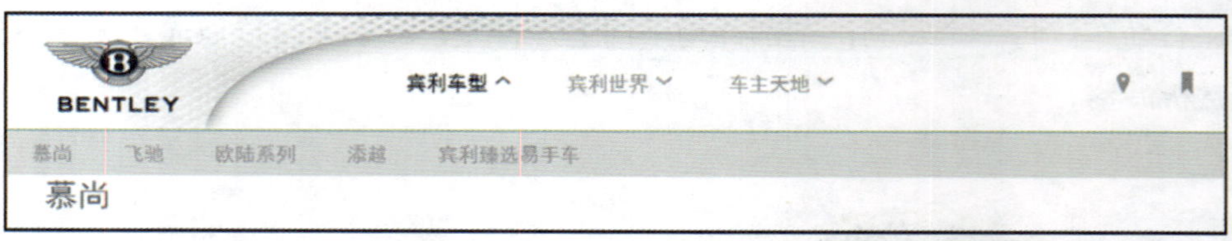

图 4–32　BENTLEY 车型系列

7. 布加迪

布加迪（BUGATTI）是一个创立至今已经有百余年历史的法国跑车品牌。提起奢侈品，大家肯定会联想到来自法国的各种奢侈品牌，而汽车中的奢侈品——布加迪无疑是法国奢侈品牌中重要的一员。早期的布加迪品牌将艺术与技术相融合，并在赛场上战绩辉煌，但在第二次世界大战后渐渐衰落并几经转手，1998 年德国大众集团收购并复兴了布加迪品牌，将其确立为一个独立运营的法国汽车品牌。现在布加迪的总部依然设立在法国的莫尔塞姆。

布加迪创办人埃托里·布加迪（图 4–33）出生于意大利。布加迪的产品，做工精湛，性能卓越，它的每一辆轿车都可誉为世界名车。布加迪公司于 1956 年停产，停产时总计生产汽车七千余辆。1990 年意大利工业家罗曼诺·阿蒂奥利买下布加迪商标所有权，在意大利重建布加迪汽车公司，生产了举世闻名的 EB110 系列超级跑车，但是由于经营不善，于 1995 年不幸破产。1998 年，布加迪被德国大众集团收购，现归属大众旗下。其标识如图 4–34 所示。

图 4–33　埃托里 · 布加迪

图 4–34　布加迪汽车标识

8. 保时捷

保时捷（PORSCHE）是闻名世界的汽车公司，1931 年成立于斯图加特，以生产高级跑车闻名于世界车坛。创始人费迪南德 · 波尔舍是一位享誉世界车坛的著名设计师。

保时捷的英文车标引采用德国保时捷公司创始人费迪南德 · 波尔舍的姓氏。图形车标采用公司所在地斯图加特市的盾形市徽。“PORSCHE”字样在商标的最上方，表明该商标为保时捷设计公司所拥有，商标中的“STUTTGART”字样在骏马的上方，说明公司总部在斯图加特市。商标中间是一匹骏马，表示斯图加特这个地方盛产一种名贵种马，商标的左上方和右下方是鹿角的图案，表示斯图加特曾经是狩猎的好地方。商标右上方和左下方的黄色条纹代表成熟了的麦子颜色，喻指五谷丰登，商标中的黑色代表肥沃土地，商标中的红色象征人们的智慧与对大自然的钟爱，由此组成一幅精湛意深、秀气美丽的田园风景画，展现了保时捷公司辉煌的过去，并预示了保时捷公司美好的未来，保时捷汽车的出类拔萃。保时捷汽车标识如图 4–35 所示。

图 4–35　保时捷汽车标识

1900 年，第一部以保时捷为名的汽车——Lohner–Porsche 正式登场并造成轰动。这部双座跑车是由费迪南德 · 波尔舍设计，当时他受聘于 Lohner 车厂，担任设计师。目前，保时捷汽车主要车型有全新 718、911、918、Panamera、Macan、Cayenne。

任务实施

为表 4-1 中的汽车标识填写正确的中文名称，选择其所属汽车集团，写出两个代表车型。

表 4-1 德国汽车品牌及厂商认识

序号	品牌标识	品牌名称	汽车厂商	代表车型或系列
1			□奔驰□宝马 □大众	① ②
2			□奔驰□宝马 □大众	① ②
3			□奔驰□宝马 □大众	① ②
4			□奔驰□宝马 □大众	① ②
5			□奔驰□宝马 □大众	① ②
6			□奔驰□宝马 □大众	① ②
7			□奔驰□宝马 □大众	① ②
8			□奔驰□宝马 □大众	① ②
9			□奔驰□宝马 □大众	① ②
10			□奔驰□宝马 □大众	① ②

任务小结

通过学习，我们对知名的德国汽车品牌的发展史已经有所了解，并且认识了这些品牌的标识以及所蕴含的寓意。

任务 2 日本汽车厂商、品牌及名人认识

任务解析

“日系车”泛指在日本生产或者在其他地区生产的日本品牌汽车。日系车凭借其较高的性价比、节油性能、优秀的做工在全球赢得了较大市场。主要品牌有丰田TOYOTA、日产 NISSAN、本田 HONDA、斯巴鲁 SUBARU。那么，日本有哪些汽车厂商？他们创造了哪些汽车品牌？这些厂商和品牌背后又有哪些人和事？

资　讯

一、丰田汽车

（一）丰田汽车品牌历史

丰田汽车公司（トヨタ自动车株式会社，Toyota Motor Corporation）简称“丰田”（TOYOTA），创始人为丰田喜一郎，总部设在日本爱知县丰田市和东京都文京区。丰田是世界十大汽车工业公司之一，日本最大的汽车公司，创立于 1933 年。丰田汽车公司自 2008 年开始，逐渐取代通用汽车公司而成为全世界排行第一位的汽车生产厂商，在世界汽车生产业中有着举足轻重的地位。丰田汽车依然是日本军用汽车与装甲车的最大生产商，并且每年负责大量日本装甲车与军用汽车维护。

丰田喜一郎出生于 1894 年，其父亲丰田佐吉既是日本有名的纺织大王，也是日本大名鼎鼎的“发明狂”。其实，丰田的历史可以追溯到 1896 年。29 岁的丰田佐吉发明了丰田式汽动织机。他发明的这台织机不仅是日本有史以来第一台不依靠人力的自动织机，而且与以往织机不同的是，一名挡车工可以同时照看 3 ~ 4 台机器，极大地提高了生产力。

1929 年年底，丰田喜一郎亲自考察了欧美的汽车工业，欧美轰轰烈烈的工业革命使他受到强烈震撼，而汽车更使他热血沸腾。他认定汽车必然是未来举足轻重的交通工具。当丰田喜一郎开始研制汽车时，美国的通用汽车公司和福特汽车公司早已成为

举世闻名的大企业了。在大量生产技术和市场运作方面，两家公司的实力足以让世界其他的所有汽车生产厂家望尘莫及，并且分别将各自的汽车组装厂开到了日本。然而，丰田喜一郎并没有把美国两大汽车巨头的举动过多地放在心上。他全身心地投入到以大量生产为基础的国产汽车工业的创立。1933 年，在“丰田自动织机制造所”设立了汽车部，开始了丰田汽车公司制造汽车的历史。1937 年（昭和 12 年）8 月 28 日，汽车部宣告从丰田自动织机制造所独立出来，作为一家拥有 1200 万日元资本金的新公司，“丰田自动车工业株式会社”从此踏上了自己崭新的历程。

1935 年 8 月，丰田公司研制出 G1 型卡车，1936 年研制出 AA 型轿车。截至 1942 年，共生产出约 1400 辆 AA 型轿车，多用于公务用车、公司用车、出租车等。丰田公司看准了私家车时代即将到来，于是开发出了纯国产的皇冠汽车。该车前悬挂采用日本国产首例独立悬挂方式，以美式车为蓝本，对开式车门是其外观设计的一大特点。1956 年，皇冠参加了当时声势浩大的“伦敦 – 东京五万公里行”。第二年，参加环澳大利亚拉力赛，并跑完全程。新一代 Corona 问世于 1957 年，第 3 代于 1964 年 9 月上市，上市短短 4 个月内就成为日本国内市场的销量冠军，也得到了海外市场的认可，对扩大面向欧洲的出口发挥了重要作用。20 世纪 60 年代中期，为满足迅速发展的大众车市场需求，卡罗拉应运而生。卡罗拉帮助丰田实现了创业以来的夙愿“汽车大众化”。由于在性能、质量、配置和价格方面兼具优势，一经上市销售就获得了火爆人气，成功引领了日本的机动化时代。1969 年，卡罗拉成为销量冠军，并在此后的 33 年中一直稳居冠军宝座。1988 年，凯美瑞在美国 TMMK 投产，备受世界瞩目。1989 年，丰田制定了新的品牌 Logo。同年，丰田在美国打造了豪华车品牌——雷克萨斯。1989 年 4 月，丰田在英国建立工厂。1997 年，在即将迈入被称为“环保世纪”的 21 世纪时，丰田发布了全球首款实现量产的混合动力车“普锐斯”。

丰田在中国生产汽车的计划始于 1988 年，当时向金杯汽车提供了海狮车型的技术支持。中国首次生产挂有丰田标志的汽车是 2000 年四川丰田汽车有限公司生产的柯斯达。如今，丰田在中国已经生产多款车型。

（二）丰田汽车标识

现在的丰田标识是在 1989 年 10 月公司创立 50 周年纪念时发表的。它的设计耗费了大约 5 年时间，当时，丰田在海外的知名度不断上升，因此要有一个与其知名度相称的标识。设计中要有两个要素，即远距离也能辨识出丰田车，并且与其他汽车相比更具视觉冲击力。

新标识中有 3 个椭圆，左右对称，在大椭圆内的两个相互垂直的椭圆分别代表顾客和厂家的心，其轮廓线重叠象征着彼此心心相印。这两个相互垂直的小椭圆的整体外轮廓为“Toyota”的首字母T，象征着丰田，同时也象征着方向盘，即车辆本身。外面的大椭圆象征环绕着丰田的世界，而每个椭圆的轮廓线都参考了毛笔书法的精髓，采用了不同粗细的笔画，如图4–36所示。

图 4–36　丰田汽车标识

标识的背景空间表示丰田要传达给消费者的“无限价值”，它包括卓越品质、超越期待、驾驶乐趣、创新以及对安全、环境保护和社会责任的诚信。

（三）丰田汽车史名人

1. 丰田喜一郎

丰田喜一郎是丰田汽车公司的创始人，日本汽车工业的先驱者，被誉为日本“国产车之父”，如图4–37所示。丰田喜一郎出生于1894年6月11日，其父亲丰田佐吉既是日本有名的纺织大王，也是日本大名鼎鼎的“发明狂”。

图 4–37　丰田喜一郎

丰田喜一郎就读于东京帝国大学工学系机械专业，大学毕业后，丰田喜一郎来到父亲的“丰田纺织株式会社”当了一名机械师。经过10年磨炼，出任管技术的常务经理。然而，目光远大的他并不满足于眼前的成就。当他发现汽车能给人们带来极大便利时，预感到这一新兴行业具有广阔的发展前景，决定将其作为自己的事业发展方向，他的这一想法得到了父亲的大力支持。1929年年底，为了将纺织机专利卖给当时势力强大的普拉特公司，丰田佐吉派喜一郎前往英国全权代表自己签订契约。在国外，他除了完成父亲嘱托的任务以外，还花费了四个月的时间体验了英国的汽车交通，走访了英、美，尤其是美国的汽车生产企业，彻底弄清了欧美国家的汽车生产状况。这次国外之旅给他留下了极为深刻的印象，坚定了他发展自己汽车事业的决心。

1933年，丰田喜一郎在“丰田自动织机制造所”设立汽车部，并将一间仓库的一角划作汽车研制的地点。丰田喜一郎以此为基地，于当年4月购回一台美国“雪佛兰”汽车发动机进行反复拆装、研究、分析、测绘。在研究这台发动机的过程中，他产生了指导日后公司发展战略的认识观点：“贫穷的日本需要更为廉价的汽车。生产廉价汽车是我的责任。”1933年9月，他着手试制汽车发动机，拉开了汽车生产的序幕。1934年，他托人从国外购回一辆德国产的DKW前轮驱动汽车，经过连续两年的研究，于1935年8月造出了第一辆“丰田G1”牌卡车。随着卡车生产步入正轨并不断改进，丰田喜一郎着重把注意力放在小客车的完善上。1936年年底，AA型小客车下线。丰田喜一郎认为车标应该很简单且受人喜爱，于是开始向社会征集新名。优胜者的设计方案是在原名的基础上略加简化，将Toyoda改为Toyota。1937年8月27日，丰田喜一郎成立“丰田汽车工业株式会社”，地址在爱知县举田町。

丰田喜一郎对丰田的贡献，不只在于他造出了日本的国产轿车，更在于他为丰田今后的发展奠定了各方面的基础。1951年5月，丰田公司正式制定了“提合理化建议制度”。这一制度的意义并不仅限于收集与业务相关的发明方案，由于每一个员工都可以自由地就任意问题提出各种建议，因此在加强员工的参与意识、提高员工的劳动热情方面也取得了良好的效果。丰田喜一郎对汽车工业的另一项重大贡献是在对生产过程的科学管理方面。丰田喜一郎将传统的整批生产方式改为弹性生产方式。按照他的模式组织生产，工人和工厂都可得到好处：工人“每天只做必要的工作量”即可，早做完者早下班，做不完者可加班；工厂无需设置存货仓库，无需占用大量周转资金，许多外购零部件在付款之前就已被装车卖出了。他为推广这一生产方式而喊出的“恰好赶上”（Just In Time）口号，经后来的公司副总裁大野耐一进一步发展之后，成为完善的“丰田生产方式”。今天，“丰田生产方式”已超越国别、行业而成为世界许多国家争相学习的先进经验。

2. 丰田佐吉

丰田佐吉是日本发明家，织机改革家，丰田自动织机的创立者，如图4–38所示。他独立发明“丰田式木制人力织机”，其后又发明“G型无停止杼替式丰田自动织机”，设立“株式会社丰田自动织机制造所”，其子为丰田汽车的创立者丰田喜一郎。

图4–38 丰田佐吉

丰田佐吉临终前，给丰田喜一郎留下了作为父亲的最后一句话：“我搞织布机，你搞汽车，你要和我一样，通过发明创造为国效力。”

3. 神谷正太郎

在日本，丰田汽车公司一向以善于销售而为世人所称道。创造这一不凡业绩的正是被人们誉为“销售之神”的神谷正太郎，如图4–39所示。

图4–39 神谷正太郎

1935年9月，神谷正太郎加入丰田主持销售工作。在汽车推销方面，神谷正太郎有其独特的一套理论，在经营策略方面，他建议将"消费者第一，经销者第二，制造厂第三"列为公司的基本经营原则。除此之外，他还建议彻底改变传统的"生产多少就卖多少"的经营模式，代之以"能卖多少就生产多少"，即"以销定产"。在汽车定价方面，他认为只有将价格定得低一些，让用户在购买国产车时得到某些好处，才能引起较高需求，当需求增加后，大批量生产才有可能，公司就会由初期的亏本经营到不亏本经营，并最终获利。他的这一"低定价"策略，直至今天仍在被丰田公司所采纳。后来他又成立了丰田汽车销售公司，并亲手建立了一整套管理制度。1954 年 12 月，他买下东京立川汽车学校，用于培训丰田汽车的销售、维修人员。1955 年，神谷正太郎出资建成了丰田旧车销售公司，专门收购、销售二手丰田汽车。1957 年，神谷正太郎开办了全亚洲最大的"中部汽车学校"，为丰田公司培养全方位的汽车人才。

4. 丰田章男

丰田章男是丰田家族第四代长孙，现任社长，如图 4–40 所示。自 1995 年丰田章男的叔父丰田达郎卸任后，丰田家族重新执掌丰田集团。

图 4–40　丰田章男

2009 年 6 月 23 日，丰田汽车公司在日本爱知县丰田市的公司本部举行董事会会议，正式批准丰田章男升任公司新总裁。时年 52 岁的丰田章男是丰田公司已故创始人丰田喜一郎的孙子。丰田章男毕业于庆应大学，1984 年进入到丰田汽车公司工作，2000 年开始任董事。16 年内，丰田章男从零开始做起，做过生产管理，推销过汽车。2002 年晋升为常务董事，一年后再升为专务董事，2005 年未满 50 岁，已经成为丰田副总裁。

（四）丰田产品系列及旗下品牌

1. 丰田产品系列

丰田在中国已经开始生产多款车型，包括四川一汽丰田汽车有限公司（SFTM）生产的柯斯达、普拉多、兰德酷路泽、普锐斯，天津一汽丰田汽车有限公司（TFTM）生产的威驰、花冠、皇冠、锐志、卡罗拉、RAV4，广汽丰田汽车有限公司（GTMC）生产的凯美瑞、雅力士、汉兰达、凯美瑞混合动力车、逸致等，如图 4–41 所示。

2. 雷克萨斯

雷克萨斯（LEXUS）是日本丰田集团旗下全球著名豪华汽车品牌，创立于 1983 年。1983 年 8 月，丰田汽车公司召开了一次意义重大的董事会，它是雷克萨斯汽车的起点。董事会主席丰田英二向公司的高层主管、设计师、工程师和企业战略研究专家们抛出

图 4–41　丰田产品系列

了一个问题：我们可以创造出一辆豪华汽车去挑战顶级市场吗？没有想到的是，所有人的回答都是一样的——“可以”。1989 年雷克萨斯上市，他们拥有两个未经市场考核过的型号，旗舰级轿车 LS 和入门级轿车 ES，当年销售了 16302 辆。两年后，它们成为在美国销量最好的进口豪华品牌，并推出了第三个型号 SC。2000 年，雷克萨斯夺走了凯迪拉克北美最畅销豪华车的宝座。从那一年起，雷克萨斯再也没有离开这个位置。

雷克萨斯汽车商标采用车名“Lexus”字母“L”的大写、“L”的外面用椭圆包围的图案。椭圆代表着地球，表示雷克萨斯轿车遍布全世界，如图 4–42 所示。

图 4–42　雷克萨斯汽车标识

目前，雷克萨斯生产的车型包括 CT、IS、ES、GS、LS、NX、RX、GX、LX、RC 及 RCF 各系列，如图 4–43 所示。其中，雷克萨斯全混动科技车型在中国豪华混合动力市场上拥有高达 76.3% 的占有量。截至 2016 年 6 月，全球雷克萨斯全混动力销量突破 103.6 万辆。旗下所有全混动科技车型享有 6 年 /15 万 km 超长免费保养保修服务。

3. 斯巴鲁

斯巴鲁（SUBARU）是日本富士重工业株式会社（FHI）旗下著名汽车品牌，成立于 1953 年，最初主要生产汽车，同时也制造飞机和各种发动机，是生产多种类型、多用途运输设备的制造商，以高性能、多功能性而著称。从 1958 年发布第一款车型

图 4–43　雷克萨斯车型系列

SUBARU 360 以来，在 50 余年的发展历程中，斯巴鲁始终追求技术创新和设计理念创新。在 1966 年和 1972 年，斯巴鲁分别研发出水平对置发动机（SUBARU BOXER）和左右对称全时四轮驱动系统（Symmetrical AWD）。凭借这两项独特汽车技术的完美组合，斯巴鲁汽车在行驶性能、操控性能、动力性能、主动安全性方面都有着超乎驾乘者期望的优异表现。正因为如此，斯巴鲁在全世界各大汽车市场均赢得了成功，并成为在全球范围内享有盛誉的国际知名汽车品牌。

富士重工是日本骨干汽车制造商，在解除了与美国通用汽车公司的资本、业务合作后，该公司接受了丰田汽车的出资。2005 年，丰田汽车公司从通用汽车公司买入富士重工的股份。目前，丰田汽车有限公司拥有其 16.5% 的股份。

自 2004 年进入中国市场以来，斯巴鲁汽车（中国）有限公司采用“全球同步”策略，将越来越多的精品车型不断引进中国，并使这一性价比极高的纯进口汽车品牌得到了中国用户的广泛认同与肯定，不仅销售业绩获得飞跃增长，而且在中国各地建立起了强大的销售网络和完善的售后服务体系。目前，斯巴鲁的销售车型包括傲虎、森林人、力狮等各车型系列，如图 4–44 所示。

斯巴鲁在日语中的意思是“昴（すばる）”，其企业标识是昴宿星团的六连星，并且也是斯巴鲁汽车的标识，如图 4–45 所示。斯巴鲁的标识代表着五个独立的公司一起组成了现今的斯巴鲁。

斯巴鲁在全球统一的品牌口号是“Confidence in Motion”，同时它也是斯巴鲁的行动方针。“Confidence”意为“信赖”，它既包含斯巴鲁创立以来一贯的“踏实造车”

图 4–44 斯巴鲁车型系列

图 4–45 斯巴鲁汽车标识

的精神，同时也体现了斯巴鲁用“安心与愉悦”构筑而成的与客户间的信赖关系。“in Motion”则进一步包含了斯巴鲁将适应时代日新月异的变化，用创新和革新来适应客户的需求，不断进取的坚定姿态。

4. 大发

大发（DAIHATSU）汽车公司于 1907 年 3 月以生产和销售内燃机为主业创建了“发动机制造株式会社”，1951 年更名为“大发汽车工业株式会社”。1998 年，大发汽车公司被丰田汽车公司收购，成为丰田汽车集团的一员，负责生产小型车。目前大发汽车工业株式会社的总部在日本大坂府池田市。大发轿车标识是将大发汽车拼音的首字母“D”图案化，象征着企业大发汽车，永葆青春，如图 4–46 所示。

图 4–46 大发汽车标识

在中国汽车市场，日本大发汽车 DAIHATSU 的名字并不是很响，可一提起夏利，则是妇孺皆知。夏利这个让国人引以为荣的品牌，就是源自大发汽车的技术平台。1986 年，天津汽车集团以技术转让方式，引进日本丰田旗下大发汽车公司的 Cha–rade 轿车生产制造技术，当年，生产出第一辆夏利两厢式轿车，填补了我国经济型轿车市场的空白。大发汽车又借道丰田与一汽的合作，于 2003 年和一汽华利（天津）汽车有限公司签署 TERIOS（特锐）的技术许可合同，用 DARIO（达路）品牌在天津进行生产，通过一汽丰田销售网络进行销售。但是由于定价偏高等原因，特锐这款被丰田和大发汽车都寄予厚望的小型 SUV 却在中国市场遭遇惨败。无奈之下，丰田终于决定特锐在中国停产。

5. 日野

日野（HINO）汽车有限公司简称日野汽车或日野，是一家位于日本东京的柴油货车、巴士和其他车辆的制造商，其标志如图 4-47 所示。日野在日本的中、重型柴油卡车制造领域中占据着领导地位，是丰田集团的成员之一。

6. 赛恩

赛恩（Scion）是全球最年轻的汽车品牌，也是北美丰田（TMS，Toyota Motor Sales，U.S.A.）继 Toyota、Lexus 之后，旗下所拥有的第三个品牌。TMS 赋予 Scion 全新的品牌生命，Scion 代表的是个人化汽车时代的来临，透过全新设立的经销体系，每一位车主将有机会体验到 Scion 精心设计的个人化购车流程，以及买到一部与众不同的个人化 Scion 汽车。

Scion 的标识如图 4-48 所示，其含义从英文意思上就可以理解出来，意为子孙，后代的意思。它将以一个独立的，极具特色的产品阵容以及新的销售理念来迎合未来新车用户的胃口。同样，它的名字还有一个含义，即作为丰田品牌的后代来继续丰田汽车的造车哲学。

图 4-47　日野汽车标识

图 4-48　赛恩汽车标识

二、本田汽车

（一）本田汽车品牌历史

本田（HONDA）是全球最大的摩托车厂家，汽车的产量和规模也排名世界十大厂家之列，公司总部在日本东京。

本田建于 1948 年 9 月，本田汽车公司全称为“本田技研工业株式会社”，一开始主要生产纺织机械。当时，战争刚刚结束，各种物品十分匮乏，许多家庭不得不到黑市甚至农村购买高价粮食。由于交通不够发达，频繁流动的人口使汽车、火车等各种交通工具均超员运行，而日本崎岖不平的山路又使骑行自行车十分费力。本田宗一郎看到这一情况后，马上想到了陆军在战争期间留下的许多无线电通信机。于是，他以低价购到一批通信机，拆下上面的小汽油机，并用水壶做燃油箱，改制成一架小汽油机后安装到自行车上，做成一种新型的“机器脚踏车”。由于产品适销对路，立即就成了抢手货。在经营摩托车获得成功以后，本田宗一郎于 1962 年开始涉足汽车生产。先后推出过 T360 型卡车、S500 型轿车、N360 型轿车等汽车产品，其中 N360 型轿车一度成为全球畅销车。目前，本田在华汽车领域合作的项目除了整车合作项目外还有发动机和零部件合作项目，如图 4–49 所示。

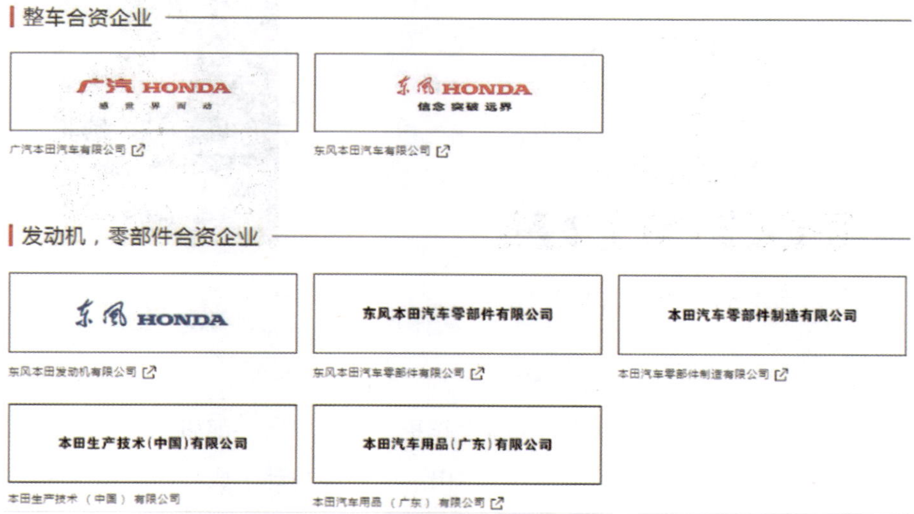

图 4–49　本田在华汽车领域合作项目

（二）本田汽车标识

本田公司在 20 世纪 80 年代成立了商标设计研究组，从来自世界各地的 2500 多件设计图稿中，确定了的三弦音箱式商标，也就是带框的“H”，图案中的 H 是“本田”拼音 Honda 的首字母。这个标识体现出技术创新、职工完美和经营坚实的特点，同时还有紧张感和可以放松一下的轻松感，如图 4–50 所示。

（三）本田汽车史名人

本田宗一郎是 1906 年 11 月 17 日出生于日本静冈县磐田郡光明村，日本实业家，世界著名的企业家，日本本田汽车创始人，日本本田技研工业株式会社创始人，HONDA 品牌创始人，如图 4–51 所示。1922 年，本田宗一郎高等小学校毕业后，进入东京本乡区汤岛的汽车修理厂工作。6 年学徒生涯结束后，他回到家乡，在滨松市开设了一家汽车修理厂，名为“技术商会滨松支店”。然而，目光远大的本田宗一郎在修车厂生意十分兴旺的时刻毅然关闭了修理厂，准备从事更富创造性的制造业。1934 年，本田宗一郎创建了“东海精机公司”。1937 年，担任东海精机工业株式会社总经理。在滨松市山下町设立“アートピストンリング研究所”，研究开发活塞装置，并于 1937 年进入滨松高等工业机械科学习金属学。1944 年，本田宗一郎成功研制“螺旋桨自动切削机”，将切削工作效率大幅提升，使加工一个螺旋桨的时间由一个星期缩短到 15min。他的这项发明取得了 40 项技术专利。后因地震导致东海精机重工业滨松工厂破产，本田将所持有的东海精机重工业股票全部转让给丰田自动纺织机公司。

图 4–50　本田汽车标识

图 4–51　本田宗一郎

1946 年 10 月，本田宗一郎在滨松设立了“本田技术研究所”，主要研究方向是生产纺织机械，这是他人生旅途中的一个重大转折点。本田宗一郎研制成一种新型的“机器脚踏车”，并受市场广泛欢迎。1947 年，本田宗一郎亲自动手成功研制出 50mL 双缸“A 型自行车马达”，这是最早的“本田摩托发动机”，也是本田 A 型摩托车批量生产的开始。为在摩托车领域站稳脚跟，本田宗一郎决定生产真正意义上的摩托车。1948 年 9 月，他在滨松设立本田技研工业株式会社，担任该会社社长，同年开始研制开发摩托车。在经营摩托车获得成功以后，本田宗一郎于 1962 年开始涉足汽车生产。先后推出过 T360 型卡车、S500 型轿车、N360 型轿车等汽车产品，其中 N360 型轿车一度成为全球畅销车。

本田宗一郎拥有 470 项发明和 150 多项专利，创立了 HONDA（本田）品牌，被现代工业界誉为“亨利 · 福特以来唯一的最杰出最成功的机械工程企业家”，与松下公司松下幸之助、索尼公司盛田昭夫、京瓷公司稻盛和夫并称为日本“经营四圣”。

1991 年 8 月 5 日，为世界汽车业留下了光辉一笔的本田宗一郎去世了。但他“三个喜悦”（购买的喜悦、销售的喜悦、制造的喜悦）的企业口号和“三个尊重”（尊重理论、尊重创造、尊重时间）的经营经验还继续发挥着应有的作用。

（四）本田产品系列及旗下品牌

1. 东风本田

东风本田汽车有限公司成立于 2003 年 7 月 16 日。2004 年 4 月 1 日，东风本田第一工厂投产，目前已形成 24 万辆 / 年生产规模。2012 年 7 月 10 日，东风本田第二工厂投产，两个工厂整体产能将最终提升至 48 万辆 / 年。

东风本田自成立以来，陆续导入 Honda 运动型多功能车 CR–V（思威）、中级车 CIVIC（思域）、中高级轿车全新思铂睿（SPIRIOR）、自主研发车型 CIIMO（思铭）、高端 MPV Elysion（艾力绅）、混合动力车 INSIGHT（音赛特）、新概念轿车 JADE（杰德）、新锐时尚 SUV XR–V。

2. 广汽本田

广州本田汽车有限公司成立于 1998 年 7 月。 2009 年 7 月，更名为广汽本田汽车有限公司，简称广汽本田。2016 年，广汽本田迎来了 Honda、理念和 Acura（讴歌）三品牌运营的新阶段，目前量产车型包括“Honda”品牌下的歌诗图（Crosstour）、雅阁（Accord）、奥德赛（ODYSSEY）、缤智（VEZEL）、凌派（CRIDER）、锋范（CITY）、飞度（FIT）和 CR–Z 等系列车型，如图 4–52 所示。

图 4–52　广汽本田车型系列

3. 理念

理念（EVERUS）源自对动感、时尚的追求，源自创造中国式时尚生活方式的理念，源自创造给予中国人归属感、自豪感的车的理念。理念（EVERUS）标识如图 4–53 所示，品牌下有理念 S1 车型。

图 4–53 理念汽车标识

4. 讴歌

讴歌（Acura）是日本本田汽车公司旗下的高端子品牌，于 1986 年在美国创立，其名称 Acura 源于拉丁语 Accuracy（精确），标识为一个用于工程测量的卡钳形象，反映出讴歌精湛的造车工艺与追求完美的理念，如图 4–54 所示。不论是拉丁语原意还是作为标识原型的卡钳，都寓意着 Acura（讴歌）这一代表着最高造车水平品牌的核心价值：精确、精密、精致。

图 4–54 讴歌汽车标识

讴歌以个性化和前瞻科技的“运动豪华”理念对豪华车的概念进行了重新诠释，品牌一经推出即在北美市场获得了巨大的成功。讴歌的车型均在北美进行设计、开发和生产，先后开发出了以 TL、RL、MDX 等车型为首的丰富产品线。讴歌品牌于 2006 年 9 月 27 日正式登陆中国市场。广汽 Acura（讴歌）品牌下的首款战略国产车型是 CDX。

三、日产汽车

（一）日产汽车品牌历史

日产自动车株式会社（NISSAN MOTOR Co.LTD.）于 1933 年在日本神奈川县横滨市成立，目前在 20 多个国家和地区（包括日本）设有汽车制造基地，并在全球 160 多个国家和地区提供产品和服务。

1933 年 12 月 26 日，日本产业公司、户田铸物公司注册成立“汽车制造股份公司”，鲇川义介成为公司首任社长。1934 年 5 月，“汽车制造股份公司”更名为“日产汽车公司”。1947 年以后，日产汽车逐步走上快速发展轨道，以后的 40 余年，是日产狂飙突进的发展时期。在这一时期，日产汽车不仅成为日本仅次于丰田的第二大汽车制造商，而且也成为全球十大汽车制造商之一。

日产汽车最早生产的汽车其实就是原户田铸物汽车部大阪工厂生产的产品，是一款名为“DATSUN”的小型货车，此后，日产汽车又利用自身的研发力量开发了同名为“DATSUN”的轿车。但 1936 年以前，日产汽车“DATSUN”的年产量，从来没有超过4000辆。1934年，日产汽车开始横滨新工厂的建设，并在日本汽车企业中率先实现流水线生产。1936年，横滨工厂生产“DATSUN”6163辆，日产汽车生产规模首次超过5000辆。20世纪50年代开始，日产汽车开始寻求国外技术，帮助提升自身产品技术。1952年，日产汽车与英国奥斯汀（Austin）汽车进行技术合作，开发出技术水平明显提高的“DATSUN”210型轿车，从这个时期开始，日产汽车开始酝酿向北美出口汽车的战略。1957年，日产汽车在美国对“DATSUN”210进行了严格测试，同时开发出1.2L发动机的产品以增加其出口竞争力。“DATSUN”210之后，日产汽车又经过大量工作开发出一个全新的轿车产品——蓝鸟310。1959年蓝鸟1000、蓝鸟1200同时在日本上市，并出现了持续旺销的局面。60年代开始，日产汽车又开始研发新的轿车产品。1966年，日产汽车在日本历史上首次公开征集车名，从848万应征信中选定“SUNNY”（阳光）作为新开发产品的名称。蓝鸟和阳光之后，在30多年的时光中，日产汽车又相继开发出多个系列、多个名称的产品。日产汽车在全球范围内共拥有轿车、越野车、MPV和商用车在内的30多个系列产品。1999年3月27日，雷诺与日产汽车结成独立的合作伙伴关系，在广泛的领域中展开战略性的合作，雷诺持有日产44.3%的股份，日产持有雷诺15%的股份，为相互收益直接做出贡献。日产汽车通过联盟将事业区域拓展至全球，其经济规模大幅增长。

日产在中国的业务发展历史悠久。1973年向中国出口第一辆Nissan公爵轿车。1993年成立了合资企业郑州日产，现生产皮卡和帕拉丁。1994年日产汽车（中国）有限公司在香港成立，主要经营进口车业务。2003年6月，日产与东风合资成立了中国最大的汽车合资企业：东风汽车有限公司，旗下成立东风日产乘用车公司，专门负责乘用车业务。2004年日产汽车驻北京的全资子公司——日产（中国）投资有限公司成立，与日产汽车公司总部一起管理在华投资。

（二）日产汽车标识

日产汽车公司标识如图4–55所示。圆表示太阳，中间的字是“日产”两字的日语拼音形式，整个图案的意思是“以人和汽车的明天为目标”。

（三）日产汽车史名人

1. 田建治郎

1914年，由田建治郎等人创建的“快进社”，于1934年改为日产汽车公司。因此，田建治郎称得上为日产汽车的创始人。

2. 卡洛斯·戈恩

卡洛斯·戈恩（Carlos Ghosn）是法国人，黎巴嫩后裔，1954年3月9日出生于巴西，现任法国雷诺汽车公司CEO、日本日产汽车公司CEO，如图4–56所示。

图 4–55　日产汽车标识

图 4–56　卡洛斯 · 戈恩

戈恩在巴西出生，父亲是黎巴嫩商人，母亲是法国人。1972 年，进入法国国立高等综合理工学院学习工程学，后考入法国国立巴黎高等矿物学院研究生院继续深造，均以优异成绩毕业；1978 年，加入米其林集团公司；1985 年任米其林巴西分公司 CEO；1989 年任米其林北美分部 CEO；1996 年，出任雷诺汽车公司副总裁；1999 年 6 月，担任日产汽车公司 CEO，次年兼任日产株式会社社长，2001 年 6 月升任 CEO，将日产公司从死亡边缘拯救回来，成为全球获利率最高的汽车公司；2005 年 5 月，出任雷诺汽车公司第九任 CEO。自此，戈恩成为同时执掌横跨 8 个时区、相隔近万千米的两大国际汽车巨头的双 CEO。

一进入企业界，他就展现出商业巨星的闪亮光辉，被誉为“神奇小子”。他先后在巴西、美国、法国及日本大刀阔斧拯救过四家公司，尤其是其使日产汽车公司起死回生的传奇经历，被誉为国际汽车业的当代“艾柯卡”，全球十大管理奇才中的“鹰眼总裁”，名震天下的制造业“成本杀手”。卡洛斯 · 戈恩将自己成功的管理经验著成《把冰箱卖给爱斯基摩人》《一个成本杀手的管理自白》等管理名著。

（四）日产产品系列及旗下品牌

1. 东风日产

东风日产乘用车公司成立于 2003 年 6 月 16 日，是东风汽车有限公司旗下重要的乘用车板块。目前，NISSAN 品牌旗下拥有楼兰、天籁、蓝鸟、奇骏、逍客、轩逸、骐达、阳光、骊威、玛驰等多款畅销车型，以及高端 MPV 新贵士、高性能跑车 370Z、全能超级跑车 GT–R 等进口车型，如图 4–57 所示。

2. 郑州日产

郑州日产汽车有限公司成立于 1993 年 3 月，是东风与日产合资的整车制造企业，NISSAN 品牌包括 NISSAN 皮卡、途乐、帕拉丁及 NV200 等车型，如图 4–58 所示。

图 4–57　东风日产车型系列

图 4–58　郑州日产车型系列

3. 英菲尼迪

英菲尼迪（Infiniti）是日产汽车公司旗下的豪华车品牌，于 1989 年诞生于北美地区。凭借独特前卫的设计、出色的产品性能和贴心的客户服务，英菲尼迪迅速成为全球豪华汽车市场中最重要的品牌之一。

英菲尼迪的椭圆形标识表现的是一条无限延伸的道路，如图 4–59 所示。椭圆曲线代表无限扩张之意，也象征着“全世界”；两条直线代表通往巅峰的道路，象征无尽的发展。英菲尼迪的标识和名称象征着英菲尼迪人的一种永无止境的追求，那就是创造有全球竞争力的真正的豪华车用户体验和最高的客户满意度。

图 4–59　英菲尼迪汽车标识

英菲尼迪于 1989 年 11 月 8 日最先在美国上市，上市的车型包括高性能豪华轿车 Infiniti Q45 和充满操控乐趣的豪华双门跑车 Infiniti M30。与雷克萨斯、宝马、奔驰在北美市场分庭抗礼，并且迅速成长为北美重要的豪华车品牌。自诞生之日起，英菲尼迪便以独特前卫的设计、出色的操控表现和顶级的客户服务著称。如今英菲尼迪已拥有双门跑车、轿车、越野车和 SUV 等全系列车型，如图 4–60 所示。

图 4–60　英菲尼迪车型系列

四、三菱汽车

（一）三菱汽车品牌历史

三菱汽车公司于 1970 年从三菱重工业公司独立出来，是日本汽车行业中最年轻的汽车制造公司。另一方面，三菱集团有着生产汽车的悠久历史。早在 1917 年就在日本首次推出了成批生产的“三菱 A 型”轿车。1932 年推出首部大型巴士扶桑（Fuso）系列，这是扶桑商用车辆系列的开始。1970 年 4 月 22 日，三菱汽车生产事业部从三菱重工业脱离，正式成立三菱汽车工业有限公司。

大部分的我国消费者可能都认为，三菱只是生产汽车与电气产品的公司，而实际上三菱是卖水桶起家的，当时是贩售铸铁制成的“天水桶”。如今拥有 100 多家关系企业及分支机构的三菱集团，成立于 1870 年的 10 月，由岩崎弥太郎在土佐藩设立的九十九商会。MITSUBISHI MOTORS（三菱汽车）只是旗下的一个分支机构，1872 年 1 月，九十九商会改名三川商会，次年的 3 月，又改称为三菱商社。之后“三菱”的名称沿用迄今。

（二）三菱汽车标识

三菱的标识是岩崎家族的家族标志“三段菱”和土佐藩主山内家族的家族标志“三柏菱”的结合，后来逐渐演变成今天的三菱标识，如图 4-61 所示。日本三菱汽车以三枚菱形钻石为标志，正为突显其蕴含在雅致的单纯性中的深邃灿烂光华——菱钻式的造车艺术。这个标识是三菱组织中各公司全体职工自豪的象征，并且对世界各地的顾客来说，这个标识是产品维修保养、质量和服务的保证。

（三）三菱汽车史名人

岩崎弥太郎是日本“第一财阀”三菱集团创始人，如图 4-62 所示。岩崎弥太郎 1834 年 12 月 11 日出生于现高知县安艺郡井口村，幼时生活在下层社会，1864 年当上

图 4-61　三菱汽车标识

图 4-62　岩崎弥太郎

了下级官员，后来经营官方的“土佐商会”，成绩卓著。

（四）三菱产品系列及旗下品牌

1. 东南三菱

2006 年 4 月三菱汽车正式入股东南汽车，2006 年 5 月由三菱汽车与东南汽车首次联手打造的三菱蓝瑟上市，同年 11 月三菱戈蓝进入中高级轿车领域，2008 年 12 月多功能跨界车三菱君阁上市。目前，东南三菱销售车型包括翼神、风迪思、蓝瑟、戈蓝、君阁等各系列车型，如图 4–63 所示。

图 4–63　东南三菱系列车型

2. 广汽三菱

广汽三菱主要销售劲炫 ASX、劲畅、欧蓝德、帕杰罗四款车型，如图 4–64 所示。

劲炫ASX　　帕杰罗　　欧蓝德　　劲畅

图 4–64　广汽三菱系列车型

五、马自达汽车

（一）马自达汽车品牌历史

马自达（MAZDA），日本的汽车制造商，总部设在日本广岛。马自达是日本最著名的汽车品牌之一，日本第四大汽车制造商，也是世界著名汽车品牌，是世界上唯一研发和生产转子发动机的汽车公司。

马自达公司创立于 1920 年，创始人松田重次郎在广岛从生产葡萄酒瓶木塞起家，公司原名东洋软木工业公司，1927 年改称东洋工业公司。1931 年，以生产三轮载重汽车为起点，开始涉足汽车制造业；20 世纪 6 0 年代，马自达推出了自己的第一辆轿车车型。1967 年和汪克尔公司签订协议，取得转子发动机的生产权，从而开始了马自达公司的高速发展期。马自达在日本有两个主要的生产基地，海外有 15 个生产厂，主要的海外生产基地包括美国的密西根州和泰国，这两个生产基地都是与福特汽车公司的合资企业。众所周知，福特是马自达的主要业务合作伙伴以及最大的股东。

1992 年以后，马自达尝试进入中国市场，一汽海南马自达开始投入运转，推出了福美来、普利马两种车型，在 2005 年推出马自达 3，2006 年与海南汽车的合作终止。2005 年 3 月 1 日，一汽马自达汽车销售有限公司成立；2005 年 4 月 19 日，长安马自达汽车有限公司成立。

（二）马自达汽车标识

先知琐罗亚斯德在西亚波斯创立了一种古老宗教，劝导人崇拜创造主为善之源，要求人有善良的思想、言词和行动，并且放弃邪恶。该宗教体系中有一个神明名叫“Ahura Mazda（阿胡拉·马兹达）”。松田重次郎即以此作为公司名称，并有追逐光明、善良之意。马自达公司与福特公司合作之后，采用了新的车标，椭圆中展翅飞翔的海鸥，同时又组成“M”字样。“M”是“MAZDA”第一个大写字母，预示着公司将展翅高飞，以无穷的创意和真诚的服务，迈向新世纪，如图 4–65 所示。

（三）马自达汽车史名人

松田重次郎是马自达品牌的创始人，出生于 1875 年，他所创立的马自达汽车公司是现今十分有名的汽车公司，如图 4–66 所示。

1920 年在广岛成立的东洋软木工业公司，其总裁是松田重次郎。该公司于 1921 年改为制造机器。1923 年东京大地震后，城市交通发生问题，该公司开始制造摩托车，1927 年改称东洋工业公司。

图 4–65　马自达汽车标识

图 4–66　松田重次郎

（四）马自达产品系列及旗下品牌

1. 一汽马自达

一汽马自达汽车销售有限公司目前主营以下几款系列车型，分别是 Mazda6、睿翼、Mazda8、CX–7、CX–4 及阿特兹等系列车型，如图 4–67 所示。

图 4–67 一汽马自达系列车型

2. 长安马自达

长安马自达拥有马自达 2、马自达 3 星骋、马自达 3 昂克赛拉和马自达 CX–5 等系列车型，如图 4–68 所示。

图 4–68 长安马自达系列车型

六、铃木汽车

（一）铃木汽车品牌历史

铃木（SUZUKI），日本汽车制造企业，成立于 1920 年。创始人铃木道雄 1920 年 3 月设立铃木纺织机株式会社；1954 年 6 月将公司名称改为铃木自动车工业株式会社；1990 年 10 月 将公司名称改为铃木株式会社。1993 年与长安汽车合资成立长安铃木，1995 年与昌河汽车合资成立昌河铃木，生产、销售铃木开发的产品。

（二）铃木汽车标识

铃木商标图案中的“S”是“SUZUKI”的第一个大写字母，它给人以无穷力量的感觉，象征无限发展的铃木汽车公司，如图 4–69 所示。

（三）铃木汽车史名人

铃木道雄是日本实业家，铃木汽车创始人，如图 4–70 所示。他的专利、实用发明达 120 余项之多，1929 年发明萨龙织机，并且向海外出口。1939 年，开始实验制造汽车，之后发明了摩托车、轻型四轮车，奠定了名副其实的铃木汽车企业的基础。

图 4–69 铃木汽车标识

图 4–70 铃木道雄

（四）铃木产品系列及旗下品牌

1. 进口铃木

铃木（中国）投资有限公司成立于 2004 年 10 月，铃木株式会社生产的铃木品牌（SUZUKI）汽车的总经销商，负责进口并在中国国内销售铃木品牌的汽车。目前，铃木进口车在我国销售车型有速翼特运动版、超级维特拉、凯泽西和吉姆尼。

2. 长安铃木

重庆长安铃木汽车有限公司创建于 1993 年 5 月，产品包括维特拉、启悦、锋驭、天语 SX4、雨燕、新奥拓等六个系列车型，如图 4–71 所示。

图 4–71 长安铃木系列车型

3. 昌河铃木

昌河铃木生产销售北斗星 1.4L 和浪迪两款铃木车型。

任务实施

为表 4-2 中的汽车标识填写正确的中文名称，选择其所属汽车集团，写出两个代表车型。

表 4-2 日本汽车品牌及厂商认识

序号	品牌标识	品牌名称	汽车厂商	代表车型或系列
1	LEXUS		□丰田 □三菱 □日产 □本田 □马自达 □铃木	① ②
2			□丰田 □三菱 □日产 □本田 □马自达 □铃木	① ②
3	MITSUBISHI MOTORS		□丰田 □三菱 □日产 □本田 □马自达 □铃木	① ②
4			□丰田 □三菱 □日产 □本田 □马自达 □铃木	① ②
5	HONDA		□丰田 □三菱 □日产 □本田 □马自达 □铃木	① ②
6			□丰田 □三菱 □日产 □本田 □马自达 □铃木	① ②
7	NISSAN		□丰田 □三菱 □日产 □本田 □马自达 □铃木	① ②
8	ACURA		□丰田 □三菱 □日产 □本田 □马自达 □铃木	① ②
9			□丰田 □三菱 □日产 □本田 □马自达 □铃木	① ②
10			□丰田 □三菱 □日产 □本田 □马自达 □铃木	① ②

任务小结

通过学习，我们对知名的日本汽车品牌的发展史已经有所了解，并且认识了这些品牌的标识以及所蕴含的寓意。

任务3 美国汽车厂商、品牌及名人认识

任务解析

美系车主要由美国三大汽车巨头所创。那么，这三大汽车巨头分别是谁？他们创造了哪些汽车品牌？这些厂商和品牌背后又有哪些人和事？

资 讯

一、通用汽车

（一）通用汽车品牌历史

100 多年来，通用汽车一直在全球汽车行业发挥着关键的作用。从第一台别克老式汽车到雪佛兰沃蓝达，其产品与创新始终在汽车行业保持领先。

通用汽车公司（GM）成立于 1908 年 9 月 16 日，总部在美国密歇根州底特律。通用汽车公司的前身是 1907 年由戴维 · 别克创办的别克汽车公司。1908 年美国最大的马车制造商威廉 · 杜兰特买下了别克汽车公司并成为该公司的总经理，同时推出 C 型车。到 1908 年，别克汽车公司已经成为全美主要汽车生产商。同年，杜兰特以别克汽车公司和奥兹汽车公司为基础成立了一家汽车控股公司——通用汽车公司（GM）。在不到两年的时间内通用汽车大举并购了 20 多家公司，在通用汽车的旗帜下，别克、奥兹莫比尔、凯迪拉克、奥克兰（后来改名为庞蒂亚克）品牌不久便家喻户晓，并且其业务范围远远超出其诞生地密歇根州福林特市。

著名设计师哈里 · 厄尔（汽车设计之父）的第一个设计作品凯迪拉克 1927 款 LaSalle 的问世，标志着汽车设计的真正开始，通用汽车步入了发展新纪元，从此汽车不再只是一种交通工具。通过采用著名的“不同的钱包、不同的目标、不同的车型”的经营战略，通用汽车的品牌形象和汽车产品成为消费者自我价值和尊贵身份的代表和体现。

随着先后于 1918 年、1925 年、1929 年收购雪佛兰、沃克斯豪和欧宝品牌，通用

汽车拥有的汽车品牌和车型远比其他任何汽车制造商都多。在不到 10 年的时间里，公司已在 10 多个国家开设了新装配厂，其中包括中国、日本和印度。通用汽车已成为一个全球性公司。

时代在变迁，但通用汽车对创新的追求一如既往。1971 年，通用汽车率先研发可以使用低铅或无铅汽油的发动机。两年之后，通用汽车首先在量产车上配备安全气囊。1974 年，凭借催化式排气净化系统，通用汽车在降低排放方面迈出了最重要的一步。这一技术由通用汽车分享，至今仍在整个汽车行业普遍应用。德国与日本从第二次世界大战的废墟中复苏，开始向美国大批量出口汽车，通用汽车在美国市场无可争议的控制地位开始受到威胁。在大多数乘用车领域，日本、德国与韩国的对手占据了领先优势。

2008 年的经济衰退和全球信用危机将汽车销售推向衰退的边缘，耗尽了私人资本。严重缺乏流动资金的通用汽车获得了美国财政部的过桥贷款。根据贷款条件，公司应加快对其美国业务的艰难重组。2009 年 6 月 1 日当地时间 8 点，根据美国破产法第 11 章通用汽车正式向纽约破产法院递交破产申请。成立于 1908 年的通用汽车成为依美国《破产法》第 11 章申请破产的美国第三大企业、第一大制造业企业，也是美国汽车业继克莱斯勒申请破产保护后，又一宗全球汽车业巨头破产。

2009 年 7 月 10 日，新通用汽车公司成立，并收购了旧公司众多最有价值的资产。新通用汽车比其前身规模更小、机构更精简。公司在美国市场经营四个品牌：雪佛兰、别克、通用和凯迪拉克。公司的营销网络更加集中，业绩继续快速增长。目前，通用汽车销量最大的五个市场分别是中国、美国、巴西、英国和德国。

（二）通用汽车标识

通用汽车的标识 GM 取自其英文名称（General Motors Corporation）的前两个单词的首字母，如图 4–72 所示。通用汽车公司各车型商标都采用了公司下属分部的标识。

图 4–72　通用汽车标识

（三）通用汽车史名人

1. 威廉·杜兰特

通用汽车公司的创始人威廉·杜兰特（William Durant）于 1861 年在美国出生，如图 4–73 所示。威廉·杜兰特是世界汽车发展史上的一位传奇式的人物。他曾是一个超级的推销员、一个不知疲倦的经营者、一个白手起家的百万富翁，但所有这些名头加起来都没有他另外一个身份让人心怀敬意：美国通用汽车的缔造者。是他凭借自己的努力创建了今天名震全球的通用汽车公司。

图 4–73 威廉・杜兰特

他从小在外祖父的木材厂工作，晚上则带着来路不明的“灵丹”向附近的农夫们推销。成年后当过雪茄推销员、自来水收费员、电力收费员、火灾保险代理员等。他后来涉足于马车制造业，并发展成为全美最大的马车制造商。是他看到了汽车的发展前景，并果断地利用自己手中掌握的巨额资金，成就了如今名震天下的通用汽车公司。

1904 年的一天，威廉・杜兰特第一次乘汽车，这是一辆别克牌汽车。他立即对汽车产生了兴趣，并于 1904 年 11 月 1 日成为别克公司董事长，持有别克公司 65% 的股份。1908 年 9 月 16 日，威廉・杜兰特以别克公司为基础，先后收购了奥兹莫比尔公司、凯迪拉克汽车公司、奥克兰汽车公司（庞蒂亚克汽车公司的前身）等 22 家厂家，首创通用汽车公司。1909 年，杜兰特差点就得到福特汽车公司，但必须支付现金，亨利・福特同意以 800 万美元售出福特汽车公司。由于同凯迪拉克的交易，杜兰特没能筹到足够资金，否则今天的汽车业格局将不知如何。后由于经营不善，威廉・杜兰特被迫离开通用汽车公司。1919 年 10 月，在杜邦财团的支持下，得到雪佛兰汽车公司和其他几个汽车公司，又成立了新的通用汽车公司。1920 年由于通用再次陷入困境，杜兰特被迫辞职，在默默无闻中终其一生。

2. 阿尔弗雷德・斯隆

阿尔弗雷德・斯隆，通用汽车史上任期最长的总裁，如图 4–74 所示。美国企业家，一位传奇式领袖，被誉为第一位成功的职业经理人，任期长达 23 年。斯隆是在管理与商业模式上创新的代表人物。

阿尔弗雷德・斯隆是咖啡和茶叶进口商之子，从小在纽约布鲁克林区长大，1895 年毕业于麻省理工学院（他后来资助该学院成立了现在闻名世界的“斯隆管理学院”），获电子工程学士学位。其父在 1898 年以 5000 美元买下一家小的滚珠轴承厂，送给他去经营。20 年后，斯隆以 1350 万美元（2700 倍）把工厂卖给了杜兰特而加盟通用汽车。担任运营副总经理 3 年之后，斯隆于 1923 年升任通用汽车公司总经理和总裁。这可是临危受命，当时通用汽车公司岌岌可危，正处于解体之中。其后斯隆采取的一系列措施很快扭转了通用汽车公司的困局：他将公司改组为 5 个汽车分厂，分别生产不同

图 4–74 阿尔弗雷德・斯隆

档次的汽车，分散生产使每个厂都能自由发挥其主动性，而集中管理则建立了一个强有力的中心办事机构，协调整个公司的经营。20 世纪 30 年代初通用就超越福特成为最大的汽车公司，到 1946 年斯隆卸任时，通用更是如日中天。

斯隆于 1963 年出版的自传《我在通用汽车的岁月》堪称管理学的一个里程碑，至今仍新版不绝。他在汽车行业 50 多年的管理经验，不但使自己成为 20 世纪最伟大的企业家，成为职业经理人的榜样，而且对管理理论的发展也做出了伟大的贡献。他对企业的组织结构、计划和战略、持续成长、财务成长以及领导的职能和作用的研究，对职业经理人概念和职能的首次提出，都对现代管理理论的形成和发展产生了极大的影响。

（四）通用产品系列及旗下品牌

1. 别克

1903 年，大卫·别克在美国密西根州的弗林特市创立了别克汽车公司，并建立了别克的第一座汽车工厂。大卫·别克（图 4–75）和他的工程师们通过完善早年运用在非整车用途的顶置气门发动机设计，推出了动力强劲、结构简单的汽车顶置气门发动机。这项发明，成为了汽车技术史上最重要的发明之一，也成为了别克早期成功的根本。威廉·杜兰特于 1904 年 11 月接管了别克汽车公司，他天才的营销手段使得别克成为美国第一个成功的汽车品牌，这也成为他日后成立通用汽车的基础。1929 年，别克在上海开设了亚洲第一家销售办公室，很快获得了社会名流的青睐。在 20 世纪 30 年代，上海每 6 台汽车中，就有一台是别克。

图 4–75　大卫·别克

"The Car of Quality"是别克的首个车标，这是别克对于品质的承诺，而由此开创的辉煌历史依然延续至今，如图 4–76 所示。目前为人所熟知的别克三盾LOGO的雏形诞生于1959年，自2002年起，别克的商标更换为简洁的形式，如图 4–77 所示。标识中三把颜色不同（从左到右：红、银、蓝）并依次排列在不同高度位置上的利剑，给人一种积极进取、不断攀登的感觉，表示别克公司采用顶级技术，刃刃见锋；也表示别克公司培养的人才个个游刃有余，是无坚不摧、勇于登峰的勇士。

别克在我国销售的车型包括SUV、轿车和MPV各系列，如图4–78所示。君威、君越、凯越、昂科雷等车型都深受广大消费者青睐。

2. 凯迪拉克

自 100 多年前在底特律成立以来，凯迪拉克就代表着突破成规的天性、永无止境

图 4–76 别克汽车首个车标

图 4–77 别克汽车标识

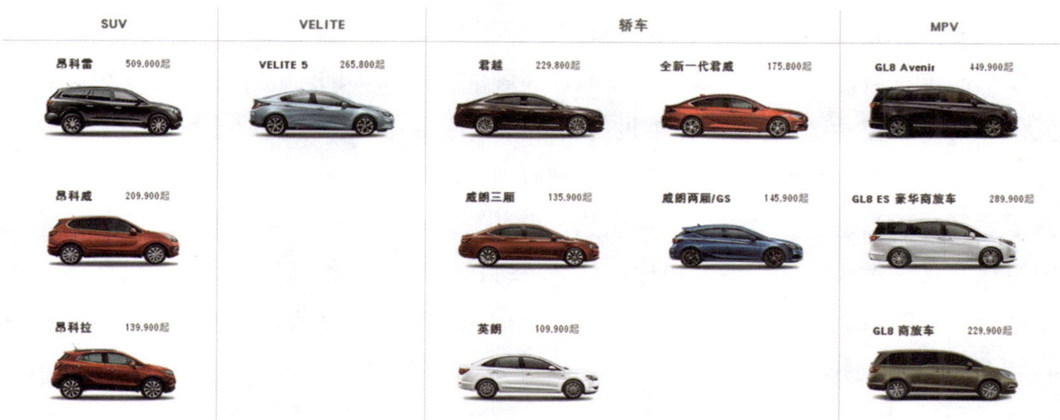

图 4–78 别克车型系列

地追求不凡以及乐于创造的美国精神。从开发世界上首台自动电子点火发动机到首次将计算机技术融入汽车、首次为用户提供黑色以外的色彩选择，再到开创出品牌史上速度最快的量产车——CTS–V 系列，这些成果彰显了凯迪拉克辉煌的历史。

1902 年，杰出的机械师和企业家亨利 · 利兰凭借非凡的胆识，创建了凯迪拉克公司，公司的名称是为了纪念底特律的创建者安东尼 · 凯迪拉克。事实上，凯迪拉克家族历史上的盾徽形纹章正是品牌徽标的灵感来源。公司成立短短 6 年后，凯迪拉克就凭借其精密打造的完全可替换型部件，为现代化汽车量产奠定了坚实的基础。凯迪拉克也因此成为第一家荣获英国皇家汽车俱乐部杜瓦大奖的美国汽车公司。随后，凯迪拉克当之无愧地获得了“世界标准”的美誉。凯迪拉克推出的“30 型汽车”率先采用了“无曲柄汽车”理念——这是第一辆使用自动电子起动器、点火器和照明系统的量产汽车，再次为底特律赢得了杜瓦奖，凯迪拉克也由此成为唯一两度获此殊荣的汽车制造商。1915 年，凯迪拉克推出一款配有 V 形水冷式八缸发动机（V8）的量产车，这款车随后成为凯迪拉克品牌的标志性车型。1925 年，凯迪拉克率先采用了硝基漆。到

1926年，当别的品牌还只有灰暗单调的色彩可供选择时，凯迪拉克已能一次为客户提供多达500多种色彩组合，任其挑选。同年，公司还聘用了哈里·厄尔。1927年，由其设计的LaSalle敞篷小轿车成为美国第一款由设计师而非工程师设计的汽车。

自1919年以来，凯迪拉克一直为众多的美国总统、外交官、大使以及外国政要定制大型豪华轿车和专用车型，这个代表品牌荣耀的传统一直是凯迪拉克的标志性符号，并延续至今。奥巴马总统历史性的就职典礼，揭开了凯迪拉克作为总统座驾的崭新篇章，凯迪拉克也由此登上了又一个辉煌的顶点。

100多年来，凯迪拉克在汽车行业创造了无数个第一，缔造了无数个豪华车的行业标准，可以说凯迪拉克的历史代表了美国豪华车的历史。

凯迪拉克徽标自诞生以来，其花冠和盾牌的设计在不同时代不断地呈现突破性的变化，百年来竟达30次之多。本世纪伊始，凯迪拉克再次对徽标进行了一系列令人耳目一新的革新。新徽标色彩明快、轮廓鲜明，整体以铂金颜色为底色，而花冠则保留了原有的色彩组合：金黄与纯黑相映，象征智慧与财富；盾牌由不同色彩的简单块面组成：红色象征行动果敢，银白色代表着纯洁、仁慈、美德与富足，蓝色代表着骑士精神。新的徽标再次勾画出凯迪拉克品牌中同时呈现的经典、尊贵和突破精神。图4–79所示为凯迪拉克标识。

目前，凯迪拉克在我国销售ATS–L、XTS、CTS、CT6豪华轿车和SRX、XTS、ESCALADE豪华SUV各车型，如图4–80所示。

图4–79　凯迪拉克标识

图4–80　凯迪拉克车型系列

3. 雪佛兰

雪佛兰是美国通用汽车公司旗下的品牌，1911年11月3日创立，创始人为威廉·杜兰特和路易斯·雪佛兰。雪佛兰也被称为Chevy，1918年被通用汽车并购，现在为通用汽车旗下最为国际化和大众化的品牌。

1910年，通用汽车公司的创始人威廉·杜兰特邀请声誉卓著的瑞士赛车手兼工程师路易斯·雪佛兰（Louis Chevrolet）帮助他设计一款面向大众的汽车。“雪佛兰”的名称便取自这位瑞士赛车手之姓。1911年11月3日，雪佛兰汽车公司诞生了，第一辆雪佛兰汽车——Classic Six于1912年在底特律面市。1914年，雪佛兰公司推出了第一款四缸汽车——雪佛兰Fours，并迅速在美国流行。在被通用汽车公司并购后的第一年，雪佛兰汽车的销售量就超过了所有其他GM品牌的汽车，并在20世纪的多数时间内保持了这样的优势。

雪佛兰标识为图案化了的蝴蝶结，象征雪佛兰汽车的大方、气派和风度，如图4–81所示。从1913年开始，雪佛兰就将领结的标识悬挂在了它的车身上。时隔近百年后的2011年，迎来了它的第10次调整。与第9代标识相比，它金属边夸张外延，金属面隐约似乎能看到对折的痕迹，这样的搭配，更容易和车身融为一体。并且，雪佛兰汽车在售后服务中提出了“雪佛兰金领结服务”，倡导“以人为本”的主动式贴心关怀。对于广大雪佛兰车主们来说，雪佛兰金领结服务将远远超越一般意义的修车养车，而成为一路陪伴你构建高品质有车生活的知心伙伴。

科尔维特（CORVETTE）是美国通用公司雪佛兰部生产的高级运动车，其标识如图4–82所示。它沿用17世纪英国一种炮舰的名字，意向当时风行的英国跑车挑战。科尔维特在中国的知名度虽然比不上法拉利和保时捷，但它在美国堪称国宝级的超级跑车，代表着美国的历史、文化、精神，还有最高端的汽车技术。

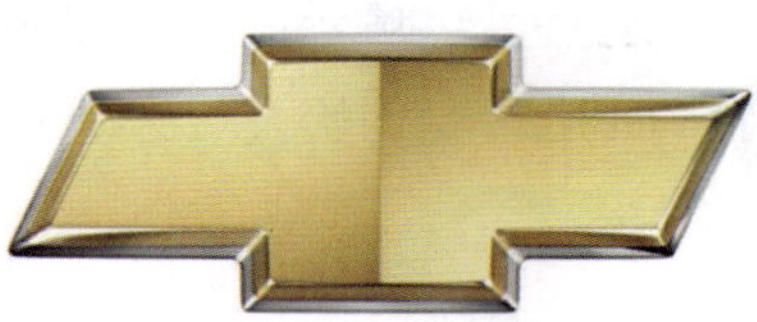

图4–81　雪佛兰标识

图4–82　雪佛兰科尔维特标识

目前，雪佛兰在我国生产销售的车型如图4–83所示，包括轿车、SUV、旅行车及跑车各系列。

4. 欧宝

OPEL在中国称为欧宝。德国欧宝公司是美国通用汽车公司的子公司，是通用汽车公司在欧洲的一个窗口。它由亚当·欧宝所创立，至今已有100多年历史。欧宝1993

图 4–83 雪佛兰车型系列

年进入中国，从 2015 年 1 月 1 日起欧宝中国开始停止在中国的销售业务，正式退出中国市场。

图 4–84 欧宝汽车标识

1862 年，亚当·欧宝在吕塞尔海姆创建了欧宝公司，公司最初生产缝纫机、自行车，1897 年开始生产汽车。1924 年，公司建成德国第一条生产汽车的流水线，使汽车产量猛增，在德国廉价车领域独占鳌头。1929 年公司 80% 的股份卖给了美国通用汽车公司，从此，欧宝汽车公司成为美国通用汽车公司在德国的子公司。

欧宝标识代表公司的技术进步和发展，又像闪电一样划破长空，震撼世界，喻示汽车如风驰电掣，同时也炫耀它在空气动力学方面的研究成就；文字“OPEL”是创始人阿德姆·奥贝尔的姓氏，如图 4–84 所示。

5. 大宇

大宇集团 1967 年由金宇中创建，初创时主要从事劳动密集型产品的生产和出口。20 世纪 70 年代侧重发展化学工业，20 世纪 80 年代后向汽车、电子和重工业领域投资，并参与国外资源的开发。大宇集团曾经为仅次于现代集团的韩国第二大企业，世界 20 家大企业之一。然而超速发展的背后，大宇背负了高额的债务。在 1999 年，经营不善、资不抵债的大宇集团不得不走上破产清算的一步。2000 年 11 月 8 日大宇汽车亦宣告破产。美国通用汽车公司又拾起了这个品牌，并于 2002 年 10 月 28 日在韩国首尔成立了“通用大宇汽车科技公司”。也就是说，现在看到的大宇已不是以前的“大宇”了，现在的大宇是“通用大宇”，属于通用汽车公司下的一个品牌。

大宇汽车使用形似地球和花朵的大宇商标，如图 4–85 所示。

图 4–85 大宇汽车标识

6. 庞蒂亚克

庞蒂亚克是美国通用汽车公司旗下的品牌之一，其前身是奥克兰汽车公司（Oakland），1931 年改为庞蒂亚克。庞蒂亚克是美国密西根州一座城市的名字。

1893 年，爱德华 · 墨非建立了“庞蒂亚克轻便马车公司”；1900 年起墨非致力于汽车研究，于 1907 年 8 月 28 日创立了奥克兰汽车公司；1908 年首次推出了奥克兰 K 型轿车，这种 4 缸轿车的功率在当时算是相当强劲的；1909 年 4 月 9 日，奥克兰加入通用汽车公司，并推出了奥克兰 6 缸轿车。1926 年 1 月在纽约汽车展览上，以“庞蒂亚克”命名的轿车“6 缸之冠”亮相，大受人们赞赏。因此，庞蒂亚克名声大振。1932 年起，总部“奥克兰” 名称退位，仅成为“庞蒂亚克汽车公司”之分部。

庞蒂亚克图形商标是带十字标记的箭头，如图 4–86 所示。十字形标记表示庞蒂亚克是通用汽车公司的重要成员，也象征庞蒂亚克汽车安全可靠；箭头则代表庞蒂亚克的技术超前和攻关精神。

图 4–86 庞蒂亚克汽车标识

2009 年，次贷危机爆发，受到冲击的通用公司为求美国联邦政府援助而宣布破产保护。旗下的数个品牌均宣布重整后取消，当中就包括庞蒂亚克，所有车型于 2010 年前全部停产。至此，达百年历史的美国传奇汽车品牌庞蒂亚克宣告消失。

7. 悍马

悍马汽车最早是美国 AMGeneral 公司（AMG）生产的，1999 年，通用汽车公司从 AMG 手中取得了悍马的商标使用权和生产权，其标识如图 4–87 所示。四川一家民企腾中重工机械有限公司在美国通用汽车公司“濒临崩溃边缘”之际，曾出手欲“收购”通用旗下的著名品牌“悍马”，但最终没有达成。经过几轮与潜在投资商的谈判，通用汽车表示，悍马品牌最终拯救无望，并于 2010 年 8 月底完全关闭。

图 4–87 悍马汽车标识

二、福特汽车

（一）福特汽车品牌历史

福特汽车公司是世界最大的汽车企业之一，由亨利·福特先生创立于 1903 年。凭借创始人亨利·福特的“制造人人都买得起的汽车”的梦想和卓越远见，福特汽车公司历经一个世纪的风雨沧桑，终于成为世界四大汽车集团公司之一。它拥有世界著名汽车品牌：福特（Ford）、林肯（Lincoln）和水星（Mercury）。此外，还拥有全球最大的信贷企业——福特信贷（Ford Financial）、全球最大的汽车租赁公司 Hertz 和客户服务品牌 Quality Care。2008 年经济危机时，福特是唯一一家没有经过国家救助而自己走出经济危机的汽车集团。

1908 年，亨利·福特推出了改变世界的 T 型车，它很快成为全美最畅销的汽车。1913 年，福特发明了现代工业革命史上具有里程碑意义的流水装配线，奠定了大规模生产方式的基础。1928 年，A 型车使福特从雪佛兰手中重新夺回了汽车销售量的头把交椅。在其 20 世纪如日中天的时候，福特、通用与克莱斯勒被认为是底特律的三大汽车生产商。这三家公司统治着美国汽车市场。福特汽车在美国汽车市场连续 75 年保持销售量第二名，仅次于通用汽车。

福特在中国的历史可以追溯到 1913 年，福特曾将大约 250 辆 T 型车销到中国。1978 年 6 月，亨利·福特二世拜见了邓小平，成为第一家在中国开拓业务的美国汽车制造商。

（二）福特汽车标识

福特汽车的标识采用福特英文 Ford 字样，蓝底白字。因为创建人亨利·福特喜欢小动物，所以标识设计者把福特的英文画成一只小白兔样子的图案，如图 4-88 所示。“Ford”犹如在温馨的大自然中，有一只可爱、温顺的小白兔正在向前飞奔，象征福特汽车奔驰在世界各地，令人爱不释手。

图 4-88　福特汽车标识

（三）福特汽车史名人

亨利·福特（Henry Ford）是美国汽车工程师与企业家，福特汽车公司的建立者。他也是世界上第一位使用流水线大批量生产汽车的人，他的生产方式使汽车成为一种大众产品，如图 4-89 所示。

图 4-89　亨利·福特

亨利·福特出生于美国密歇根州韦恩郡的史普林威尔镇，从小就对机械感兴趣，15 岁时他亲手造了一台内燃机。1879 年他离开家乡去底特律做机械师学徒工，1891 年成为爱迪生照明公司的一个工程师，1896 年制造了他的第一辆汽车，将它命名为“四轮车”。

此后，亨利·福特与一些其他发明家离开了爱迪生照明公司，一起成立了底特律汽车公司。但这家公司很快就倒闭了，因为福特一心只想研究新车而忽视了卖车。他的第二家公司——亨利·福特公司的主要产品是他的赛车，1901 年 10 月 10 日他甚至亲自开车获胜。但不久他的资助者就迫使他离开了公司，此后这家公司被改名为凯迪拉克。之后，福特又与 11 位其他投资者于 1903 年建立了福特汽车公司。

（四）福特产品系列及旗下品牌

1. 福特产品系列

当前，福特在我国销售的汽车主要包含三个车系：长安福特，进口福特以及江铃汽车。其中长安福特当前在售车型主要包括福克斯、蒙迪欧、锐界、嘉年华、翼虎、翼搏、福睿斯等车型，如图 4–90 所示。

图 4–90　长安福特车型系列

2. 野马

福特 Mustang，也称“野马”，是福特汽车公司旗下的传奇跑车品牌，其标识如图 4–91 所示。首款车型于 1964 年纽约世博会推出，上市第一年便达到 40 万销量，仅用 20 个月便完成百万销量。

被称为“Mustang 之父”的李 · 艾柯卡认为“Mustang 是野马，不是普通的赛马”，而设计师 Gene Halderman 也认为马头应当向左。向左的马头昭示着“冲向西部”的开拓精神。

3. 林肯

林肯是美国著名汽车企业福特公司旗下的一个豪华车品牌，创立于 1917 年，创始人为亨利 · 利兰，其品牌名称是以美国总统亚伯拉罕 · 林肯的名字命名的。商标是在一个矩形中含有一颗闪闪放光的星辰，如图 4–92 所示，表示林肯总统是美国联邦统一和废除奴隶制的启明星，也喻示林肯牌轿车光辉灿烂。1922 年 2 月 4 日，福特公司收购了林肯（Lincoln）品牌。

图 4–91 福特野马汽车标识

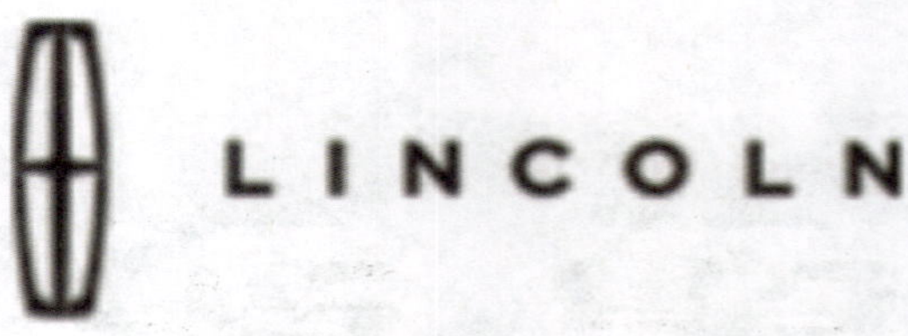

图 4–92 林肯汽车标识

自 1939 年美国总统富兰克林 · 罗斯福以来，由于林肯车具有杰出的性能、典雅的造型和无与伦比的舒适，一直被白宫选为总统专车。它最“出名”的一款车是肯尼迪总统乘用的检阅车。林肯品牌著名的产品有：MKC、MKZ、 大陆（Continental）、MKX、和领航员（Navigator）等系列，如图 4–93 所示。

图 4–93 林肯车型系列

4. 水星

水星品牌是福特汽车公司唯一自创的品牌。1935 年亨利 · 福特之子艾德塞尔 · 福特提议建立一条生产中档车的生产线。20 世纪 30 年代中期，福特汽车的管理层意识到在经济型的福特车和豪华的林肯车之间仍存在市场机会，于是在 1935 年开发出了水星品牌，进军中档车市场，1938 年 10 月正式推出水星产品。

水星汽车的标识如图 4–94 所示。福特水星（Mercury）车系是用太阳系中的水星作为车标，其图案是在一个圆中有三个行星运行轨迹，很容易让人联想到福特汽车具有太空科技和超时空的创造力。

图 4–94　水星汽车标识

1941—1945 年，由于第二次世界大战的影响，水星的生产被迫中断。1945 年，福特汽车成立了林肯 – 水星分部，由本森 · 福特掌管。1998 年，林肯 – 水星的总部迁往加利福尼亚州的阿尔文。水星一直是创新和富于个性的美国车的代表，是一款既与福特有关联又具鲜明个性的品牌，而且具有不同于所有其他品牌的卓尔不群的风格。

三、克莱斯勒汽车

（一）克莱斯勒汽车品牌历史

克莱斯勒汽车公司（Chrysler Corporation）是美国第三大汽车制造企业，公司总部设在密歇根州海兰德帕克。1925 年，沃尔特 · 克莱斯勒脱离通用汽车公司，自行创设了克莱斯勒汽车公司。同年，该公司买下了马克斯韦尔汽车公司，1928 年又买下了道奇兄弟汽车公司。1936—1949 年，克莱斯勒曾一度超过福特汽车公司，成为美国第二大汽车公司，但 20 世纪 50—60 年代初，生产处于滑坡，60 年代中期，公司经过改组稳住阵脚。1974 年以后，克莱斯勒公司的业务又走下坡路，1978 年出现严重的亏损，1980 年濒临破产。最后，由于政府给予 15 亿美元的联邦贷款保证，才使克莱斯勒汽车公司免于倒闭，1982 年开始扭亏为盈。

进入 20 世纪 90 年代，出于共同抵御东南亚金融危机、低成本扩张的目的，1998 年 5 月 7 日，戴姆勒 – 奔驰正式宣布与克莱斯勒合并，开始了长达 9 年的“联姻”。在经济危机袭来、西方汽车业普遍不景气的时期，他们的合作成为行业佳话。但好景不长，这一完全由戴姆勒 – 奔驰首席执行官于尔根 · 施伦佩主导的宣称为“平等”的合并从一开始就隐藏着欺骗、争夺和失控的因素。2007 年 7 月 3 日，欧盟正式批准戴姆勒 – 克莱斯勒公司以 74 亿美元的价格，将旗下克莱斯勒公司 80.1% 的股份出售给美国瑟伯勒斯资本管理公司。戴姆勒 – 克莱斯勒公司 2007 年 10 月 4 日发表公报更名为戴姆勒股份公司（Daimler AG），正式结束了戴姆勒 – 克莱斯勒公司的历史。

克莱斯勒（中国）汽车销售有限公司成立于 2005 年 9 月，是戴姆勒 – 克莱斯勒股份公司的全资子公司。克莱斯勒（中国）汽车销售有限公司经营克莱斯勒集团在中国进口产品的品牌、进口业务、分销、网络发展和售后服务。2006 年 9 月 15 日，戴姆勒 – 克莱斯勒及其长期合作伙伴北京汽车工业控股有限公司的合资企业北京奔驰 – 戴姆勒 – 克莱斯勒汽车有限公司（简称 BBDC）新工厂举行落成庆典，宣布生产克莱斯勒 300C。2006 年 11 月 8 日，国产克莱斯勒 300C 在全国上市。

（二）克莱斯勒汽车标识

克莱斯勒汽车采用的最新标识如图 4–95 所示。

（三）克莱斯勒汽车史名人

沃尔特 · 克莱斯勒（Walter Chrysler）是克莱斯勒汽车公司的创始人，如图 4–96 所示，1875 年 4 月 2 日出生于堪萨斯沃米戈一个铁路技师的家庭。

图 4–95 克莱斯勒汽车标识

图 4–96 沃尔特 · 克莱斯勒

离开学校之后，克莱斯勒成为美国联邦太平洋铁路在伊里斯的一名机械工人的学徒。18 岁时，他设计了一辆小型的蒸汽机车。33 岁时，克莱斯勒成了芝加哥大西方铁路的一万名雇员的负责人，他是曾经获得该职位的最年轻的领导人。但是，克莱斯勒仍然没有停止进取。后来，克莱斯勒成为了别克公司的总裁，帮助通用汽车在当年赚取了 4800 万美元的利润。后来他受聘于马克斯威尔公司（Maxwell），并于 1924 年推出非常有名的“克莱斯勒 6 号”车型，广受消费者的欢迎，成为当时美国畅销车型。在马克斯维尔汽车公司的债权银行帮助下，1925 年，克莱斯勒汽车公司诞生，紧接着相继推出的“克莱斯勒 4 型”和“亨利 5 型”两款新车，销量颇佳。

“一个美国工人的一生”，这是沃尔特 · 克莱斯勒对自己的评价。就是这个铁路技工出身的美国工人，凭着对事物的好奇心和对技术永不满足的创新精神，缔造了今天美国三大汽车巨头之一的克莱斯勒集团。

（四）克莱斯勒产品系列及旗下品牌

1. 克莱斯勒产品系列

目前，克莱斯勒在我国销售的车型包括 300C 和大捷龙两款车型，如图 4–97 所示。

图 4–97 克莱斯勒产品系列

2. 道奇

道奇品牌的创始人是一对出生在美国密歇根州的兄弟，约翰·道奇（John Dodge）和霍瑞德·道奇（Horade Dodge），如图 4–98 所示。1886 年，道奇全家移居底特律，开始了他们的创业之路。约翰·道奇和霍瑞德·道奇兄弟曾是亨利·福特的股东和董事，他们的工厂起初为福特汽车生产零件。由于福特的成功，道奇兄弟亦因此获益，并开始发展自己的公司，成为福特的对手。道奇兄弟 1919 年脱离福特公司。1928 年，克莱斯勒出手收购了道奇兄弟公司，道奇兄弟公司（Dodge Brothers Co.）成了克莱斯勒公司的一个分部。

道奇商标采用道奇兄弟的姓氏“Dodge”，图形商标如图 4–99 所示。道奇发展到如今已经拥有多个车型系列，主要包括：Charger、Challenger、Journey、Grand Caravan、Durango、Viper、Dart 等。

图 4–98 道奇兄弟

图 4–99 道奇汽车标识

3. 吉普

吉普（Jeep）是一个品牌，也是一种车型，世界上第一辆吉普越野车——威利斯是

1941 年在第二次世界大战中为满足美军军需生产的，如图 4–100 所示。该车一经诞生，便成为胜利与自由的象征，声名赫赫。因此“不是所有吉普都叫 Jeep”。克莱斯勒公司作为吉普的鼻祖，单独拥有这一注册商标（如图 4–101 所示）。

图 4–100　世界第一辆吉普——威利斯

图 4–101　吉普汽车标识

1945 年，搭载 2.2L 直列四缸汽油发动机和先进分时四驱系统的威利斯 MB，凭借各种过硬指标成为一台真正全地形的四驱车。4×4 的技术牢牢地树立了吉普品牌在民用越野车领域无可争议的领导者。1963 年，美国“婴儿潮”时期，吉普推出了首款全尺寸豪华四驱车瓦格尼尔，点燃了流行至今的 SUV 热潮。1975 年，第一代切诺基将 SUV 的豪华感提升到新的高度。同时，它也是第一次提出“Sport Utility Vehicle”概念的代表车型。1987 年 8 月 5 日，广受欢迎的吉普品牌成为克莱斯勒有限公司一分子。在克莱斯勒管理下，推出牧马人，并将第二代切诺基引入中国，革命性地占领了 4×4 技术领域市场，成为家喻户晓的 SUV。

2015 年，广汽菲亚特克莱斯勒汽车销售有限公司正式成立，进一步推动了吉普国产进程，第一款国产车型全新吉普自由光上市。吉普在我国销售的车型有进口的大切诺基、牧马人、自由光及国产的自由光、自由侠等，如图 4–102 所示。

图 4–102　吉普车型系列

四、特斯拉汽车

（一）特斯拉的故事

特斯拉汽车公司（Tesla Motors）成立于2003年，总部设在美国加利福尼亚州的硅谷地带。特斯拉最初的创业团队主要来自硅谷，用IT理念来造汽车，而不是以底特律为代表的传统汽车厂商的思路。因此，特斯拉造电动车，被看作是一个硅谷小子大战底特律巨头的故事。

1990年末，通用汽车研发出EV-1，并作为第一款量产电动汽车投放市场，续航里程140 km。由于投入与产出比不高，在生产了2000多辆之后，通用汽车于2002年宣布放弃。事后，参与EV-1项目的工程师艾尔·科科尼（Al Cocconi）在加利福尼亚州创建了一家电动汽车公司AC Propulsion，并生产出仅供一人使用的铅酸电池车T-Zero。AC Propulsion公司经营陷入困境时，一名来自硅谷的马丁·艾伯哈德（Martin Eberhard）工程师为之投资15万美元。作为交换，他希望科科尼尝试用数千块笔记本电脑的锂电池作为T-Zero的动力。换用锂电池后，T-Zero的续航里程超过了480km。艾伯哈德劝说AC Propulsion公司为他造一辆这样的车，但科科尼无意成立汽车公司。艾伯哈德于是决定自己来。硅谷工程师、资深车迷、创业家马丁·艾伯哈德在寻找创业项目时发现，美国很多停放超级跑车的私家车道上经常还会出现丰田混合动力汽车普锐斯（Toyota Prius）的身影。他认为，这些人不是为了省油才买普锐斯，普锐斯只是这群人表达对环境问题不满和想要做出改变的愿望的方式。于是，他有了将跑车和新能源结合的想法，而客户群就是这些有环保意识的高收入人士和社会名流。

2003年7月1日，马丁·艾伯哈德与长期商业伙伴马克·塔彭宁（Marc Tarpenning）合伙成立了特斯拉（TESLA）汽车公司，并将总部设在美国加利福尼亚州的硅谷地区。成立后，特斯拉公司开始寻找高效电动跑车所需的投资和材料，最终找到AC Propulsion公司。2004年2月，埃隆·马斯克向特斯拉投资630万美元，但条件是出任公司董事长、拥有所有事务的最终决定权，而马丁·艾伯哈德作为特斯拉公司之父任公司的CEO。2008年10月，第一批Tesla Roadster下线并交付使用。2010年6月，特斯拉登陆纳斯达克，成为目前唯一一家在美国上市的纯电动汽车独立制造商。2012年6月22日，在加利福尼亚州Fremont的特斯拉工厂，全新电动车系列“Model S”首辆电动跑车上市。

（二）特斯拉汽车标识

特斯拉汽车标识如图4-103所示。TESLA这个名称来源于埃隆·马斯克最崇拜的科学怪才尼古拉·特斯拉——出身于塞尔维亚的举世著名的大发明家。众所周知，爱迪生发明了直流电让全人类进入电气时代，而特斯拉的交流电技术才是迄今广为使用的输电形式。因此，马斯克以特斯拉来命名他的纯电动汽车，是希望这款电动汽车能最终改变人们的未来生活。

图 4-103 特斯拉汽车标识

（三）特斯拉汽车史名人

1. 马丁·艾伯哈德

马丁·艾伯哈德是特斯拉电动汽车（Tesla Motors）的联合创始人和第一任首席执行官（CEO），如图 4-104 所示。马丁·艾伯哈德 1960 年 5 月 15 日出生于美国加利福尼亚州的伯克利，从小就非常热衷于跑车，但同时对于美国石油对中东的进口依赖、全球气候变暖也有着深刻的担忧，这最终促使他与马克·塔彭宁共同创办硅谷第一家汽车公司——特斯拉。2009 年初，马丁·艾伯哈德成为大众汽车位于加利福尼亚帕洛阿尔托的电子研究实验室的电动车设计总监，直到现在。

2. 埃隆·马斯克

埃隆·马斯克（Elon Musk）1971 年 6 月 28 日出生于南非，18 岁时移民加拿大。他是工程师、慈善家，PayPal 贝宝（最大的网上支付公司）、特斯拉（Tesla）以及 SolarCity 四家公司的 CEO。同时，埃隆·马斯克还是 SpaceX 太空探索技术公司首席技术官，特斯拉（Tesla）产品设计师，如图 4-105 所示。

2010 年 12 月 8 日，马斯克的 SpaceX 太空探索技术公司研发的猎鹰 9 号火箭成功将“龙飞船”发射到地球轨道，这是全球有史以来首次由私人企业发射到太空，并能顺利折返的飞船。2012 年 5 月 31 日，马斯克旗下公司 SpaceX 的“龙”太空舱成功与国际空间站对接后返回地球，开启了太空运载的私人运营时代。2016 年 4 月 9 日凌晨 4 时 52 分，SpaceX 公司在大西洋上成功回收猎鹰 9 号一级火箭，这也是人类历史上首次在海上实现火箭回收。

马斯克不仅是个技术狂，也是个工作狂，一个疯狂的创业者，只要他看好的，他就会一直努力，直到达到目标。

图 4–104　马丁·艾伯哈德

图 4–105　埃隆·马斯克

（四）特斯拉产品系列及旗下品牌

目前，特斯拉对中国销售的车型有 Model S 和 Model X 两款，如图 4–106 和图 4–107 所示。

图 4–106　特斯拉 Model S

4–107　特斯拉 Model X

任务实施

为表 4–3 中的汽车标识填写正确的中文名称，选择其所属汽车集团，写出两个代表车型。

表 4–3　美国汽车品牌及厂商认识

序号	品牌标识	品牌名称	汽车厂商	代表车型或系列
1			□通用 □福特 □克莱斯勒	① ②
2	Jeep		□通用 □福特 □克莱斯勒	① ②

（续）

序号	品牌标识	品牌名称	汽车厂商	代表车型或系列
3	Ford		□通用 □福特 □克莱斯勒	① ②
4			□通用 □福特 □克莱斯勒	① ②
5			□通用 □福特 □克莱斯勒	① ②
6	LINCOLN		□通用 □福特 □克莱斯勒	① ②
7	CHRYSLER		□通用 □福特 □克莱斯勒	① ②
8			□通用 □福特 □克莱斯勒	① ②

任务小结

通过学习，我们对知名的美国汽车品牌的发展史已经有所了解，并且认识了这些品牌的标识以及识所蕴含的寓意。

任务 4 法国汽车厂商、品牌及名人认识

任务解析

法国汽车的最大特点是设计前卫，浪漫，操控性好，底盘扎实，突出人性化。那么，法国有哪些汽车厂商呢？他们创造了哪些汽车品牌？这些厂商和品牌背后又有哪些人和事？

资　讯

一、雷诺汽车

（一）雷诺汽车品牌历史

1898 年，路易·雷诺三兄弟在布洛涅 – 比昂古创建了雷诺公司。它是法国第二大汽车公司，世界上最悠久的汽车公司和世界十大汽车公司之一。

1898 年，路易·雷诺制造了“微型车”，该车应用了两项主要革新技术：万向轴和直档变速器。1902 年取得增压发动机的专利，1904 年发明第一个可抽取式火花塞，1912 年发明可拆卸式车轮。1914 年生产了 1200 辆出租车，运送 6500 名战士到马尔纳前线，为第一次世界大战中打败德国人做出了贡献。1924 年雷诺正式使用钻石形状的标识。1945 年雷诺被收归国有，成为雷诺国有公司。1975 年雷诺的年产量已达 150 万辆，其中大部分出口国外，雷诺公司成为了当时法国最大的汽车生产企业。20 世纪 80 年代初雷诺公司迅速发展，年产量高达 200 万辆以上。然而高速发展导致债台高筑，亏损严重。1984 年年产量猛跌到 30 万辆，企业岌岌可危。从 1985 年起，雷诺公司进行了一系列企业改革，推行了全面质量管理，并适时推出了多用途单厢车 Espace，也就是现今 MPV 车的鼻祖。1992 年起，雷诺重新成为私营企业。1999 年雷诺 – 日产联盟成立，如图 4–108 所示；同年获得对达契亚的绝对控股权。2000 年雷诺获得 70.1% 的三星汽车的股份，雷诺三星汽车成立。2008 年雷诺获得 Avto VAZ（俄罗斯第一大汽车制造商，拥有 Lada 品牌）的 25% 的股份。2010 年雷诺 – 日产联盟与戴姆勒集团建立战略伙伴关系，

图 4-108　雷诺－日产联盟

成为世界第三大汽车集团。2013 年与东风合资建立东风雷诺汽车有限公司。

（二）雷诺汽车标识

雷诺汽车商标是四个菱形拼成的图案，如图 4-109 所示，象征雷诺三兄弟与汽车工业融为一体，表示“雷诺”能在无限的（四维）空间中竞争、生存、发展。

2015 年雷诺公司公布了全新品牌标识及全新品牌口号“Passion for life（激情生活，无处不在）”，品牌标识组合也随之改变，如图 4-110 所示。在秉承雷诺历史基因的同时，新组合显得更加现代而自信。标识组合运用了专门设计的新字体，为品牌传播增添与众不同的色彩。雷诺黄变得更加明亮、温暖，呈现为标识右侧的一条垂直色带。更加精美的图形标识由此诞生，传递着未来数年雷诺产品的核心价值。

图 4-109　雷诺汽车标识

图 4-110　雷诺全新品牌标识组合

（三）雷诺汽车史名人

路易·雷诺，如图 4-111 所示，于 1877 年出生在富有的巴黎商人家里。他自学成才，在发明创造方面很有天分，1898 年与他的两个哥哥弗南德和马西尔共同建立了雷诺公司。路易·雷诺是小型汽车的先驱者，他开发出一系列的车型。他还建立了一个在规模上超过了欧洲竞争对手的工业帝国。

图 4-111　路易·雷诺

与世界上许多汽车公司的创始人一样，路易·雷诺也是一个对机械充满兴趣的人。1898 年创建雷诺公司时，路易·雷诺年仅 21 岁。当时工厂只有 6 名工人，一年仅生产 6 辆汽车。但路易·雷诺在创业的过程中充分发挥了他在机械方面的天赋，发明了直接传动系统和涡轮增压器。1907 年雷诺生产的出租车出现在伦敦和纽约街头。1914 年雷诺公司形成了大规模生产。

（四）雷诺产品系列及旗下品牌

东风雷诺汽车有限公司销售的车型如图 4–112 所示，包括科雷傲、科雷嘉、卡缤、风朗、纬度、塔利斯曼和梅甘娜 R. S. 等车型系列。

图 4–112 雷诺车型系列

二、标致汽车

（一）标致汽车品牌历史

1848 年，阿尔芒·标致家族在法国巴黎创建了一家工厂，主要生产拉锯、弹簧和齿轮等。1896 年，标致在蒙贝利亚尔创建了标致汽车公司。1976 年该公司与雪铁龙汽车公司组成标致 – 雪铁龙集团，是欧洲第三大汽车公司。

1889 年，第一辆以标致为名的汽车问世，这是标致汽车的元年，是汽车工业的里程碑。1932 年，标致 301 诞生，一经问世就风靡欧洲。1934 年，标致第一款硬顶折叠敞篷车诞生，从此，兜风成为当时最拉风的运动。1955 年，世界上第一款量产柴油轿车标致 403 问世，这一创举令燃油经济性与美学观赏性首次完美合一，堪称业界开山之作。

2002 年，正在加速全球化进程的法国标致 – 雪铁龙集团，与中国东风汽车公司签订了扩大合资协议。2003 年，东风标致品牌正式注册，风靡世界的标致品牌从此进入中国。

（二）标致汽车标识

标致汽车的徽标是一头站立的狮子，标致汽车发动机罩或前格栅上都能见到狮子的身影，并且经历了多次修改，如图 4–113 所示。2010 年，全新一代狮标（如图 4–114 所示）及全球品牌口号“Motion & Emotion（同心同行，标新致远）”发布，诠释了标致在产品和服务方面坚持的严谨态度和对消费者情感诉求的不断满足。

图 4–113　标致汽车徽标演变

图 4–114　标致汽车全新狮标

（三）标致汽车史名人

阿尔芒 · 标致，法国标致汽车品牌创始人，1849 年 3 月出生，从小就对机械和经营充满了浓厚的兴趣，成年之后接过了公司的管理权，如图 4–115 所示。1889 年对标致来说，是具有历史意义的一年，第一辆以标致命名的汽车问世。阿尔芒 · 标致与著名的蒸汽动力学专家莱昂 · 塞波莱合作，制造了一辆命名为“塞波莱 – 标致”的三轮蒸汽动力机车，在 1889 年庆祝法国大革命 100 周年的巴黎万国博览会上展出。

图 4–115　阿尔芒 · 标致

（四）标致产品系列及旗下品牌

标致汽车在中国通过东风标致的管理渠道，在我国销售进口车型如图 4–116 所示，包括 RCZ 和 4008 两个系列；国产车型如 4–117 所示，有 3008、2008、508、408、308S、308、301 和罗兰 · 加洛斯等多款车型。

图 4–116 标致进口车型

图 4–117 东风标致系列车型

三、雪铁龙汽车

（一）雪铁龙汽车品牌历史

1900 年，时年 22 岁的安德烈 · 雪铁龙从波兰获得了一份用于人字形齿轮加工的切割专利，紧接着，这位毕业于综合工科学校的年轻人创办了雪铁龙齿轮厂。1919 年雪铁龙汽车公司成立，开始了它在汽车行业孜孜不倦的追求。

在 1924 年 10 月的汽车展上，安德烈 · 雪铁龙推出了法国第一辆全钢车身的汽车——B10。1934 年 4 月 18 日，安德烈 · 雪铁龙向世界展示了一款前轴驱动车型，世界汽车历史也由此从后驱车迈向了前驱车时代。每一个时代，雪铁龙都有惊世之作。1976 年，雪铁龙公司有较大变动，法国标致公司掌控了雪铁龙 89.95% 的股份，兼并了历史悠久的雪铁龙公司。自此，雪铁龙成为法国标致 – 雪铁龙集团（PSA）成员之一，但它仍然有很大的独立性，其经营活动仍然由自己把握。

（二）雪铁龙汽车标识

2009 年 2 月初，雪铁龙在巴黎举行盛大仪式，正式发布其全新品牌标识。新的品牌标识仍以双人字标为基础，同时整体采用富有金属感的色泽，轮廓更加立体圆润，极富时尚、现代气息。双人字造型是雪铁龙标识永恒的主题，以此纪念发明了人字形齿轮传动系统的雪铁龙创始人安德烈·雪铁龙，如图 4-118 所示。与新标识同期发布的还有雪铁龙全新的品牌口号——Créative Technologie（创新的技术）。全新品牌标识和口号的发布，体现了雪铁龙这一拥有 90 年光辉历史的全球著名品牌迎来了新的发展阶段。

（三）雪铁龙汽车史名人

1878 年 2 月 5 日，安德烈·雪铁龙在法国巴黎出生，大学就读于巴黎综合工科学院，如图 4-119 所示。22 岁那年他去波兰外婆家探亲度假，途中因注意到一个装置上按“人”字形拼成的齿轮而得到灵感，回来后发明了人字形齿轮传动系统，并获得专利。1913 年，他创立了自己的公司，专门从事齿轮传动机的生产。

图 4-118　雪铁龙汽车最新标志

图 4-119　安德烈·雪铁龙

对于法国人而言，安德烈·雪铁龙已经超越了普通的企业家。他是伟大的技术革新者，也是代表法国创新精神的梦想家。安德烈改变了法国的汽车仅仅能卖给少数贵族的销售理念；他让欧洲汽车工业进入流水线大批量生产的时代；他是全世界最早利用广告来销售汽车的人；他驾驶汽车远征世界，他甚至建立欧洲到北京的陆路连接线；他是第一款无车架、承载式车身量产车型之父。

（四）雪铁龙产品系列及旗下品牌

目前，在我国销售的雪铁龙车型如图 4-120 所示，包括进口的 C4 PICASSO、GRAND C4 PICASSO 和 C4 AIRCROSS；国产雪铁龙包括 C3-XR、C4 世嘉、C4L、C5、C6、爱丽舍、经典世嘉等系列。

图 4-120 雪铁龙系列车型

任务实施

为表 4-4 中的汽车标识填写正确的中文名称，选择其所属汽车集团，写出两个代表车型。

表 4-4 法国汽车品牌及厂商认识

序号	品牌标识	品牌名称	汽车厂商	代表车型或系列
1			□ 雷诺 □ 标致 – 雪铁龙集团	① ②
2	CITROËN		□ 雷诺 □ 标致 – 雪铁龙集团	① ②
3			□ 雷诺 □ 标致 – 雪铁龙集团	① ②

任务小结

通过学习，我们对知名的法国汽车品牌的发展史已经有所了解，并且认识了这些品牌的标识以及所蕴含的寓意。

任务 5 欧洲其他汽车厂商、品牌及名人认识

任务解析

除了德国和法国的汽车厂商以外，欧洲还有哪些知名的汽车厂商？他们创造了哪些汽车品牌？这些厂商和品牌背后又有哪些人和事？

资　讯

一、菲亚特汽车

（一）菲亚特汽车品牌历史

菲亚特汽车公司（F. I. A. T.）是意大利著名汽车制造公司，世界十大汽车公司之一，成立于 1899 年，总部位于意大利工业中心皮埃蒙特大区首府都灵，由乔瓦尼·阿涅利创立。菲亚特作为超过百年历史的经典品牌一直被视为完美汽车的缔造者。

1900 年菲亚特第一家工厂在但丁路落成，拥有 150 名雇员，生产 24 辆车。1922 年林格多工厂竣工，该工厂在是当时欧洲规模最大的，成为意大利汽车工业的象征。1923 年，乔瓦尼·阿涅利担任 CEO，在这期间诞生众多车型，其中包括第一辆四座轿车 509。1937 年，米拉菲奥里工厂开始建造，并引进最先进的生产管理模式以批量生产。1953 年，第一辆装配菲亚特 1400 柴油发动机的车辆诞生。1979 年，菲亚特汽车有限公司成立，对法拉利所控的股份从 50% 增加到 87%。1984 年公司接管了阿尔法·罗密欧品牌，并在 1993 年并购玛莎拉蒂。1999 年 4 月，南京菲亚特成立，菲亚特首次以合资企业的形式进入中国。2007 年 12 月，与南汽集团的合作关系正式终止。2010 年 3 月，菲亚特与广汽集团共同组建广汽菲亚特。2014 年 1 月，菲亚特完成了对克莱斯勒集团的全面收购，跻身全球第 7 大汽车制造商。合并后的菲亚特克莱斯勒集团更名为菲亚特克莱斯勒汽车公司（FCA）。

（二）菲亚特汽车标识

菲亚特公司的标识几经变迁，如图 4-121 所示。百年诞辰之际，菲亚特 Idea 公司

标识更新为圆形，标志着汽车设计更加关注技术和智能化，力求生活简单化。2007年，博悦成为第一款使用菲亚特最新标识的车型，是公司转型的有形标志，如图4-122所示。

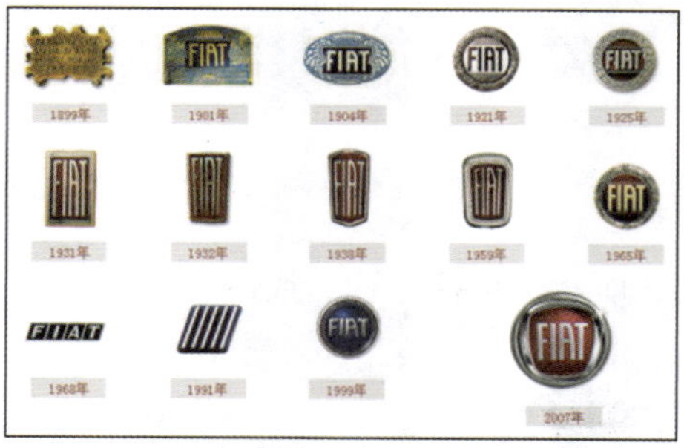

图4-121　菲亚特汽车标识变迁

图4-122　菲亚特汽车最新标识

（三）菲亚特汽车史名人

1. 老乔瓦尼·阿涅利

乔瓦尼·阿涅利生于1866年是意大利企业家，菲亚特汽车公司创始人，如图4-123所示。他是20世纪前半期意大利最重要的企业家。他早年在军事学院学习，后在军队中服役，1890年后退役，经营汽车业。1899年他创立意大利都灵汽车制造厂（即菲亚特汽车公司），不久该公司成为国际著名的汽车公司。1945年4月意大利民族解放委员会罢免了他和菲亚特公司所有高级管理人员的职务，他随即死去。该公司直到1966年才还给阿涅利家族。

图4-123　老乔瓦尼·阿涅利

图4-124　小乔瓦尼·阿涅利

2. 小乔瓦尼·阿涅利

1921年3月12日，小乔瓦尼·阿涅利出生于意大利都灵市，如图4-124所示。其家族世代从事工商业。他的祖父老乔瓦尼·阿涅利在1899年与人合伙创立了菲亚特公司。乔瓦尼曾获得都灵大学的法学文凭，因此意大利报刊常称他为“律师”。

在小乔瓦尼的领导下，菲亚特的汽车产业已经成为欧洲汽车巨头企业，旗下有法拉利、玛莎拉蒂、阿尔法·罗密欧等品牌，航空、电信、保险、金融、传媒等领域也稳居霸主地位。阿涅利一生致力于体育运动，尤文王朝便是他一手打造的，他作为幕后老板让法拉利在 F1 赛场上呼风唤雨。阿涅利家族能从意大利的“贵族”演变成全欧洲的“王族”，小阿涅利功不可没。

（四）菲亚特产品系列及旗下品牌

1. 菲亚特产品系列

目前，菲亚特在我国销售车型如图 4–125 所示，包括菲翔、致悦和 500 三个系列。

（1）菲翔　　（2）致悦　　（3）500

图 4–125　菲亚特系列车型

2. 法拉利（Ferrari）

法拉利是意大利汽车生产商，1929 年由恩佐·法拉利（Enzo Ferrari）创办，公司总部在意大利的马拉内罗（Maranello），主要制造一级方程式赛车、赛车及高性能跑车。法拉利是世界闻名的赛车和运动跑车的生产厂家，早期的法拉利赞助赛车手及生产赛车，1947 年独立生产汽车。菲亚特拥有法拉利 90% 的股权，但法拉利却能独立于菲亚特运营。

伴随着线条动人、马力惊人、颜色引人的法拉利赛车转战各地的“跃马”车徽，也有一段感人的故事。一位在第一次世界大战中捐躯的意大利空军英雄 Francesco Baracca 的双亲，看见法拉利赛车所向无敌的神采，感觉这车正是爱子英灵依托的堡垒，于是恳请法拉利将原来绘在其爱子座机上的“跃马”标志镶嵌在法拉利车系上，以尽爱子巡曳地平线的壮志。法拉利欣然答应了这个请求，并在“跃马”的顶端，加上意大利的国徽为“天”，再以“法拉利”横写字体串连成“地”，最后以自己故乡蒙达那市的代表颜色——黄色，渲染全幅而组合成“天地之间，任我驰骋”的法拉利车徽，如图 4–126 所示。

恩佐·法拉利是法拉利汽车公司的创始人，他在汽车制造业享有盛誉，人称“赛车之父”，如图 4–127 所示。恩佐·法拉利毕其一生致力于提高赛车的性能，以不断夺取桂冠。恩佐·法拉利亲手创办了法拉利车队，自 1950 年起，参与一级方程式的比赛。从 1950 年 F1 大奖赛创办时起就开始参赛的法拉利车队，是 F1 车坛的一块“活化石”，

图 4–126　法拉利汽车标识

图 4–127　恩佐 · 法拉利

在半个多世纪时间里，法拉利人见证了 F1 大奖赛的兴衰变迁。

3. 阿尔法 · 罗密欧

阿尔法 · 罗密欧是意大利著名的轿车和跑车制造商，创建于 1910 年，总部设在米兰，公司原名伦巴第汽车制造厂。1916 年，出身于那不勒斯的尼古拉 · 罗密欧（Nicola Romeo）入主该车厂，并将自己的家族姓氏融入到车厂名称中，从而成为今日的阿尔法·罗密欧，1986 年公司被菲亚特集团收购。

1910 年，当阿尔法 · 罗密欧创立的时候，创立者综合两种米兰市的标识而创造了一个徽标：红色的十字是米兰城盾形徽章的一部分，用来纪念古代东征的十字军骑士；吃人的龙形蛇图案则来自当地一个古老贵族家族的家徽。两个代表米兰传统并且在意义上没有关联的标识组合成为一体，成为汽车界最著名的标识之一。后来被加进去的阿尔法 · 罗密欧和米兰的字样以及间隔花纹，在百余年的发展历史中也不断发生着细微的变化。最近一次变化发生在 1971 年，龙形蛇变得简洁抽象，标识的风格也现代化了，阿尔法与罗密欧之间的连字符被取消，最重要的是 “MILAND” 字样不见了，如图 4–128 所示。

图 4–128　阿尔法 · 罗密欧汽车标识

4. 玛莎拉蒂

阿尔菲力·玛莎拉蒂集团公司（Officine Alfieri Maserati）于 1914 年 12 月 1 日在意大利博洛尼亚成立。从此，玛莎拉蒂就一直在跑车的文化及发展历史中发挥着重要作用。“玛莎拉蒂”这个名字来源于意大利王国时期的铁路工人鲁道夫·玛莎拉蒂、卡罗莱纳·罗西和他们的七个孩子。鲁道夫是个具有创新天赋与能力的人，对速度的执着与热爱在玛莎拉蒂兄弟之间一脉相承。长子卡罗率先介入机械设计领域。17 岁时，他设计了自己的第一台单气缸发动机，并装在自行车上，因此赢得了 1900 年的拉力赛。在都灵，他利用业余时间设计了一款全新的单气缸发动机，装在木制的汽车底盘上。在某种意义上，这可以视为第一辆玛莎拉蒂的诞生，从那时起，它就是时代的领跑者。

1914 年，玛莎拉蒂兄弟共同创立了阿尔菲力·玛莎拉蒂集团公司，新公司以汽车改装为主营业务，1925 年更名为 Societa Anonima Officine Alfieri Maserati 公司，同时公司开始使用三叉戟作为公司标识。公司在 1926 年制造出了 Tipo 26，这是第一辆纯粹的玛莎拉蒂车，也是第一辆带有三叉戟标志的赛车。

玛莎拉蒂汽车的标识是在树叶形的底座上放置的一支三叉戟，这是公司所在地意大利博洛尼亚市的市徽，相传是罗马神话中的海神纳普秋手中的武器，显示出海神巨大无比的威力。玛莎拉蒂世界代表着非凡的精致、永恒的风格和强烈的情感，最重要的是，代表着梦想成真，如图 4–129 所示。1993 年菲亚特收购玛莎拉蒂，但品牌得以保留。

MASERATI

图 4–129　玛莎拉蒂汽车标识

目前，玛莎拉蒂在我国销售的车型包括 Ghibli 轿车、总裁轿车、Levante、GT 跑车及 GranCabrio 敞篷跑车等系列。

5. 蓝旗亚

蓝旗亚（LANCIA）是菲亚特集团旗下的品牌之一，以生产豪华蓝旗亚轿车为主。它是意大利一个历史悠久的著名品牌，在世界豪华车市场占有重要的一席之地。

蓝旗亚汽车公司建于 1906 年，创始人是文森佐·蓝旗亚，总部设在意大利工业城市都灵。文森佐·蓝旗亚生于 1881 年，早年受雇于都灵的切拉诺汽车厂。后来切拉诺汽车厂被菲亚特公司接管，蓝旗亚也随之转入菲亚特公司。1906 年蓝旗亚离开菲亚特公司，在都灵开设了自己的汽车工厂，命名为蓝旗亚公司。

LANCIA 在意大语中的意思是“长矛”，蓝旗亚的车标以长矛作为标识的主题，代表了企业奋斗的精神，加上公司英文名称，简洁地体现了“蓝旗亚”的全部意义，表现出蓝旗亚公司争强好胜、勇于拼搏与创业的精神，如图 4–130 所示。

图 4–130 蓝旗亚汽车标识

虽然蓝旗亚对于我们是一个比较陌生的品牌，但是蓝旗亚一直是意大利政府的官车，意大利总统、总理的座驾也是蓝旗亚，是菲亚特高档轿车的烫金标志。

二、沃尔沃汽车

（一）沃尔沃汽车品牌历史

沃尔沃是瑞典著名汽车品牌，1924 年由阿瑟 · 格布尔森和古斯塔夫 · 拉尔森创建，该品牌汽车是目前世界上最安全的汽车。从诞生伊始，沃尔沃汽车就在不断创造新的历史。1927 年 4 月 27 日，沃尔沃第一款系列车型 ÖV4 Jakob 在哥德堡工厂下线，标志着沃尔沃汽车的诞生。

1936 年古斯塔夫 · 拉尔森制定了基于安全的核心品牌价值：车是由人来驾驶的，因此沃尔沃所做的一切都遵循一条原则，那就是并且必须永远是：安全。1959 年，沃尔沃工程师尼尔斯 · 博林发明汽车三点式安全带，沃尔沃成为全球首个把三点式安全带作为标准配置的汽车厂商，并将这项专利无偿开放给整个汽车工业。1966 年，沃尔沃 144 被评为“全球最安全车型”。1967 年，首个后向式儿童座椅面世。1976 年，沃尔沃成为全球第一个使用催化式排气净化器和氧气传感器的汽车厂商，带有氧传感器的三元催化转换器将有害废气排放降低 90%。1994 年 1 月 27 日，沃尔沃汽车中国代表处在北京成立。1999 年，福特汽车公司收购沃尔沃汽车公司。2006 年，沃尔沃发明了盲点信息系统（BLIS）。2008 年，City Safety 城市安全系统诞生；同年，沃尔沃汽车在上海成立沃尔沃汽车销售（上海）有限公司。2010 年，划时代安全科技——带全力自动制动的行人探测系统诞生。

2010 年 8 月，随着浙江吉利控股集团正式收购沃尔沃汽车 100% 的股权，沃尔沃汽车成为首个由中国人拥有的豪华汽车品牌。沃尔沃汽车隶属于吉利控股集团，但独立运营。作为一个全球知名品牌，沃尔沃汽车从未停下发展的步伐。2013 年 11 月，沃尔沃的成都工厂在中国开业，制造的第一辆车就是沃尔沃 S60L，该款长轴距车型专为中国市场量身打造。此外，沃尔沃汽车集团还于 2013 年开设了一家位于张家口的发动机工厂，并计划在大庆开办第二家汽车制造厂。沃尔沃还在上海创建了研发中心。沃尔沃在中国的工厂完全按照沃尔沃汽车的制造标准和程序运营，与欧洲工厂完全相同。同时，多款全新、改款车型全面登陆中国，极大地改善了产品阵容和配置。

（二）沃尔沃汽车标识

沃尔沃所拥有的充满力量感的标识，一直为人们所喜爱。该形状代表的是坚韧和正直。“沃尔沃”（VOLVO），也译为“富豪”。沃尔沃（VOLVO）汽车标识由图标和文字商标两部分组成。沃尔沃图形车标是由双圆环组成车轮的形状，并有指向右上方的箭头。中间的拉丁语文字“VOLVO”，是滚滚向前的意思，寓意着沃尔沃汽车的车轮滚滚向前和公司兴旺发达、前途无量，如图 4–131 所示。

图 4–131　沃尔沃汽车标识

（三）沃尔沃汽车史名人

1. 阿瑟 · 格布尔森

阿瑟 · 格布尔森（图 4–132）是瑞典沃尔沃汽车公司创始人。阿瑟 · 格布尔森生于 1891 年。1924 年 7 月 25 日，阿瑟 · 格布尔森与沃尔沃的另一位创始人古斯塔夫 · 拉尔森在瑞典斯德哥尔摩商定成立一家公司，生产瑞典人自己的轿车。

2. 古斯塔夫 · 拉尔森

古斯塔夫 · 拉尔森（图 4–133），生于 1887 年，瑞典企业家、工程师，瑞典沃尔沃汽车公司创始人。1913 年就读于斯哥德尔摩皇家技术学院，1917 年在哥德堡的 SKF 轴承公司任职，1920 年任职于斯哥德尔摩的加尔科公司，1924 年与阿瑟 · 格布尔森一起创立沃尔沃公司。

3. 尼尔斯·博林

尼尔斯·博林（图 4–134），瑞典人，生于 1920 年 6 月 17 日。1958 年他受雇于沃尔沃汽车公司，成为该公司的首席安全工程师，负责沃尔沃汽车的安全设计。1959 年，他发明了全球车坛最重要的发明之一的“V 形三点式安全带”。这种安全带能在事故中完全固定支撑乘客的身体，挽救了数十万人的生命，甚至协助数百万人避免受伤，或是减轻事故中所受到的伤害。正因如此，“三点式安全带”成为汽车历史中最重要的单项安全发明。

图 4–132　阿瑟·格布尔森

图 4–133　古斯塔夫·拉尔森

图 4–134　尼尔斯·博林

（四）沃尔沃产品系列及旗下品牌

沃尔沃汽车集团生产众多不同类别的汽车，包括四门轿车、旅行车、旅行轿车、越野车以及 SUV，如图 4–135 所示。

图 4–135　沃尔沃系列车型

三、帕加尼汽车

（一）帕加尼汽车品牌历史

帕加尼是世界知名的超级跑车制造商，公司创始人为奥拉西欧·帕加尼。与大名鼎鼎的法拉利一样，诞生于素有超跑之乡美誉的意大利小镇摩德纳。帕加尼所生产的超级跑车以极致的性能、大量采用纯手工打造的精湛工艺、高昂的售价以及按订单生产的稀有产量闻名于世。

帕加尼亚洲首家展厅位于上海时尚地标新天地湖滨路，于2015年10月隆重开幕。同时，帕加尼也发布了其为中国市场订制、极具东方特色、全球限量3台的车型——Huayra Dinastia，可见其对中国市场的重视。

（二）帕加尼汽车标识

帕加尼标识是由创始人奥拉西欧·帕加尼的名字加上品牌的诞生地摩德纳的英文名组成的，标识的背景设计得很有汽车工艺的感觉，如图4-136所示。

图4-136　帕加尼汽车标识

（三）帕加尼汽车史名人

奥拉西欧·帕加尼是兰博基尼公司的跑车设计师，后来成立了自己的摩德纳设计工作室，如图4-137所示。奥拉西欧·帕加尼1955年11月10日出生于阿根廷，从小他就对汽车表现出了浓厚的兴趣。12岁那一年，他就制作出一辆银色GT车的模型，16岁又制造了一辆迷你摩托车。随后，他进入大学学习工业设计及机械工程。1977年，帕加尼在阿根廷开设了自己的工作室。第一年，他设计制造了一辆大篷车和拖车，第二年又制造了一辆完整的F2单座跑车。从那时起，帕加尼开始接收其他大汽车公司的项目。他为雪佛兰皮卡设计了一辆野营车，为福特F100皮卡、雪佛兰夏安、丰田Hilux、标志504设计了玻璃纤维外壳。后来，奥拉西欧·帕加尼奔赴位于摩德纳城郊的超级跑车兰博基尼公司，从组装工人干起，他不仅参与兰博基尼著名的Diablo跑车设计，更率先指出碳纤维将是未来造车科技中最重要的材料。不到10年，他便成立了自己的摩德纳设计工作室，并在范吉奥的鼎力相助下，顺利获得AMG最顶尖发动机。1999年正式推出了帕加尼Zonda，2011年推出的第二个全新车系帕加尼Huayra。

图4-137　奥拉西欧·帕加尼

（四）帕加尼产品系列及旗下品牌

帕加尼旗下代表车系有：1999 年正式发布的帕加尼 Zonda、2011 年推出的第二个全新车系帕加尼 Huayra。

四、阿斯顿·马丁

（一）阿斯顿·马丁汽车品牌历史

阿斯顿·马丁（Aston Martin）由莱昂内尔·马丁和罗伯特·班福德于 1913 年共同组建，公司当时的名称是班福德–马丁公司。马丁是一个赛车手，而班福德则是一名工程师，两人合作制造的高档赛车，如今已演变成为与奢华和优雅同名的经典跑车品牌。阿斯顿·马丁一直是造型别致、精工细作、性能卓越的运动跑车的代名词，被称为跑车中的劳斯莱斯。

1914 年，莱昂内尔·马丁在英国白金汉郡举行的阿斯顿·克林顿山山地汽车赛中取得胜利，“阿斯顿·马丁”由此得名。当年，第一辆阿斯顿·马丁下线并注册了名为“阿斯顿·马丁”的汽车品牌，经典的“阿斯顿·马丁”品牌由此诞生。1920 年，公司迁往肯辛顿。1939 年，阿斯顿·马丁 ATOM 问世。这款前卫的原型车采用早期的空间车架底盘和独立悬架，进一步证明了阿斯顿·马丁卓越的汽车工程技术。在整个 20 世纪 30 年代，公路车的产量不断增长，1937 年共生产了 140 辆跑车，创造了战前最高年产量记录。1954 年，公司将生产车间迁往 Newport Pagnell，从次年开始，这里就成为 DB2/4 的诞生地。1956 年、1957 年和 1958 年也是公司发展史上的里程碑，分别推出了 DBR1 赛车、DB MK III 和 DB4。阿斯顿·马丁 DB5 常常被誉为全世界最美丽的车型，于 1963 年正式投产。次年，DB5 在经典影片《金手指》中被选为詹姆斯·邦德的座驾，从此在汽车品牌与影视之间诞生了一段永恒的渊源，在流行文化中留下了永不磨灭的印记。

1994 年，阿斯顿·马丁成为福特汽车公司的全资子公司。2007 年，福特将阿斯顿·马丁以 9.25 亿美元卖给了科威特 Adeem Investment of Kuwait、Investment Dar 和英国商人 John Sinders 的合资公司。

（二）阿斯顿·马丁汽车标识

阿斯顿·马丁汽车标识为一只展翅飞翔的大鹏，喻示该公司像大鹏鸟一样，具有从天而降的冲刺速度和远大的志向；分别注有 ASTON MARTIN 英文字样，表明是一家“三结义”汽车公司。2003 年阿斯顿·马丁在公司成立 90 周年、英国戈顿新工厂成立等值得纪念的事件发生时，推出了如今人们看到的这款车标，新车标线条更加规整，边框及内部线条的雕琢也更加细致，如图 4–138 所示。

图 4–138 阿斯顿马丁汽车标识

图 4–139 莱昂内尔 · 马丁

（三）阿斯顿 · 马丁汽车史名人

莱昂内尔 · 马丁是英国企业家和赛车手，阿斯顿 · 马丁的创始人之一，如图 4–139 所示。莱昂内尔 · 马丁是一个富有的赛车手，1913 年开始与罗伯特 · 班福德合作制造高级赛车。最初，公司的名字是班福德 – 马丁公司。1914 年他们生产出自己的第一辆汽车。马丁曾驾驶自己制造的赛车在阿斯顿 · 克林顿山举行的山地汽车赛中获胜，为了纪念胜利，1923 年马丁把公司和自己的产品都改名为阿斯顿 · 马丁。

（四）阿斯顿 · 马丁产品系列及旗下品牌

阿斯顿 · 马丁目前生产销售的车型有：VANTAGE、DB11、DB9、RAPIDE S、VANQUISH 等系列，如图 4–140 所示。

图 4–140 阿斯顿 · 马丁系列车型

任务实施

为表 4–5 中的汽车标识填写正确的中文名称及所属汽车集团，写出两个代表车型。

表 4–5 欧洲其他汽车品牌及厂商认识

序号	品牌标识	品牌名称	汽车厂商	代表车型或系列
1				① ②
2				① ②

（续）

序号	品牌标识	品牌名称	汽车厂商	代表车型或系列
3				① ②
4				① ②
5				① ②
6				① ②
7				① ②
8				① ②

任务小结

通过学习，我们对欧洲其他国家的汽车品牌的发展史已经有所了解，并且认识了这些品牌的标识以及所蕴含的寓意。

任务 6 中国汽车厂商、品牌及名人认识

任务解析

2015 年，我国汽车产销量双超 2450 万辆，创全球历史新高，连续 7 年蝉联全球第一，中国汽车市场已经成为名副其实的全球最大市场。目前，我国自主品牌有哪些？

资　讯

一、中国一汽

（一）一汽品牌历史

中国第一汽车集团公司（原第一汽车制造厂），简称“一汽”，企业品牌“中国一汽”，总部位于长春。1953 年 7 月 15 日，第一汽车制造厂破土动工，1956 年建成并投产，开创了中国汽车工业新的历史。新中国汽车工业从这里起步。2011 年 6 月 28 日，根据国务院国资委的要求，中国一汽进行主业重组，成立中国第一汽车股份有限公司。

一汽经过 60 多年的发展建设，企业面貌发生了翻天覆地的变化。从生产单一的中型卡车，发展成为中、重、轻、微、轿、客多品种、宽系列、全方位的产品系列格局；产量从当初设计年产 3 万辆生产能力，发展成为年产百万辆；企业结构基本实现了从工厂体制向公司体制的转变；资本结构实现了从国有独资向多元化经营的转变；经营市场实现了从单一国内市场经营向国内、国外两个市场经营的转变。逐步形成了东北、华北、华南和西南四大基地，形成了立足东北、辐射全国、面向海外的开放式发展格局，已成为中国最大的汽车企业集团之一。

（二）一汽标识

中国一汽视觉识别系统的核心要素，以“1”字为视觉中心，由“汽”字构成展翅的鹰形，构成雄鹰在蔚蓝天空的视觉景象，寓意中国一汽鹰击长空，展翅翱翔。如图 4–141 所示。

企业旗帜是一汽的象征和标志，如图 4–142 所示。在公司和所属企业所在地悬挂

公司旗帜，在举行重大庆祝、纪念活动、大型文化、体育活动、大型展览会和涉外活动中，可以升挂公司旗帜。

（三）一汽车史名人

饶斌（1913—1987）是中国汽车工业的奠基人，享有“中国汽车之父”的盛誉，吉林省吉林市人。1953 年 7 月，是他把第一锹黑土抛向毛泽东亲自题词的一汽建设奠基石；又是他接受了生产红旗轿车的任务；1964 年，他又奉命到武当山下，主持创建二汽，成功地领导建成两座大型汽车厂。他带领一汽的第一代创业者，用 3 年的时间，高速度、高质量建成中国第一座汽车制造厂，结束中国不能生产汽车的历史。1956 年 7 月 14 日，一汽总装线上开出由中国人自己制造的第一批解放牌载货汽车，结束了中国不能自己制造汽车的历史，如图 4–143 所示。

图 4–141　一汽标识

图 4–142　一汽企业旗帜

图 4–143　饶斌

（四）一汽产品系列及旗下品牌

2010 年 4 月 23 日，中国一汽在第十一届北京国际车展上隆重举行了“品牌战略发布会”，对中国一汽品牌战略及未来发展规划做了详尽阐述。

中国一汽品牌架构如图 4–144 所示，“中国一汽”为中国第一汽车集团公司企业品牌，下辖“中国一汽”和“红旗”两个品牌。“中国一汽”品牌涵盖红旗品牌之外的一汽自主乘用车和商用车，旗下整车品牌如图 4–145 所示，其中自主乘用车产品线包括“一汽奔腾”“一汽威志”“一汽夏利”“一汽森雅”等；商用车产品线品牌包括“一

图 4–144　一汽品牌架构

汽解放”“一汽佳宝”等。“红旗”品牌定位于高端乘用车和多功能车，主要包括基于L豪华车、H高档车两大平台系列产品。一汽乘用车系列车型如图 4-146 所示。

图 4-145　一汽整车品牌

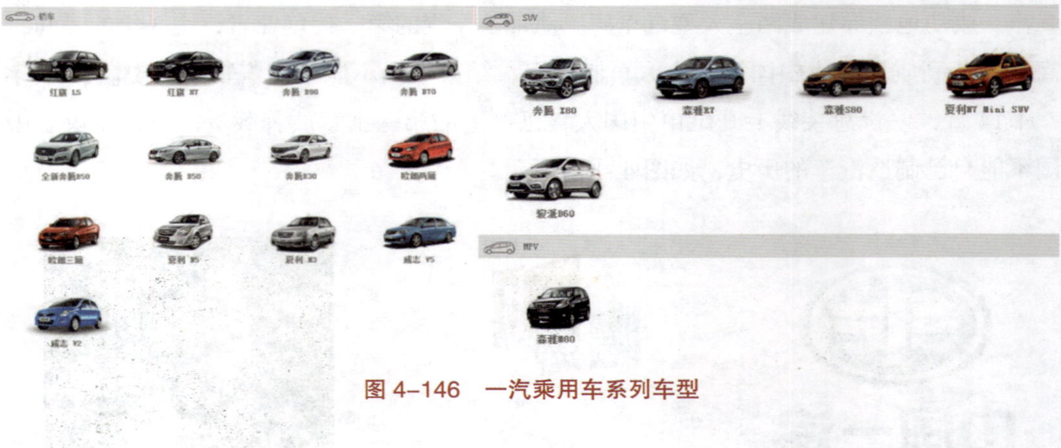

图 4-146　一汽乘用车系列车型

二、上汽集团

（一）上汽品牌历史

上海汽车集团股份有限公司（简称“上汽集团”），总部位于上海，主要业务涵盖整车（包括乘用车、商用车）、零部件（包括发动机、变速器、动力传动、底盘、内外饰、电子电器等）的研发、生产、销售，物流、车载信息、二手车等汽车服务贸易业务，以及汽车金融业务。

上海汽车修配业的形成是上海汽车工业形成发展的内部渊源。1901 年，上海首次出现了两辆奥兹莫比尔汽车，成为中国最早使用汽车的城市。至 20 世纪 40 年代，上海已有 3 万辆汽车，品牌遍及世界主要汽车厂商，被称为“万国汽车博览”。1910 年成立的法租界公董局机修厂（上海发动机厂前身）是当时上海最大的两个汽车修配工厂之一。随着国外汽车的进入，上海汽车修配业逐步发展起来。最早建立和比较重要的厂家有：宝昌号（上海科尔本施密特活塞有限公司前身）、杨福兴机器制造厂（上海汇众汽车制造有限公司汽车底盘厂前身）、郑兴泰汽配商号（上海汽车变速器有限公司前身）。至 1949 年，上海经营汽车修理商行近 200 家，从业人员 1200 人。其中，上海公共交通公司修造厂（原上海汽车发动机厂和上海客车制造公司前身）的技术装备和生产能力比较领先；扬子建业所属利威汽车公司（后为上海汽车厂）号称当时远东最大的汽车公司。1955 年 11 月，上海市内燃机配件制造公司成立，主管业务包括上海汽车零配件行业，上汽开始起步。

1956—1963 年，上海汽车零配件行业进行了四次结构调整，基本形成专业协作生产体系。同期，上汽相继研制成功汽车、摩托车和拖拉机，实现从修配业向整车制造业转折的历史性突破。1958 年 9 月 28 日，第一辆凤凰牌轿车在上海汽车装配厂试制成功，实现上海汽车工业轿车制造“零”的突破，形成中国轿车工业北有“红旗”，南有“凤凰”（后为“上海”）的格局。1964 年，凤凰牌轿车改名为上海牌轿车，至 1975 年形成 5000 辆年生产能力。上海成为中国批量最大的轿车生产基地之一。

（二）上汽标识

上汽集团企业的标识如图 4-147 所示。

图 4-147　上汽集团标识

（三）上汽产品系列及旗下品牌

上汽集团所属主要整车企业包括乘用车公司、商用车公司，合资品牌包括上海大众、上海通用、上汽通用五菱、南京依维柯、上汽依维柯红岩、上海申沃等，自主品牌有荣威、名爵、大通、跃进、五菱、宝骏等，如图 4-148 所示。

图 4-148　上汽旗下品牌

1. 荣威

上海汽车集团股份有限公司乘用车分公司成立于 2007 年，主要承担上汽集团自主品牌产品的研发、制造和销售，拥有荣威、MG 两大品牌。

荣威（ROEWE）的命名和标识图案充分体现经典、尊贵的气质，整体形象中西合璧，如图 4–149 所示。标识中两只站立的东方雄狮，狮子乃百兽之王，在中国文化中代表着吉祥、威严、庄重，同时在西方也是王者与勇敢的象征。双狮护卫着华表，华表是中华文化中的经典图腾符号，蕴含了民族的威仪，同时具有高瞻远瞩，祈福社稷繁荣、和谐发展的寓意。图案下方是用现代手法绘成的字母 RW 的融合，是品牌名称的缩写。英文命名“Roewe”源自西语词根 Loewe（狮子），综合了多种寓意融汇而成，以“R”为首意在传达创新与尊贵之意。中文命名“荣威”融入中国传统元素，体现了自强不息的精神和深厚的文化积淀，同时也传递出经典、尊贵的气度。其中，“荣”有荣誉、殊荣之意；“威”含威望、威仪及尊贵地位之意。荣威合一，体现了创新殊荣，威仪四海的价值观。

图 4–149　荣威汽车标识

图 4–150　罗孚汽车标识

荣威的由来——罗孚（Rover），如图 4–150 所示。有百年历史的罗孚品牌，一度是英国汽车工业的旗帜，这颗世界汽车品牌阵营中“皇冠上的珠宝”，在其发展过程中，经典迭出、载誉无数，成为当之无愧的“英国汽车工业的教父”。最早的“Rover”字样约于 1884 年首次出现在自行车上，意思为流浪者或领航员。1877 年，约翰 · 斯达雷和威廉姆 · 苏顿共同出资成立了罗孚公司，并开始研究自动交通工具。1904 年，罗孚汽车正式诞生，这辆 8 马力汽车是在英国设计制造的最早汽车之一，也是世界上第一辆具备中央底盘的汽车。1948 年，世界闻名的越野车品牌——路虎（Land Rover）诞生。

进入 21 世纪，罗孚开始结缘中国，以诞生中国第一辆小轿车而闻名于世的上海汽车果敢先行，大手笔收购罗孚 75 的全部知识产权及技术平台。2006 年，上海汽车基于罗孚 75 的技术核心，全新演绎英伦品质基因，全面汇融欧洲豪华车技术，并进行重新命名的中国汽车工业的第一个国际化品牌——荣威（ROEWE）辉煌诞生。

荣威旗下产品包括：轿车系列荣威 950、荣威 750、荣威 550、荣威 360 和荣威

350，如图 4–151 所示；新能源系列 e350、e360、e550、e750 和 e950，如图 4–152 所示；SUV 系列 RX5 和 W5，如图 4–153 所示。

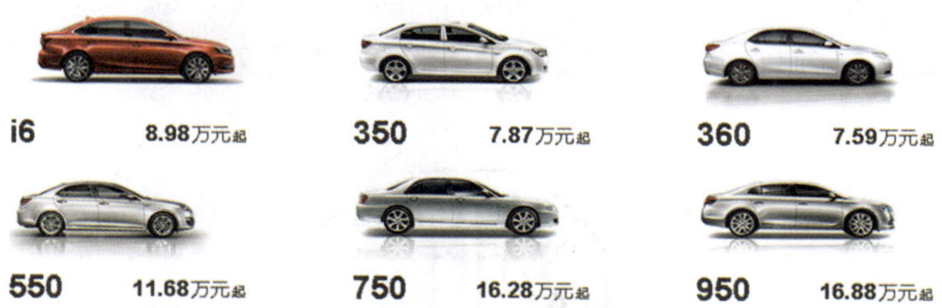

图 4–151　荣威轿车系列

图 4–152　荣威新能源系列

图 4–153　荣威 SUV 系列

2. 名爵

MG 之父是威廉 · 莫里斯是一个靠 4 英磅起家的英国伍斯特的自行车修理工，在 1910 年建立了莫里斯车库（Morris Garages），简称 MG。10 年后，他从汽车经销改为制造和研发。1920 年，第一辆莫里斯汽车在小镇考利被制造出来。至此，MG 走上了辉煌的汽车研发之路。MG 公司后与罗孚等大公司强强联合，成立了英国利兰集团。

2005 年 7 月 22 日，南京汽车集团有限公司成功收购了英国 MG 罗孚汽车公司及其发动机生产分部，开创了中国企业收购国外著名汽车企业的先例。2006 年 9 月 1 日，南汽名爵第一台经消化吸收先进技术工艺、自主研发的发动机下线。2007 年 3 月 27 日，备受瞩目的中国第一个国际汽车品牌——MG 名爵在南京震撼下线。2007 年 4 月，上海汽车集团有限公司（上汽集团）全面收购了南京汽车集团，成为 MG 品牌的新主人。

任凭光阴流转，MG 名爵的八角形徽标锋芒不减，其灵感取自欧洲教堂的穹顶，散发贵族传统的气质与灵性。近百年来，MG 名爵品牌坚守八角形徽章，并不断为它注入新鲜内涵，成就车迷们心中的魅力图腾。MG 名爵八角形徽标如图 4–154 所示。

图 4–154　名爵汽车标识

MG 旗下产品包括：名爵锐腾、名爵锐行、MG6、MG5 及 MG3 等系列车型，如图 4–155 所示。

图 4–155　名爵系列车型

三、长安汽车

（一）长安汽车品牌历史

长安汽车拥有 154 年历史底蕴，33 年造车积累，全球 12 个生产基地、32 个整车及发动机工厂，年产销汽车 295 万辆，员工 9 万人，是中国汽车四大集团阵营企业、中国品牌汽车领先企业。

长安汽车的前身是上海洋炮局，由洋务运动发起人李鸿章于 1862 年 12 月授命英国人马格里和中国官员刘佐禹在上海松江城外一所庙宇中创办。1865 年，迁到南京更名为金陵制造局，主要生产各种枪炮。1951 年，改名为长安机器厂。1983 年进入汽车行业。1957 年重庆兵工厂开始试制长江牌 46 型吉普车，并在 1958 年试制成功，参加了 1959 年的国庆阅兵仪式。1994 年，长安机器厂和江陵厂合并成立长安汽车有限责任公司。1984 年制造了中国第一辆微型汽车，2007 年点燃了中国第一台自主研制的氢内燃机。

今天的长安汽车，已进入中国汽车行业第一阵营，自主品牌产销量位居中国第一。

（二）长安汽车标识

长安汽车标识如图 4–156 所示，形似直立欲飞的翅膀形象，象征一种气势，一种信念以及高瞻远瞩、放眼未来的人生态度。标识的图案又似罗马数字 V，V 代表 5，而 5 在中国文化中主要体现为“五行学说”，即金木水火土形成一个完美的链条，体现其各方面紧密默契配合，动力源源不断的内涵。同时，在英语中，V 也是单词 Victory 的首字母，代表长安公司及其用户走向新的成功。

图 4–156　长安汽车标志

（三）长安汽车史名人

1. 李鸿章

李鸿章是晚清名臣，洋务运动的主要领导人之一，安徽合肥人，世人多尊称李中堂，如图 4–157 所示。1862 年 12 月李鸿章授命英国人马格里和中国官员刘佐禹在上海松江城外一所庙宇创办了上海洋炮局，后经迁址、改名、演变，于 1983 年进入汽车行业，并成立了长安汽车有限责任公司。

2. 马格里

马格里，英国人是后加入中国籍，爱丁堡大学医科毕业，如图 4–158 所示。1858 年随英国侵略军来华，任第 99 联队军医。1862 年，李鸿章授权马格里在淞江县的一个庙宇里筹建上海洋炮局，并于 1863 年 4 月建成。

图 4–157　李鸿章

图 4–158　马格里

（四）长安产品系列及旗下品牌

长安汽车秉承“美誉天下、创造价值”的品牌理念，提供令消费者惊叫的产品和服务。成功推出 CS、CX 系列、睿骋系列、逸动系列、悦翔系列、奔奔、欧诺、欧尚、欧力威等一系列经典产品，如图 4-159 所示。

图 4-159　长安汽车系列车型

四、东风汽车

（一）东风汽车品牌历史

东风汽车公司是中国四大汽车集团之一，总部位于武汉，其前身是 1969 年始建于湖北十堰的“第二汽车制造厂”，经过 40 多年的建设，已陆续建成了十堰、襄阳、武汉和广州四大基地。

2001 年 4 月，东风汽车有限公司宣告成立。2003 年 3 月，东风汽车公司回购东风汽车有限公司其他股东所持有的股权后，将东风汽车有限公司变更为东风汽车工业投资有限公司 2004 年，东风将旗下的东风汽车有限公司、神龙汽车有限公司、东风本田汽车有限公司、东风电动车辆股份有限公司、东风越野车有限公司等主要业务进行整合，成立了东风汽车集团股份有限公司。东风汽车集团股份有限公司拥有 14 家附属公司、共同控制实体及其他拥有直接股本权益的公司。

2007 年 7 月，东风汽车公司成立乘用车事业部（2008 年 8 月改称东风乘用车公司），开始发展自主品牌乘用车。2009 年 3 月，东风乘用车公司正式发布自主乘用车品牌——东风风神。

（二）东风汽车标识

东风品牌文字标识为“东风”，其图形为圆形中一对旋转的春燕，用写意的手法表现出“双燕舞东风”的意境，使人联想到东风送暖，春光明媚，生机盎然，以示企业欣欣向荣；看上去又像两个“人”字，蕴含着企业以人为本的管理思想；戏闹翻飞的春燕，又如滚滚向前的车轮，象征着东风汽车公司制造的汽车飞驰在神州大地，奔向全球，如图 4–160 所示。

图 4–160　东风汽车标识

（三）东风产品系列及旗下品牌

1. 东风乘用车

东风乘用车旗下有东风风神、东风风行、东风风度和东风风光四个子品牌，如图 4–161 所示。

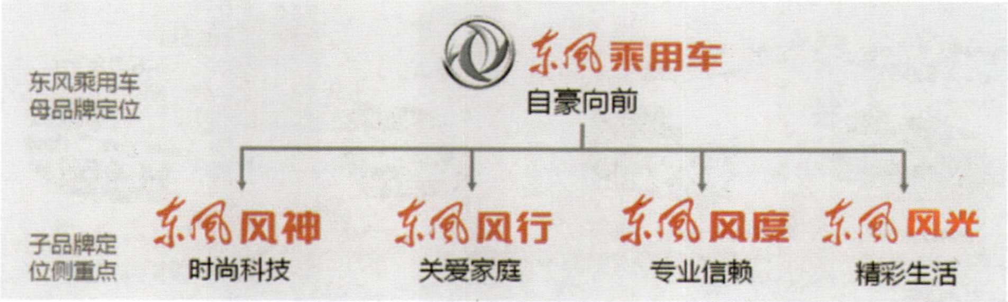

图 4–161　东风乘用车子品牌

东风乘用车子品牌的系列车型如表 4–6 所示。

表 4–6　东风乘用车子品牌及系列车型

品牌	系列车型
东风风神	A9、AX7、AX3、A60、L60、A30、S30、H30 CROSS
东风风行	菱智、景逸、CM7、S500、F600、SX6
东风风度	MX6
东风风光	580、370、360、360 欧洲柴油版、330

2. 启辰

2010 年 9 月 8 日，东风日产正式发布自主品牌“启辰”。以“蔚蓝星空，五星辉映”构成启辰标识的核心视觉，如图 4–162 所示。“蔚蓝星空”表达启辰立志高远，矢志不渝的无限追求。“五星辉映”诠释启辰更深层次的品牌内涵：以“共创价值，共谋福祉”为企业使命；以“尊重中国主流消费者”为造车原点；以“臻于至善的践行精神”为行动纲领；以“整合世界级先进技术”为品质基石；以“为中国消费者开启愉悦高品质汽车生活”为终极梦想。

图 4–162　启辰汽车标识

目前，启辰产品线包括两厢车 R30、R50、R50X 系列，三厢车 D50 系列，SUV 系列 T70、T70X 和 T90，纯电动的启辰晨风，如图 4–163 所示。

图 4–163　启辰系列车型

3. 纳智捷

2010 年 12 月 14 日，东风裕隆汽车有限公司成立，位于杭州萧山的临江工业园。“裕隆”是台湾最大的汽车生产厂商，二者的结合，是国内自主品牌车企的强强联合，拥有“纳智捷”品牌。纳智捷的英文商标 LUXGEN 是将 Luxury 与 Genius 这两个字融合在一起，Luxury 意指豪华，而 Genius 则为智慧。简单而言，LUXGEN 所要传达的理念是：以前瞻科技创造豪华舒适的驾乘感受。而 L 型车标既是 LUXGEN 的缩写，又是中文“人”字的行楷写法变形，代表纳智捷立足中国文化，以用户为本的设计理念，如图 4–164 所示。

目前，纳智捷投产车型包括轿车、SUV 和 MPV，如图 4–165 所示。

LUXGEN

图 4–164　纳智捷汽车标识

图 4–165　纳智捷系列车型

五、广汽集团

（一）广汽品牌历史

广州汽车集团股份有限公司创立于 2005 年 6 月 28 日，集团旗下拥有广汽乘用车、广汽本田、广汽丰田、广汽三菱、本田（中国）、广汽客车、广汽日野等数十家知名企业。

（二）广汽标识

2010 年，广汽集团全新标识正式启用。新标识的启用不仅仅是一个视觉符号的诞生，也是对“至精 · 志广”的全新演绎，更是一个全新世代的开启——“G”世代，如图 4–166 所示。广汽乘用车也采用了和广汽集团相同的标识，如图 4–167 所示。

（三）广汽产品系列及旗下品牌

广汽乘用车秉承“为亲人造好车，让世界充满爱”的理念，形成了广汽传祺品牌核心竞争力和体系优势，其标识如图 4–168 所示。自 2014 年下半年开始，陆续推出了 GA3S、GS5 Super、GA6、GS4、GA8 等传统动力车型和 GA5 PHEV 等新能源车型，如图 4–169 所示。

图 4-166　广汽集团标识　　图 4-167　广汽乘用车标识　　图 4-168　广汽传祺标识

图 4-169　广汽传祺系列车型

六、北汽集团

（一）北汽品牌历史

北京汽车集团有限公司（简称“北汽集团），成立于 1958 年，是中国主要的汽车集团之一。自 1958 年北京汽车制造厂生产出北京第一辆汽车——“井冈山”牌轿车以来，北汽集团先后自主研制生产了中国第一代轻型越野车 BJ212 和新一代轻型载货车 BJ130，建立了中国汽车工业第一家整车制造合资企业——北京吉普汽车有限公司。经过 50 多年的发展，北汽集团拥有包括乘用车、越野车、商用车、新能源汽车等多个专业研发机构和附属公司，拥有“北京”“绅宝”“昌河”“福田”等自主品牌，先后引进“现代”“梅赛德斯 - 奔驰”“铃木”等国际品牌。

（二）北汽标识

北汽集团的品牌标识将“北”字作为设计的出发点，“北”既象征了中国北京，又代表了北汽集团，体现出企业的地域属性与身份象征。同时，“北”字好似一个欢呼雀跃的人形，表明了“以人为本”是北汽集团永远不变的核心。它传承与发展了北汽集团原有形象，呈现出一种新的活力，表达了北汽集团立足北京，放眼全球的远大目标。标识中的“北”字，犹如两扇打开的大门，它是北京之门、北汽之门、开放之门、未来之门，标志着北汽集团更加市场化、集团化、国际化，与集团全新的品牌口号“融世界创未来”相辅相成，表示北汽集团将以全新的、开放包容的姿态启动新的品牌战略，如图 4-170 所示。

图 4-170　北汽集团标识

（三）北汽产品系列及旗下品牌

1. 北京

北京汽车 50 余年的越野车开发和生产历史，雄厚的技术研发实力，在国内越野车领域处于绝对领先地位。自第一代 BJ212、第二代勇士、勇士改进型，在国内越野车领域有着不可替代的地位，并且作为军车亮相了 1984 年以来的历次“大阅兵”，一系列荣誉稳固了北汽“越野世家”的地位。目前，销售的车型有 BJ80、BJ40L 和 BJ40 系列，如图 4-171 所示。

图 4-171　北京越野车系列

2. 绅宝

2009 年，北京汽车以 2 亿美元成功收购萨博核心知识产权，一度改变了中国单纯以市场换技术的被动局面，实践了新的技术发展路线。

“绅宝”一词最早出现在香港汽车杂志里，是瑞典豪华车品牌 Saab 萨博的香港译名，在 20 世纪 90 年代初引入国内时与奔驰、宝马等高档车齐名，其产品出众的性能更是为其赢得了“前驱之王”的赞誉。萨博开创了多个汽车技术史上的先河，诸如“首个将航空涡轮增压发动机技术应用到民用车”“后轮随动转向系统”“驯鹿角安全车身”，其在技术、安全方面的执着追求使其成为瑞典皇室用车。北京汽车以“绅宝”命名中高端品牌，既“传承有序”，是对北京汽车收购萨博核心知识产权最好的说明；

也是北京汽车秉承萨博对技术、对性能、对安全执着追求造车理念的最佳诠释。目前，北汽绅宝有 X35、X25、X55、X65、D20、D50、D70、D80 和 CC 各系列车型，如图 4–172 所示。

图 4–172　绅宝系列车型

3. 昌河

江西昌河汽车有限责任公司（简称“昌河汽车”）坐落在千年瓷都景德镇，孕育于 1969 年组建的昌河军用直升机工业。2013 年昌河汽车重组进入“北汽集团”，定位为北汽集团南方基地、节能环保车型战略基地和新能源汽车发展基地。昌河汽车于 1973 年生产出第一辆“昌河”牌大客车，1982 年成功研制出中国第一辆微型汽车，1995 年引进“铃木”国际品牌进军乘用车领域，2003 年推出第一款自主品牌乘用车产品。昌河汽车品牌标识如图 4–173 所示。

昌河汽车现有主要产品包括北斗星系列多功能轿车、利亚纳系列经济型轿车、福瑞达系列紧凑型 MPV 和微型客货车及 Q25 和 Q35 系列 SUV 等，如图 4–174 所示。

图 4–173　昌河汽车标识

图 4–174　昌河汽车系列车型

七、奇瑞汽车

（一）奇瑞汽车品牌历史

奇瑞汽车股份有限公司成立于 1997 年 1 月 8 日，总部位于安徽省芜湖市，9 年蝉联中国自主品牌销量冠军，成为中国自主品牌中的代表。1999 年 12 月 18 日，第一辆奇瑞轿车下线。2007 年 8 月 22 日，奇瑞公司第 100 万辆汽车下线，标志着奇瑞已经实现了通过自主创新打造自主品牌的第一阶段目标。

（二）奇瑞汽车标识

2013 年 4 月 16 日，奇瑞发布了全新标识。奇瑞全新标识并没有经过全新的设计，而是在现有标识基础上进行了改进。奇瑞新标识以一个循环椭圆为主题，由三个字母“C”“A”“C”组成，是 Chery Automobile Company 的缩写。中间镶有钻石状立体三角形，主色调银色代表着质感、科技和未来。中间的钻石形构图，代表了奇瑞汽车对品质的苛求，并以打造钻石般的品质为企业坚持的目标。蓬勃向上的人字形支撑，则代表了奇瑞汽车执着创新、积极乐观、乐于分享的向上能量，支撑起品质、技术、国际化的奇瑞汽车不断前行，同时人字形代表字母 A，喻示奇瑞汽车追求卓越和领先的决心和激情，如图 4-175 所示。

CHERY

图 4-175　奇瑞汽车标识

（三）奇瑞产品系列及旗下品牌

目前，奇瑞汽车投放市场的整车有艾瑞泽、瑞虎、风云和 QQ 等系列车型，如图 4-176 所示。

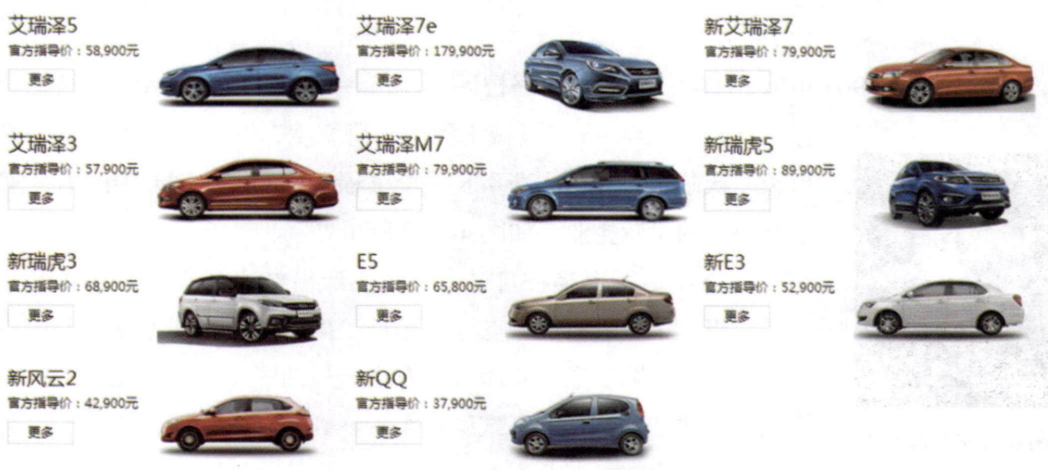

图 4-176　奇瑞系列车型

八、吉利汽车

（一）吉利汽车品牌历史

浙江吉利控股集团始建于1986年，1997年进入汽车行业，总部设在杭州，旗下拥有吉利汽车、沃尔沃汽车、伦敦出租车等品牌。截至2015年底，吉利汽车累计社会保有量超过400万辆，吉利商标被认定为中国驰名商标。

1986年11月6日，李书福以研发、生产冰箱配件为起点，开始了吉利创业历程。1989年，转产高档装璜材料，研制出第一张中国造镁铝曲板。1994年，进入摩托车行业，当年生产出中国第一辆豪华型踏板式摩托车。1996年5月，成立吉利集团有限公司，走上了规模化发展的道路。1997年，进入汽车产业，成为中国第一家民营轿车企业。1998年8月8日，吉利集团生产的第一辆汽车（豪情两厢车）在浙江临海基地下线，开启中国民营造轿车的先河。2001年，吉利集团正式获得国家汽车公告，成为中国首家获得轿车生产资格的民营企业。2010年8月，吉利完成对福特汽车公司旗下沃尔沃轿车公司的全部股权收购。2015年11月18日，吉利汽车在广州车展前夕正式发布了新能源汽车发展战略——“蓝色吉利行动”，公司将加快从传统汽车向新能源汽车转型，并致力于成为中国领先的新能源汽车公司。

（二）吉利汽车标识

吉利汽车新标识以帝豪标识为基础，融入了原有吉利标识的蓝色，寓意着吉利品牌集聚既往精华，在演进中获得新生，如图4–177所示。

图4–177 吉利汽车新标识

（三）吉利汽车史名人

李书福是1963年出生于浙江省台州市路桥区，1996年湖北经济管理大学财经系毕业生，燕山大学95届机械工程硕士研究生，浙江吉利控股集团董事长、沃尔沃轿车公司董事长。李书福白手起家，创办中国第一家生产轿车的民营企业，如图4–178所示。

图4–178 李书福

1986年，李书福在自己研发、生产出电冰箱关键零部件蒸发器后，组建了黄岩县北极花电冰箱厂，生产北极花牌电冰箱。1993年，李书福收购了浙江临海一家有生产权的国有邮政摩托车厂，并率先研制成功四冲程踏板式摩托车。不到一年的时间，摩托车销量不仅占据国内踏板车龙头地位，还出口美国、意大利等32个国家。1994年，摩托车生意红火的李书福做出一个惊人的决定：造汽车。1996年5月，成立吉利集团有限公司，走上了规模化发展的道路。1997 年，进入汽车产业。

（四）吉利产品系列及旗下品牌

2014 年 4 月 18 日，吉利发布新时期的品牌战略。在新的品牌架构下，吉利将已有的帝豪、全球鹰、英伦三个子品牌汇聚为统一的吉利品牌，如图 4–179 所示。过渡期内，已有子品牌及其所属产品仍在吉利母品牌下进行推广，全新产品则以吉利品牌系列面市，并悬挂统一的新标识。同时渠道也将相应优化整合，以统一形象和产品组合为消费者提供优质服务。目前，吉利已经拥有了远景、金刚、自由舰、熊猫、帝豪、英伦、豪情、博瑞、博越等一系列的车型，如图 4–180 所示。

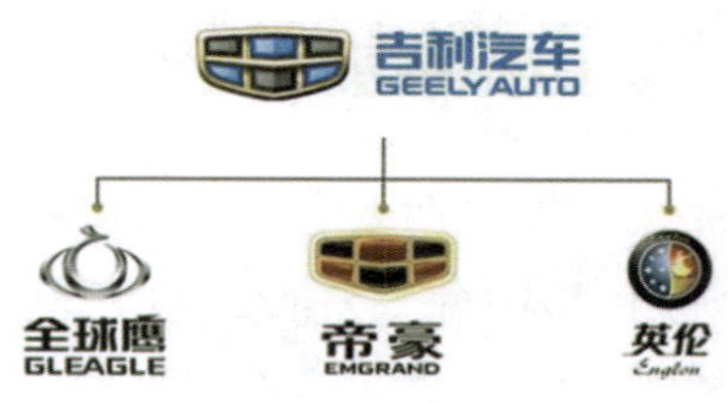

图 4–179 吉利新品牌架构

图 4–180 吉利系列车型

九、比亚迪汽车

（一）比亚迪汽车品牌历史

比亚迪股份有限公司创立于 1995 年，公司总部位于深圳，是一家拥有 IT、汽车及新能源三大产业群的高新技术民营企业。

2003 年，比亚迪收购西安秦川汽车有限责任公司（现“比亚迪汽车有限公司”），正式进入汽车制造与销售领域。发展至今，比亚迪已建成西安、北京、深圳、上海、长沙五大汽车产业基地，在整车制造、模具研发、车型开发等方面都达到了国际领先水平，产业格局日渐完善，并已迅速成长为中国最具创新的新锐品牌。2008年10月6日，比亚迪收购了半导体制造企业宁波中纬，整合了电动汽车上游产业链，加速了比亚迪电动车商业化步伐。2008年12月15日，全球第一款不依赖专业充电站的双模电动车——比亚迪F3DM双模电动车在深圳正式上市。作为比亚迪的首款SUV，比亚迪S6于2010年9月份上市。2011年9月26日，比亚迪G6在长沙首站上市。2012年8月21日，旗下全新车型比亚迪速锐正式上市。2016年3月31日，比亚迪秦EV300上市。

（二）比亚迪汽车标识

比亚迪的标识用三个字母和一个椭圆组成，BYD的意思是build your dreams，即为成就梦想，如图4–181所示。

图4–181　比亚迪汽车标识

图4–182　王传福

（三）比亚迪汽车史名人

王传福（图4–182）是安徽省芜湖市无为县人，1966年2月15日出生，1987年毕业于中南大学冶金物理化学专业，同年进入北京有色金属研究总院攻读硕士，1990年毕业后留院工作，1995年辞职，创办比亚迪公司，短短几年时间，发展成为中国第一、全球第二的充电电池制造商，2003年进入汽车行业，现为比亚迪股份有限公司董事局主席兼总裁、比亚迪电子（国际）有限公司主席。

（四）比亚迪产品系列及旗下品牌

比亚迪汽车产品包括各种高、中、低端系列燃油轿车，以及双模电动汽车及纯电动汽车等。代表车型包括F3、F3R、F6、F0、G3、G3R、L3、G6、速锐等传统高品质燃油汽车，高端SUV车型S6、S7和MPV车型M6，以及领先全球的F3DM、F6DM、E6、E5、秦、唐、宋、元等新能源车型，如图4–183所示。

图 4-183　比亚迪系列车型

十、长城汽车

（一）长城汽车品牌历史

长城汽车股份有限公司成立于 1984 年，中国最大的 SUV 制造企业，其前身是保定市长城工业公司。目前，旗下拥有哈弗、长城两个品牌，产品涵盖 SUV、轿车、皮卡三大品类，拥有四个整车生产基地，具备发动机、变速器等核心零部件的自主配套能力。

（二）长城汽车标识

长城车标采用烽火台形象和剑锋箭头象征充满活力，也很像一个立体的“1”字，象征快速反应永争第一，如图 4–184 所示。

哈弗新的标识以“HAVAL”红底银色金属字组成，有 have all（无所不能）的含义，红色给人热烈、奔放、激情，同时也代表着中国品牌，整体长方造型，金属字体弧线突起，如图 4–185 所示。

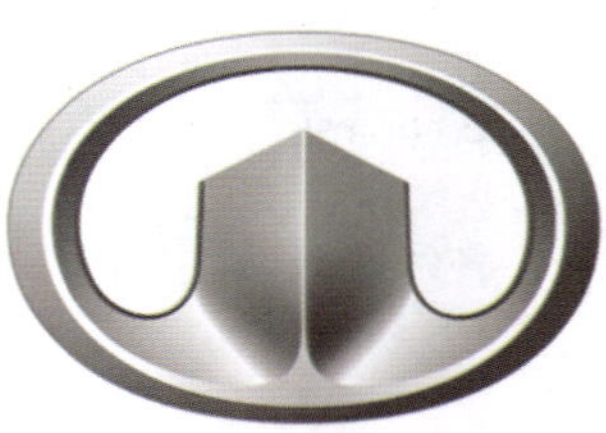

图 4–184　长城汽车标识

图 4–185　哈弗汽车标识

（三）长城产品系列及旗下品牌

1. 长城

目前长城在售车型包括 C30 轿车系列（图 4-186）和皮卡风骏。

图 4-186　长城轿车系列车型

2. 哈弗

长城哈弗 SUV 自 2005 年 6 月正式上市销售以来，取得了骄人的业绩，目前在售车型有 H1、H2、H5、H6、H7、H8、H9 等多款 SUV 车型，如图 4-187 所示。

图 4-187　哈弗系列车型

十一、华晨汽车

（一）华晨汽车品牌历史

华晨汽车集团控股有限公司简称“华晨汽车集团”，是 2002 年根据中央决定，经辽宁省政府批准设立的国有独资公司，总部坐落于沈阳市。华晨汽车集团以汽车整车、发动机、核心零部件的研发、设计、制造、销售和汽车售后市场业务为主体，涉及新能源等其他行业，打造了“中华”“金杯”“华颂”三大自主整车品牌以及“华晨宝马”合资整车品牌。

（二）华晨汽车标识

华晨汽车旗下“中华”“金杯”和“华颂”三大自主整车品牌的标识依次如图 4-188、图 4-189 和图 4-190 所示。

图 4-188　中华汽车标识　　图 4-189　金杯汽车标识　　图 4-190　华颂汽车标识

（三）华晨产品系列及旗下品牌

1. 中华

中华是集合全球领先技术、时尚优雅设计于一身的中高档自主汽车品牌，旗下拥有轿车、SUV 两大系列十余款车型，如图 4-191 所示。

图 4-191　中华系列车型

2. 金杯

金杯品牌诞生于 1989 年，系沈阳华晨金杯汽车有限公司旗下商用车品牌，自 1991 年正式投产至今，已拥有金杯海狮和阁瑞斯两大系列车型，如图 4-192 所示。

3. 华颂

2014 年 11 月 7 日，华晨汽车集团正式发布旗下全新品牌——华颂，旗下首款车型华颂 7 正式亮相，如图 4-193 所示。

图 4-192　金杯系列车型

图 4-193　华颂 7

十二、观致汽车

（一）观致汽车品牌历史

奇瑞和以色列量子集团合资建立的观致汽车成立于 2007 年 12 月，总部位于江苏常熟，运营中心位于上海，在德国慕尼黑以及中国上海设立设计中心、技术中心及工程研发中心，由来自全球的顶级设计师和工程师团队组成，团队成员大部分都曾在大众、通用、欧宝、沃尔沃、萨博、福特、宝马等知名汽车企业担任重要职位。观致汽车致力于设计和打造出达到甚至超越国际标准的中国汽车产品，塑造一个令中国消费者引以为傲、期待拥有的中国汽车品牌。第一款量产车型——观致 3 轿车于 2013 年 11 月底上市，第二款量产车型——观致 3 五门版于 2014 年 6 月底上市，第三款量产车型——观致 3 都市 SUV 1.6T 于 2014 年 12 月上市，2016 年 3 月观致 5 SUV 正式上市。

（二）观致汽车标识

观致以独特的方形标识设计打破了常规，使其与观致汽车公司独特的气质相吻合。标识的首字母 Q，代表品质（Quality），公司的英文名 QOROS 加入标识中。观致的方形标识代表了观致汽车的品牌愿景，同时，也象征了观致品牌的创新精神和积极的态度，如图 4–194 所示。

图 4–194　观致汽车标识

（三）观致产品系列及旗下品牌

观致汽车旗下共有 4 款产品，分别是观致 3 轿车、观致 3 五门版、观致 3 都市 SUV 和观致 5 都市 SUV，如图 4–195 所示。

图 4–195　观致系列车型

任务实施

1. 为表 4-7 中的汽车标识填写正确的中文名称。

表 4-7　中国汽车品牌及厂商认识

序号	品牌标识	品牌名称	序号	品牌标志	品牌名称
1			10		
2			11		
3	QOROS		12		
4			13	BYD	
5			14		
6			15		
7	LUXGEN		16	HAVAL	
8	MG		17		
9	CHERY				

2. 以小组为单位，选择一个国产品牌，通过 PPT 展示的形式，介绍你对该品牌发展的了解，同时介绍一款该品牌的在售车型，展示结束后回答教师和同学的提问，每组回答两个问题。各组 PPT 展示时间为 7min，回答问题时间为 3min。PPT 展示和回答问题分别由不同人完成。

检查与评价

教师和其他小组分别对展示小组点评（时间控制在1min以内），并根据评分表给予打分，并填入表4–8中。该小组的综合得分为各小组得分的平均值 ×0.4+ 教师评分 ×0.6。

表4–8 考核评分表

<table>
<tr><td colspan="2"></td><td>展示小组：第　组</td><td colspan="2">日期：</td></tr>
<tr><td>环节</td><td>重点</td><td>评价标准</td><td>分值</td><td>得分</td></tr>
<tr><td>计划</td><td>分工</td><td>人员分工明确，各项任务落实到人</td><td>10</td><td></td></tr>
<tr><td rowspan="4">实施</td><td>制作</td><td>PPT制作美观大方，思路清晰，条理性强，主题内容明确</td><td>10</td><td></td></tr>
<tr><td>风采</td><td>着装整洁，仪表端庄，表情和蔼可亲，自然真诚，姿态自然</td><td>5</td><td></td></tr>
<tr><td>语言表达</td><td>对展示内容陈述准确、恰当、语言流畅，条理清晰、逻辑合理，语音语调语气得当</td><td>20</td><td></td></tr>
<tr><td>时间</td><td>陈述时间分配合理、控制得当，每超出1min减1分</td><td>10</td><td></td></tr>
<tr><td rowspan="3">提问</td><td>风采展现</td><td>着装整洁，仪表端庄，表情和蔼可亲，自然真诚，姿态自然大方</td><td>5</td><td></td></tr>
<tr><td>语言表达</td><td>对展示内容陈述准确、恰当、语言流畅，条理清晰、逻辑合理，语音语调语气得当</td><td>20</td><td></td></tr>
<tr><td>准确</td><td>每题5分，回答正确得5分，回答错误不得分</td><td>10</td><td></td></tr>
<tr><td colspan="2">团队合作</td><td>整个任务过程中，小组成员全部参与，分工合作，任务完成良好</td><td>10</td><td></td></tr>
<tr><td colspan="3">合　计</td><td>100</td><td></td></tr>
</table>

任务小结

通过学习，我们对知名的中国汽车品牌的发展史已经有所了解，并且认识了这些品牌的标识以及所蕴含的寓意。

任务 7 亚洲其他汽车厂家与品牌认识

任务解析

亚洲是七大洲中面积最大，人口最多的一个洲。在亚洲除了中国和日本的知名汽车厂商和品牌外，还有哪些国家的汽车在世界上享有盛誉？

资 讯

一、塔塔汽车

（一）塔塔汽车品牌历史

塔塔汽车成立于 1945 年，是印度最大的汽车公司。隶属于由詹姆斯特吉 · 塔塔于 1868 年创立的塔塔集团，总部位于印度。塔塔汽车还是世界四大重型及中型卡车制造商之一，同时也是世界第四大中型及重型客车制造商。1991 年公司进入乘用车领域。

塔塔汽车前身为塔塔工程和机车公司，1954 年同德国戴姆勒 - 奔驰公司签订 15 年的合作协议，开始生产商用车辆。自今，塔塔汽车已经开发了印度第一个自主开发的轻型商用车——塔塔 Ace；印度第一个运动型功能车——塔塔 Safari；印度第一个自主生产的乘用车——塔塔 Indica；以及世界上最经济的车——Nano。

塔塔集团在中国有着长期悠久的历史。1859 年，塔塔集团创始人詹姆斯特吉 · 塔塔先生当时正为他叔父的公司工作，被派到香港开办分支机构。数月之后，他转迁上海，直到 1863 年才离开中国。1996 年，塔塔国际在上海成立办事处，2006 年 8 月在北京设立了集团办事机构。塔塔汽车零配件公司在南京建厂，为中国和海外的客户生产塑料部件。2008 年上半年，塔塔汽车收购了捷豹路虎公司。2012 年，捷豹路虎公司与奇瑞汽车投资成立合资企业，并在江苏常熟建立汽车生产基地。

（二）塔塔汽车标识

塔塔汽车的标识是在象征着地球的椭圆形正中耸立着的一把铁锤，它既是“TATA”的第一个大写字母，又象征着塔塔集团在印度工业中的举足轻重的地位，如图 4-196

所示。

（三）塔塔汽车史名人

詹姆斯特吉·塔塔祖籍波斯是印度现代工业先驱，塔塔集团的创建者，被誉为“印度工业之父”，如图 4–197 所示。

图 4–196　塔塔汽车标识

图 4–197　詹姆斯特吉·塔塔

1839 年，塔塔生于印度古吉拉特邦东南部的瑙萨里－索罗亚斯德教徒家庭。1853 年进入埃尔芬斯通学院学习。1858 年毕业后在孟买协助其父经营出口贸易商行。他很快就成为一名经商高手，并先后在日本、中国、欧洲和美国设立了家族商业的分支机构，1864 年赴英国留学考察。1869 年，建立了自己的第一家贸易公司，翌年又收购了位于钦齐波克里的一家破产的榨油厂，将它改造成一家棉布制造厂，拉开了印度民族工业史的序幕。在建厂同时，他还参照西方管理模式，设立了专职部门经理，并成立了董事会。1872 年，塔塔再次远赴英国考察学习。

1874 年回国后，塔塔重新兴建了一家棉花加工厂，并首次引进了英国的生丝生产技术。1877 年 1 月 1 日，新厂取名维多利亚女皇纺织厂，正式投入运营。之后，塔塔又先后在国内兴建了几间大型棉纺厂，并设计兴建了孟买地区水电厂（即后来的塔塔电力公司前身）。1901 年，他又着手兴建印度的第一所大型钢铁厂，并于 6 年后扩展为塔塔钢铁公司，为当时世界上最大的钢铁厂之一，也是庞大工业联合企业的核心。至 1903 年 12 月 16 日止，他所拥有的各种企业的年生产总值已高达 4210 万美元。从此，他跻身印度大企业家行列，开创了印度第一商业家族的历史。

（四）塔塔产品系列及旗下品牌

1. 捷豹

自从 1935 年第一辆捷豹汽车诞生以来，捷豹在创始人威廉·里昂斯爵士精神的激励下，不断打破疆界，推陈出新。里昂斯爵士坚持认为，捷豹制造的每辆汽车都集性能和美观之大成，独一无二。这一绝不妥协的态度，至今仍是捷豹的动力之源。

1935 年，第一辆贴有捷豹标签的汽车——SS 捷豹 2.5 L 轿车，在伦敦梅菲尔大酒店亮相，两年后捷豹又推出 3.5L 车型。直列 6 缸发动机于第二次世界大战期间由工程师们在捷豹工厂借夜间防火时间开发而成。1949 年推出的 XK 发动机，为捷豹汽车提供动力超过 40 年。威廉·里昂斯爵士设计的 XK120，速度达到 132mile/h①，成为当时世界上最快的量产车。威廉·里昂斯爵士在 21 岁生日那天组建了公司前身 Swallow Sidecars（燕子挎斗车公司）。威廉·里昂斯计出了一系列经典的捷豹车型，包括 XK120、Mark II 和 XJ6，并于 1956 年获封爵士。

捷豹汽车不仅在英国拥有不断增长的忠实拥趸，在世界各地也受到追捧。自 2008 年加入塔塔汽车公司大家庭以来，捷豹开始拥有一个真正的全球前景。布朗维奇堡工厂生产的捷豹汽车，有 80% 以上出口到全球 101 个市场，包括中国、美国和欧洲。

图 4-198　捷豹汽车标识

捷豹汽车的标识为一只正在跳跃前扑的“美洲豹”雕塑，矫健勇猛，形神兼备，具有时代感与视觉冲击力，既代表了公司的名称，又表现出向前奔驰的力量与速度，象征该车如美洲豹一样驰骋于世界各地，如图 4-198 所示。

目前，捷豹的在售车型有 XE、XF、XJ、F-TYPE 和 F-PACE 系列车型，如图 4-199 所示。

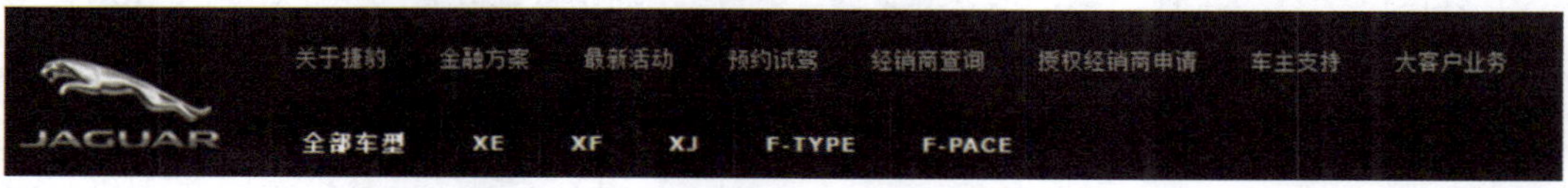

图 4-199　捷豹系列车型

2. 路虎

路虎（Landrover）是英国一家古老的汽车公司，罗孚（Rover）是北欧一个民族，生产自行车时就使用罗孚作商标名。1904 年生产汽车，仍以“罗孚”为车牌名。2008 年 3 月 26 日，印度塔塔集团收购福特旗下的捷豹和路虎两大品牌。

1947 年，一位英国人在威尔士的海滩上用简单的线条勾勒出了一辆汽车的轮廓。那辆汽车就是路虎。它果敢、坚毅，不断地改变着历史，将所有地形征服于轮下，俘获了全世界的心。莫里斯·维尔克斯是路虎的第一创始人。2003 年，路虎公司在中国

① 1 mile=1.609km。

设立办事处。2009 年，路虎已先后将旗下 2010 年款路虎揽胜（Range Rover）、路虎揽胜运动版（Range Rover Sport）、路虎第四代发现（Discovery 4）和路虎神行者 2 代（Freelander 2）带入中国。2010 年 3 月，路虎卫士（Defender）在中国市场正式上市。至此，路虎已将旗下全系产品引入中国。

路虎汽车的标识如图 4-200 所示，其在售车型有揽胜、揽胜运动版、揽胜极光、第四代发现和发现神行等车型，如图 4-201 所示。

图 4-200　路虎汽车标识

图 4-201　路虎系列车型

二、现代汽车

（一）现代汽车品牌历史

现代汽车公司是韩国最大的汽车企业，原属现代集团，世界 20 家最大汽车公司之一。成立于 1967 年 12 月，创始人是原现代集团会长郑周永，公司总部在韩国首尔。

1940 年，郑周永创建了 A-do Service（阿道汽车修理厂）。1946 年，郑周永在首尔中区草洞建立了现代汽车工业社，从此现代建设的历史也拉开了帷幕。1967 年，郑周永成立了现代汽车公司。1974 年 6 月，现代汽车首款量产自主车型“小马”问世，世界上是第 16 个，在亚洲是继日本之后的第 2 个自主研发的车型。1983 年小马牌汽车销往加拿大而大为走红，1986 年现代公司的超小马汽车投入美国市场，创下汽车业销售奇迹，从而奠定了现代汽车公司的国际地位。2000 年 9 月现代汽车集团的诞生成为韩国汽车产业飞跃的转折点。2002 年，现代汽车集团向世界展开的挑战从辽阔的中国大陆开始。

（二）现代汽车标识

现代汽车公司的标识是椭圆内有斜字母 H。椭圆表示地球，意味着现代汽车以全世界作为舞台，进行企业的全球化经营管理。斜字母 H 是现代汽车公司英文 HYUNDAI

的首个字母，同时又是两个人握手的形象化艺术表现，代表现代汽车公司与客户之间互相信任与支持，如图 4–202 所示。

（三）现代汽车史名人

郑周永是韩国现代的创始人，如图 4–203 所示。1915 年 11 月，郑周永出生在朝鲜北部江原道一个贫苦的农民家庭。1935 年，郑周永只身来到仁川码头做苦力，后到米店打工，1938 年成为米店老板。1940 年 2 月 1 日，他创建了阿道汽车修理厂，在经营中他也学会了汽车原理和发动机的构造知识。1946 年首次挂起了“现代自动车工业社”的牌子。

图 4–202　现代汽车标识

图 4–203　郑周永

（四）现代产品系列及旗下品牌

1. 进口现代

目前，进口现代在售车型包括雅科仕、捷恩斯、劳恩斯、雅尊、索纳塔 HEV、新胜达、格锐、辉翼、Veloster 和 Veloster–Turbo 等系列车型，如图 4–204 所示。

2. 北京现代

北京现代汽车有限公司（以下简称“北京现代”），于 2002 年 10 月 18 日成立，是中国加入 WTO 后被批准的第一个汽车生产领域的中外合资项目，坐落于北京市顺义区北京汽车生产基地。

截至目前，北京现代已经拥有包含新途胜、第九代索纳塔、名图、索纳塔经典、全新胜达、ix35、ix25、途胜、瑞纳、瑞奕、新悦动、伊兰特、雅绅特等多款主力车型，产品线覆盖 A0 级、A 级、B 级及 SUV 等多个细分市场，如图 4–205 所示。

三、起亚汽车

（一）起亚汽车品牌历史

起亚（KIA）汽车公司是韩国最早的汽车制作商，成立于 1944 年 12 月，2000 年

图 4-204　进口现代系列车型

图 4-205　北京现代系列车型

与现代集团合并成立现代起亚汽车集团。

起亚汽车前身名为京城精密工业（Kyungsung Precision Industry），位于首尔永登浦区，在朝鲜战争期间迁移到釜山，开始是一家手工制作自行车零部件的小厂。1952 年 3 月制造出韩国第一辆自行车，名为三千里号，公司更名为起亚工业公司。1961 年 10 月，起亚制造出 C–100 摩托车，韩国的摩托车工业从此诞生。1962 年，一辆小型的厢式三轮货车 K360 面世。从此，起亚走上了汽车制造的道路。1971 年，起亚推出了四轮厢式货车 Titan。1973 年，起亚生产出韩国第一台汽油发动机，并于 1974 年 10 月生产出韩国第一部采用汽油发动机的乘用轿车 Brisa。1976 年，起亚合并了亚细亚车厂，1978 年生产出韩国的第一台柴油发动机。1990 年 3 月，公司正式改名为起亚汽车株式会社。2000 年，起亚汽车与现代汽车公司一起成立现代 – 起亚汽车集团。集团包括现代汽车、起亚汽车和现代零件供应商以及 19 个与集团产业有关的核心公司；在市场上，起亚和现代以两个公司的方式独立运行操作。

（二）起亚汽车标识

起亚的名字，源自汉语，“起”代表起来，“亚”代表在亚洲。因此，起亚的意思，就是“起于东方”或“起于亚洲”。源自汉语的名字、代表亚洲崛起的含义，正反映了起亚的胸襟——崛起亚洲、走向世界。新标识为亮红的椭圆、白色的背景和红色的“KIA”字样给人以更加鲜活的印象，形似一只飞鹰，象征公司如腾空飞翔的雄鹰，如图 4–206 所示。

图 4–206　起亚汽车标识

（三）起亚产品系列及旗下品牌

1. 进口起亚

目前，进口起亚在售车型包括 K9、凯遵、速迈、索兰托 L、霸锐、全新嘉华和佳乐等系列车型，如图 4–207 所示。

图 4–207　进口起亚系列车型

2. 东风悦达起亚

东风悦达起亚汽车有限公司系由东风汽车公司、江苏悦达投资股份有限公司、韩国起亚汽车株式会社共同组建的中外合资轿车制造企业。主产品有新 K5、K4、K3、K3S、K2、K2 两厢、新智跑、新狮跑、新秀尔、新福瑞迪、赛拉图及 K5 混动版等系列车型，如图 4-208 所示。

图 4-208 东风悦达起亚系列车型

任务实施

1. 在表 4-9 中填写正确的车标中文名称及所属汽车集团，写出两个代表车型。

表 4-9 亚洲其他汽车品牌及厂商认识

序号	品牌标识	品牌名称	汽车厂商	代表车型或系列
1	KIA			① ②
2	HYUNDAI			① ②
3	LAND ROVER			① ②
4	JAGUAR			① ②

2. 以小组为单位，选择一个本任务中的品牌，通过 PPT 展示的形式，介绍你对该品牌发展的了解，同时介绍一款该品牌的在售车型，展示结束后回答教师和同学的提问，每组回答 2 个问题。各组 PPT 展示时间为 7min，回答问题时间为 3min。PPT 展示和回答问题分别由不同人完成。

检查与评价

教师和其他小组分别对展示小组点评（时间控制在 1min 以内），并根据评分表给予打分，并填入表 4-10 中。该小组的综合得分为各小组得分的平均值 ×0.4+ 教师评分 ×0.6。

表 4-10 考核评分表

		展示小组：第 组	日期：	
环节	重点	评价标准	分值	得分
计划	分工	人员分工明确，各项任务落实到人	10	
实施	制作	PPT 制作美观大方，思路清晰，条理性强，主题内容明确	10	
	风采	着装整洁，仪表端庄，表情和蔼可亲，自然真诚，姿态自然	5	
	语言表达	对展示内容陈述准确、恰当、语言流畅，条理清晰 、逻辑合理，语音语调语气得当	20	
	时间	陈述时间分配合理、控制得当，每超出 1min 减 1 分	10	
提问	风采展现	着装整洁，仪表端庄，表情和蔼可亲，自然真诚，姿态自然大方	5	
	语言表达	对展示内容陈述准确、恰当、语言流畅，条理清晰 、逻辑合理，语音语调语气得当	20	
	准确	每题 5 分，回答正确得 5 分，回答错误不得分	10	
团队合作		整个任务过程中，小组成员全部参与，分工合作，任务完成良好	10	
合 计			100	

任务小结

通过学习，我们对亚洲其他国家汽车品牌的发展史已经有所了解，并且认识了这些品牌的标识以及所蕴含的寓意。

项目自测题

一、填空题

1.BMW 的创厂日是（　　）年（　　）月（　　）。

2.（　　　　　）作为 BMW 的创始人，将 BMW 的战场由天空转到陆地。

3. 劳斯莱斯是世界顶级超豪华轿车厂商，1906 年成立于（　　　）。

4. 2003 年劳斯莱斯汽车公司被（　　　　）接手。

5. 奔驰的三叉星象征着征服（　　）、（　　）、（　　）的愿望。

6.1872 年，戴姆勒设计出（　　）冲程发动机。

7. 戴姆勒与威廉 · 迈巴赫合作，成功研制出使用汽油的发动机，并于 1885 年将此发动机安装于木制双轮车上，这辆取名（　　）的双轮车是世界上第一辆摩托车。

8. 大众图形商标形似三个“V”字，像是用中指和食指做出的 V 形，表示大众公司及其产品（　　　　　）。

9. 战后大众公司把（　　　　）作为“国民轿车”的正式名称。

10. 奥迪采用四环徽标，它象征着四家公司合并成的汽车联盟公司，其中各圆环分别代表（　　　）、（　　　）、（　　　）、（　　　）四个公司。

11. 丰田汽车公司创始人为（　　　　），他被誉为日本（　　）之父。

12.（　　　）年，“丰田自动织布机制造所”设立了汽车部，开始了丰田汽车公司制造汽车的历史。

13. 1997 年，丰田发布了全球首款实现量产的混合动力车（　　　）。

14.（　　　　）是日本丰田集团旗下全球著名豪华汽车品牌。

15. 在 1966 年和 1972 年，斯巴鲁分别研发出（　　　）发动机和（　　　）系统。凭借这两项独特技术，斯巴鲁汽车赢得了成功，并成为全球知名汽车品牌。

16. 日本本田汽车创始人是（　　　　）。

17. 本田宗一郎提出的“三个喜悦”分别是（　　）的喜悦、（　　）的喜悦和（　　）的喜悦。

18.（　　　）是日本本田汽车公司旗下的高端子品牌。

19. 1934 年，（　　　）汽车开始横滨新工厂的建设，并在日本汽车企业中率先实现流水线生产。

20. 日产在 1973 年向中国出口第一辆 Nissan（　　　）轿车。

21. 通用汽车公司成立于（　　　）年。

22.（　　　）1927 款 LaSalle 的问世，标志着汽车设计的真正开始。

23.（ ）是菲亚特集团旗下豪华轿车品牌。

24. 1903 年，（ ）在美国密西根州的弗林特市创立了别克汽车公司。

25. 雪佛兰商标为图案化了的蝴蝶结，象征雪佛兰的（ ）、（ ）和（ ）。

26. 福特汽车公司是世界最大的汽车企业之一，由（ ）创立于 1903 年。

27.（ ）、（ ）与（ ）曾被认为是底特律的三大汽车生产商。

28.（ ）是世界上第一位使用流水线大批量生产汽车的人。

29.（ ）是克莱斯勒汽车公司的创始人。

30. 1976 年，（ ）成为全球第一个使用催化式排气净化器和氧气传感器的汽车厂商，降低了有害废气的排放。

31.（ ）是 Tesla 电动汽车的联合创始人和第一任首席 CEO。

32. 1898 年，（ ）三兄弟在布洛涅—比昂古创建雷诺公司。

33. 1999 年雷诺和（ ）联盟成立。

34.（ ）是世界上第一款量产柴油轿车，堪称业界开山之作。

35.（ ）是第一款无车架、承载式车身量产车型之父。

36.（ ）是全世界最早利用广告来销售汽车的人。

37. 1976 年，法国（ ）公司兼并了历史悠久的雪铁龙公司。

38.（ ）被称为“赛车之父”。

39. 菲亚特汽车公司是（ ）著名汽车制造公司。

40. 恩佐・法拉利亲手创办了参与一级方程式赛车的车队（ ）车队。

41.（ ）品牌汽车是目前世界上最安全的汽车。

42. 1959 年，沃尔沃工程师（ ）发明汽车三点式安全带。

43.（ ）是全球首个把三点式安全带作为标准配置的汽车厂商。

二、选择正确答案

1. 被后人称为“汽车之父”“汽车鼻祖”的是（ ）。

A. 威廉・迈巴赫　　B. 费迪南德・波尔舍

C. 卡尔・本茨　　D. 华特・欧文・宾利

2.（ ）被法国人称呼为“Roides Constructeurs”（设计之王）。

A. 威廉・迈巴赫　　B. 费迪南德・波尔舍

C. 卡尔・本茨　　D. 华特・欧文・宾利

3. 下列品牌中，（ ）是奔驰旗下品牌。

A. PORSCHE　　B. smart　　C. SKODA　　D. MINI

4. 下列品牌中，（ ）不是大众旗下品牌。

A. PORSCHE　B. BENTLEY　C. SKODA　D. smart

5. SEAT（西亚特）是（　　）最大的汽车公司。

A. 英国　B. 美国　C. 德国　D. 西班牙

6. 1969 年，丰田（　　）成为销量冠军，并在此后的 33 年中一直稳居冠军宝座。

A. 皇冠　B. 卡罗拉　C. 锐志　D. 普拉多

7. 丰田品牌标识中两个相互垂直的椭圆象征着（　　）心连在一起，互相信赖。

A. 汽车销售商与顾客　B. 汽车制造者与汽车销售商

C. 汽车购买者与汽车使用者　D. 汽车制造者与顾客

8. 下列车型中，（　　）不是日产旗下车型或品牌。

A. 讴歌　B. 天籁　C. 楼兰　D. 途乐

9. 被誉为国际汽车业的当代“艾柯卡”，全球十大管理奇才中的“鹰眼总裁”，名震天下的制造业“成本杀手”的是（　　）。

A. 丰田章男　B. 卡洛斯・戈恩

C. 卡尔・迈巴赫　D. 费迪南德・波尔舍

10.（　　）是世界上唯一研发和生产转子发动机的汽车公司。

A. 丰田　B. 本田　C. 马自达　D. 日产

11. 1908 年美国最大的马车制造商（　　）创立了通用汽车公司。

A. 亨利・福特　B. 阿尔弗雷德・斯隆

C. 哈里・厄尔　D. 威廉・杜兰特

12.（　　）是通用汽车史上任期最长的总裁，被誉为第一位成功的职业经理人。

A. 亨利・福特　B. 阿尔弗雷德・斯隆

C. 哈里・厄尔　D. 威廉・杜兰特

13.（　　）被誉为“汽车设计之父”。

A. 亨利・福特　B. 阿尔弗雷德・斯隆

C. 哈里・厄尔　D. 威廉・杜兰特

14.（　　）是世界上第一位使用流水线大批量生产汽车的人。

A. 亨利・福特　B. 阿尔弗雷德・斯隆

C. 哈里・厄尔　D. 威廉・杜兰特

15. 曾被认为是底特律的三大汽车生产商不包括（　　）。

A. 福特　B. 通用　C. 宝马　D. 克莱斯勒

项目五

汽车新技术与未来汽车的认识

项目导入

未来的汽车将是什么样子呢？有哪些新的技术会在汽车上得到应用？如何认识汽车带来的便利与危害？新能源汽车真的会取代传统汽车么？未来汽车的发展方向会给汽车产业带来什么巨大变革？带着这些疑问，让我们一起学习下面的内容吧。

项目目标

- 了解汽车发展带来的社会公害
- 掌握汽车领域应用的新技术
- 掌握新能源汽车的种类和发展情况

任务 1 汽车公害的认识

任务解析

自从诞生以来，汽车给人类带来了极大的方便和好处。但是，随着发展和普及，汽车也给人类带来了各种各样的社会问题：比如能源消耗的问题，加速了石油资源的消耗，甚至出现了严重的能源危机；比如环境污染问题，汽车的排放造成了空气污染，甚至加速了全球气候变暖并产生极端气候现象，影响了人们的生活；比如交通安全和管理问题，交通事故的多发造成了大量的人身伤亡和财产损失，交通堵塞和停车困难也成为城市交通的顽疾。这些问题已经成为当今汽车的社会公害，这些问题与汽车的发展息息相关，让我们通过学习了解一下这些由汽车带来的社会问题吧。

资　讯

一、汽车的能源消耗问题

石油是汽车运行的主要能源。石油资源是有限的，目前全世界已经探明的石油储量只有约 1000 多亿 t，而现在每年石油消耗量已超过 30 亿 t，其中汽车的消耗量约占 45%。也就是说，如果照此下去，再过几十年，地球上再也没有石油了。可是，许多国家尤其是部分发达国家过去一直不重视节油问题，1973 年石油输出国组织为了维护自身的利益，采取联合行动限制石油的生产，并同时将油价提高 4 倍，发达国家再也不能随心所欲地消耗廉价的石油了。这就是震撼全球的“石油危机”，它给人们敲响了警钟。

目前世界汽车保有量约为 10 亿辆，预计到 2020 年全球汽车保有量将超过 12 亿辆，主要增幅来自发展中国家。国际能源机构（IEA）的统计数据表明，2001 年全球 57% 的石油消费在交通领域（其中美国达到 67%），预计到 2020 年交通用油占全球石油总消耗的 62% 以上。美国能源部预测，2020 年以后，全球石油需求与常规石油供给之间将出现净缺口，2050 年的供需缺口几乎相当于 2000 年世界石油总产量的两倍。

近 10 年，我国汽车工业一直保持高速增长态势，继 2009 年我国成为当年世界最大汽车市场后，2010 年又实现了 32% 的增长。2010 年全国汽车产销分别为 1826 万辆和 1806 万辆，产销量世界第一。从此以后我国汽车产销总量连续多年居全球第一位。相对于发达国家，我国目前的汽车人均保有量还很低，随着经济的快速增长，人们物质和文化生活水平的提高，可以预计我国汽车的产销量将持续保持快速增长的势头。

汽车消费的快速增长导致石油消耗快速增加。有资料显示，我国汽油消耗主要是汽车，约占 87%，汽车柴油消耗占 38%，所以石油来源显得越来越重要。截至 2007 年底，全球可采石油探明储量为 1838.82 亿 t，全球能源可供使用年限，石油为 40 年，天然气为 65 年，煤炭为 162 年。我国已累计探明石油可采储量为 76.07 亿吨。高速发展的经济导致我国石油大幅进口，自 1993 年起我国成为石油净进口国，对外依存度高达 40%，严重威胁着我国的能源安全。我国所面临的石油安全与汽车能源问题来势更猛，影响更大，挑战更加严峻。按传统汽车能源动力系统发展下去将不可持续，因此实现我国汽车能源动力系统转型是大势所趋。

在汽车生产大国中，欧洲和日本都是缺油国家，石油大量靠进口，还比较注意降低汽车的油耗，他们的汽车一般都比较省油，石油危机对这些国家的冲击相对较小。

石油危机之后，美国人明白了汽车必须减少油耗，颁布了《汽车平均油耗法》等强制限制汽车油耗的相关法规。环保署负责每年对各厂家生产的轿车进行测定并向社会公布，评选“最佳节油汽车”，以鼓励人们选购。同时，对油耗大的豪华轿车征收“奢侈税”或“油老虎税”。从此，高油耗汽车，在美国和欧洲的销售量逐年下降。

降低油耗，不仅是一个单纯的能源节约问题，而且也是一个环保问题。所以，降低油耗，一举两得，势在必行。关于新能源的开发问题，在后面将有所介绍。

二、环境污染问题

1. 汽车排气污染

1943 年 9 月 8 日，洛杉矶上空出现了一种奇怪的烟雾，带有刺激性的浅蓝色的烟雾在城市上空飘扬，经久不散，几千人受害，400 人死亡。此后，又多次出现这一现象。陆续有科学家指出：导致光化学烟雾的元凶是汽车排放的化学物质。这一结论引起了美国和全世界的震惊。

汽车排放污染物是指汽车排放污染环境的各种物质，主要有一氧化碳、碳氢化合物、氮氧化物和微粒物等。它们对人体有害，有的对环境有害。

一氧化碳被人体吸收后，由于它与血红素结合的亲和力比氧大210倍，致使人体缺氧而引起头痛、头晕、呕吐等中毒症状，严重时会致人死亡。大气污染物中一氧化碳约有95%以上来自汽车尾气排放。

碳氢化合物是发动机燃烧不彻底所剩余燃料分解出来的有害废气，氮氧化物是二氧化氮等氮氧化物的总称，是发动机高温的产物。碳氢化合物和氮氧化物在阳光紫外线作用下，发生光化反应所产生的烟状物质，称为光化学烟雾。光化学烟雾对人体健康有严重危害，还会妨碍生物的正常生长。氮氧化物对人体的影响是刺激眼睛，引起角膜炎、喘息症、肺气肿等，还是形成光化学烟雾的成分，其毒性比一氧化碳大10倍，还可以形成酸雨。大气污染物中的氮氧化物约有50%来自汽车。

二氧化碳破坏地球的臭氧层，加剧地球的温室效应，导致非正常的飓风、洪水、高温等天气。此外，二氧化硫在空气中形成酸雨，对植物造成危害。

美国科学家曾发现在汽油中加入四乙基铅可明显提高汽油的抗爆性，从而出现有铅汽油。随着对汽车排放污染物控制的严格化，大多当代轿车都增加了三元催化转化器等净化装置，铅会使三元催化转化器中毒失效，而且随发动机排气排放的铅微粒是排放污染物。所以，汽油无铅化在发达国家早已开始。我国科学家曾指出“铅汽油的污染已经严重影响了我国民的遗传物质，必须尽快消除有铅汽油，实现汽油无铅化。”

1998年，《国务院办公厅关于限期停止生产销售使用车用含铅汽油的通知》规定：自2000年1月1日起，全国所有汽油生产企业一律停止生产车用含铅汽油，改产无铅汽油。在生产无铅汽油的过程中，对无铅汽油的其他有害物质的含量也应当控制，具体控制标准由国家环境保护总局会同国家质量技术监督局制定，并于1999年7月1日前公布，2000年1月1日起实施。

自2000年7月1日起，全国所有汽车一律停止使用含铅汽油，改用无铅汽油。没有高标准的汽油，汽车排放不可能达到严格的标准。汽车排放净化要从安装排放净化装置和使用符合有关标准的汽油两方面抓起。国家环境保护总局于1999年6月1日发布了《车用汽油有害物质控制标准》，于2000年1月1日实施。标准对苯、烯烃、锰、铁、铜、铅、磷、硫等有害物质含量提出了控制指标。

随着机动车保有量的持续增长，我国机动车污染物排放总量持续攀升。2003年全国机动车碳氢化合物、一氧化碳和氮氧化物的排放量分别是1995年相应污染物排放总量的2.51、2.05和3.01倍。事实上，汽车所产生的空气污染物比任何其他单一的人类活动产生的空气污染物都多。全球因燃烧矿物燃料而产生的一氧化碳、碳氢化合物和氮氧化物的排放量，几乎50%来自于汽油机和柴油机。柴油机颗粒物排放水平远高于汽油机，约为汽油机的 30 ~ 80 倍。柴油发动机颗粒物的排放会对大气环境产生巨大的负面影响。研究结果表明，柴油发动机排放颗粒物可能对人体肺部和脑部造成重大伤害，还可能发生遗传性基因突变。因此，各国都制定了严格的法规限制颗粒物排放浓度。

汽车排放污染物不仅直接危害人类，而且它对自然环境的破坏所造成的恶果是无法估量的。近半个世纪的事实证明，因为汽车排放污染物所造成的自然灾害，目前已危害到世界各大洲的许多国家。

2. 汽车排放控制措施

美国政府于 1955 年开始介入大气污染的控制。自 20 世纪 60 年代起，日本、欧洲等开始制定并逐步严格汽车排放法规。我国是将环境保护作为实现四个现代化的一项条件写入宪法的。

我国环境保护的基本方针是:“全面规划,合理布局,综合利用,化害为利,依靠群众,大家动手，保护环境，造福人民”。1987 年第六届全国人民大会常务委员会第二十二次会议通过《中华人民共和国大气污染防治法》，其中对机动车船排放污染作了明确的规定。随着国情的变化，此法经历了多次修订。我国汽车排放标准始于 1983 年，然后经历了多次修订。目前我国主要城市实施的汽车排放标准已经逐步和欧美等发达国家接轨。

3. 汽车噪声污染

噪声是汽车的另一项污染，交通噪声约占城市噪声的 75%。汽车噪声被称为安全行车的隐形杀手。汽车噪声是由汽车产生的不同频率、不同声强组合在一起而形成的杂乱的声音，它主要包括发动机噪声和轮胎噪声。此外，还有车身振动噪声、传动系统噪声、制动器噪声和喇叭噪声等。噪声用声压级表示，单位为分贝（dB），噪声的定量表示必须注明噪声级，分为 A、B、C 三级。

汽车噪声一方面对在外界环境工作和生活的人们造成不良影响，会使人心情不安、烦躁、疲倦、工作效率下降；另一方面对驾乘人员健康有直接危害，特别是影响驾驶人的心理，会使驾驶人反应时间加长，影响视觉，从而影响驾驶人的行车安全。

长期在噪声刺激下会造成心脏病，耳聋等疾病。如果人们长期在 95dB（A）的噪声环境里工作和生活，那么大约有 29% 的人会丧失听力。噪声会影响人的情绪，100dB（A）以上的噪声会产生生理性的不良影响。噪声还能使人们的视觉产生异常变化。人眼在 90dB（A）噪声作用下，眼睛区别光亮度的敏感性会降低，识别弱光反应时间延长。

4. 降低噪声的措施

国外工业发达国家自 20 世纪 60 年代起就对机动车辆噪声给予了足够的重视，制定了许多法规和标准来控制。我国机动车噪声标准于1979年发布，为了适应我国发展要求，相关法规不断修订。

此外，世界各国为降低汽车噪声采取了其他的措施。例如，汽车制造厂针对噪声源在汽车设计制造中努力采取降噪措施；在汽车使用、维修中，严格执行汽车限值和测量方法的国家标准；在噪声集中路段建立隔声板或隔声墙，在隔离带中种植植物；在一些路段采取禁鸣喇叭措施等。

三、道路交通安全问题

随着汽车的普及和发展，汽车增多带来的交通安全问题正日益困扰着我们。有学者指出，交通管理已成为今天国家的最大问题之一。它比消防问题严重，因为每年由于交通事故死亡的人数比火灾更多，遭受的财产损失更大。它比犯罪问题严重，因为它与整个人类有关，不管是强者或弱者，富人或穷人，聪明人或愚蠢人，每一个男人、女人、小孩或婴儿，只要他们在道路上或者在街上，每一分钟都有可能死于交通事故。

1. 交通事故的严重后果

自汽车问世以来的100余年中，全球死于交通事故的人数逐年增加，到目前为止累计死亡3000万人，相当于第一次世界大战死亡人数的两倍，超过第二次世界大战的死亡人数，同时，致残的超过5亿多人。尤其是在发展中国家，其上升势头一直未能得到有效遏止。据联合国统计，20世纪全世界每年死于道路交通事故的人数由70年代的30万，增加到80年代的50万；受伤人数每年为2000万；受公路交通事故影响的驾驶人受害者及其亲友则更多，约有5000万人。1989年，世界伤亡于车轮之下的人数相当于日本广岛原子弹爆炸死伤人数的两倍。调查表明，无论什么国家，车祸造成的经济损失约占国民经济生产总值的1%，因此，交通事故的严重性是一个世界性问题。

在美国，100多年来，因车祸死亡人数约300万人。在各种死亡原因中，交通事故死亡居第5位。

在我国，道路交通事故情况比较严重，20世纪80年代，我国交通事故死亡人数曾经连续10余年居世界第一。近些年来，我国交通事故死亡率有所下降，但年死亡人数一般也都超过10万人，平均每5min就有1人死于车祸，相当于每天坠毁1架满载客人的波音747型飞机。

道路交通事故的严重性还表现在它的经济损失是巨大的。有学者提出，全世界道路交通事故每年的经济损失超过3500亿美元，也就是说，地球上平均每一个人每年所承担的道路交通事故经济损失为65美元。

2. 交通事故的控制

交通事故的发生存在一些一般规律：时间上，一年中运输量大的季节，交通事故也较多，绝大多数交通事故发生在白天，晚间酗酒的人多的国家，其事故也较多；地点上，我国交通事故主要发生在郊区道路上，其次发生在交叉路口上；人员上，事故责任大多在驾驶机动车的一方。这是我国交通事故的重要规律。

值得注意的是，我国汽车驾驶人忽略的安全问题是开车不系安全带以及不使用儿童安全座椅。研究表明，在交通事故中使用安全带可减少46%的死亡可能和67%的重伤可能。儿童交通安全不容忽视，应该大力推广儿童安全座椅，并且应该大力进行儿童交通安全宣传工作。

四、交通阻塞与停车场问题

道路交通环境中要求人、车、路三大要素协调发展，但是，由于汽车的大量生产和使用，道路系统是永远跟不上汽车的发展的，而道路的通行能力是有限的，于是，交通阻塞问题产生了。交通阻塞，给人们期待汽车可带来高效率的梦想破灭了。另外，停车问题也随之而产生。由于停车场地远远少于汽车的数量，人们往往会因为找不到合适停车的地方而烦恼，有时还会因为停车不落实而发生车辆的损失。

解决交通阻塞与停车场的问题，从根本上就是要搞好城市规划与城市交通规划，使人们所住的城市交通状况符合该城市的人口布局、经济发展、人们生活水平的需要。良好的城市公共交通系统可以解决多数居民的出行问题和与之相适应的城市汽车容量的需要。许多著名的大城市（如中国香港和新加坡）由于土地狭小，采取了限制小汽车发展的做法，但都发展了快速轨道交通系统（地铁）和公共汽电车系统，从而大大减少小汽车的出行量，也减少了道路交通阻塞。另外一些城市（如洛杉矶）由于城市布局分散，在那里没有小汽车，简直寸步难行，因此采取了鼓励小汽车发展的政策。因此，各城市采用什么样的做法，要根据自身的条件而定。

总之，提高道路的通行能力是解决交通阻塞的根本途径，着重发展城市的立体交通和合理的交通控制系统是提高道路通行能力的有效方法。

任务实施

1. 分组讨论，列举出汽车的公害，并提出有针对性的解决办法，将结果整理填入表 5-1 中。

表 5-1　小组讨论统计表

汽车的公害	产生的原因和解决的办法

2. 分组进行辩论，论题是“汽车给社会带来利弊究竟哪个更大？”

任务小结

通过学习我们认识到，汽车给人类带来了极大的方便和好处的同时，也给带来了各种各样的社会问题。如何应对这些问题，将是未来汽车发展的新课题和新方向。

任务2 新能源汽车的认识

任务解析

近年来随着我国汽车工业及汽车运用市场的高速发展，对节能与环保要求越来越高，新能源汽车已被列为我国汽车行业今后5年发展的重中之重，新能源汽车产业也被列为国家7个战略性新兴产业之一。预计到2020年，新能源汽车累计产销量将达到500万辆。因此，需要更多地了解新能源汽车。下面就让我们学习一下各种新能源汽车的发展情况吧。

资 讯

一、新能源汽车概述

根据2009年中华人民共和国工业和信息化部公布的《新能源汽车生产企业及产品准入管理规则》的相关定义，新能源汽车是指采用非常规的车用燃料作为动力来源（或使用常规的车用燃料但采用新型车载动力装置），综合车辆的动力控制和驱动方面的先进技术形成的技术原理先进，具有新技术、新结构的汽车。非常规的车用燃料指除汽油、柴油以外的其他车用燃料，包括天然气（NG）、液化石油气（LPG）、生物燃料、氢燃料、乙醇汽油（EG）、甲醇、二甲醚、电能以及混合燃料等。

新能源汽车包括电动汽车（包括太阳能汽车）、气体燃料汽车、生物燃料汽车、氢气汽车及醚燃料汽车等。

电动汽车包括纯电动汽车、混合动力汽车、燃料电池汽车。纯电动汽车是由车载可充电蓄电池或其他能量储存装置提供电能，由电动机驱动的汽车。混合动力汽车是能够从至少两类车载储能装置（传统的汽、柴油机和电池与电动机）中获得动力的汽车。燃料电池汽车是由车载燃料电池提供电能，由电动机驱动的电动汽车。

气体燃料汽车是用压缩天然气、液化石油气和液化天然气作为燃料的汽车。

生物燃料汽车是燃用生物燃料或燃用掺有生物燃料的燃油的汽车。与传统汽车相比，生物燃料汽车结构上无大的改动，但其排放性能较好，如乙醇燃料汽车、生物柴油汽车等。

氢气汽车是以氢气为发动机燃料的汽车。

醚燃料汽车是以醚类为燃料的汽车，具有高效率、低污染、无烟排放、冷起动和加速性能较好的特点，如二甲醚汽车等。

专家预测，今后 50 年，全球平均温度将升高 3℃。据世界能源委员会统计，我国二氧化碳排放量仅次于美国，居世界第二位。此外，我国甲烷、氧化亚氮等温室气体的排放量也居世界前列。预计到 2020 年，排放量要在 2000 年的基础上增加 1.32 倍，这个增量要比全世界在 1990—2001 年的总排放增量还要大。预测表明，到 2025 年前后，我国的二氧化碳排放总量很可能超过美国，居世界第一位。从排放强度来看，由于技术和设备相对陈旧、落后，能源消费强度大，我国单位国内生产总值的温室气体排放量也比较高。这些都要求我们必须对汽车产业采取对应的技术革新。而治理汽车排放最主要、最根本和最终的途径，就是改变汽车的动力，即开发新能源汽车。

能源短缺和环境污染是当今世界的两个重大问题。汽车是能源消耗的大户，同时也是环境的主要污染源之一。随着世界范围内汽车保有量的增加，未来石油的需求量会越来越大，环境污染也会越来越严重。为此，全球已达成共识：能源短缺和环境污染最终的解决之道不是限制汽车工业发展，而是寻找石油的替代品，开发新能源汽车。

新能源汽车的发展自 19 世纪末电动汽车诞生以来，在世界范围内经历过多次起落。

1881 年，法国工程师装配了一辆以铅酸电池为动力的电动三轮车，由此引发电动车发展史上的变革，这比卡尔·本茨发明汽车还早了 5 年。19 世纪末和 20 世纪初，电动汽车、内燃机汽车和蒸汽机汽车并行发展，电动汽车一度处于市场领先地位。在 1881—1972 年，电池技术进步缓慢，电池能量密度低，无法满足大范围的交通出行需求，而内燃机技术水平的快速提高使得电动汽车逐步失去竞争优势，电动汽车逐步退出市场。1973 年石油危机爆发，电动汽车再次受到高度关注，很多国家纷纷推出电动汽车发展计划。但此期间（1973—1989 年），由于大功率电池技术未取得重大突破，电池材料没有得到根本性改变（以铅酸电池为主），电池能量密度低，整车性能和成本无法满足消费者的需求，致使电动汽车发展缓慢，各国制定的发展目标大都没能实现。随着汽车保有量的增加，环保压力促进混合动力汽车技术取得突破，1990—2004 年，电动汽车逐步实现局部产业化。石油短缺和全球变暖，促进新能源技术快速发展，2005 年起，新能源汽车进入全面产业化初期推进阶段。

日本从 20 世纪 70 年代开始开发纯电动汽车。1971 年三菱公司推出 EV 电动汽车，1997 年后推出了装载镍氢、锂离子电池的第二代纯电动汽车。20 世纪 90 年代末，丰田公司研制出纯电动轿车，其动力装置是一台免维护的由 288V 镍氢电池提供电能的 50kW 交流同步电动机，最高车速为 125km/h，续驶里程 215km。日产公司研制成功 EV 5 座采用锂离子电池、最高车速为 120km/h、续驶里程为 230km 的纯电动轿车。

然而由于技术与价格等方面的原因，纯电动汽车的产品开发向小型化发展。日本汽车企业选择了混合动力汽车作为重点发展方向。1997 年，丰田公司率先在日本推出了混合动力汽车 Prius。1999 年，本田公司率先在美国推出了混合动力汽车 Insight。2000 年，丰田公司将 Prius 推向了美国和欧洲的汽车市场。2002 年，本田公司在美国推出混合动力汽车 Civic。2005 年，丰田公司的雷克萨斯 RX 型越野型混合动力汽车也投放市场。混合动力汽车最先实现了产业化，其总销量已经达到 100 万辆以上，并开始赢利。日本在混合动力汽车技术领域处于世界领先地位。

2003 年起，日本对燃料电池汽车实施免税制度以鼓励其发展。日本丰田、本田、日产和马自达等汽车制造商已先后试制出燃料电池汽车。在日本燃料电池系统发展中，丰田公司处于领先地位。丰田公司的目标是开发能量转换效率达到传统汽油机 2.5 倍的燃料电池，且能和现用的汽（柴）油汽车一样方便地添加燃料。丰田公司于 1996 年 11 月推出了日本第一辆采用自制 PEMFC 装置和铅酸电池的混合电源系统、车速达到 100km/h 以上的燃料电池电动汽车。丰田 FCHV-2 公共汽车是首辆获得日本土地、基础设施和交通部批准的公路燃料电池混合动力公共汽车。该车将氢储存在顶部封好的氢储藏箱内，有两个高性能丰田燃料电池堆，每堆燃料电池能输出 90kW 的功率，比一个燃料电池堆的汽车性能指标提高了 1 倍。2002 年，推出了 FCHV-4 燃料电池混合动力汽车，其主要特点是装有镍氢辅助蓄电池，可使汽车在制动时重新发电，最高车速可达 150km/h，续驶里程为 250km，可载 5 人，这意味着汽车在重添燃料之前可继续行驶一段比较长的里程。

美国人莫里森于 1891 年成功研制了第一辆四轮电动车，使得美国电动车向实用化迈出了重要一步。1967 年，美国通用汽车公司与福特汽车公司分别研发了新型电动汽车，成为 20 世纪后电动汽车再次迎来黄金时期的开端。此后，美国通用汽车公司在兰辛市建成 EV-1 电动汽车总装厂；雪铁龙（Citroen）、标致（Peugeot）则将现有车型改装成小型电动汽车。以此为契机，全球掀起了开发电动汽车的热潮。1990 年 9 月，美国加利福尼亚州政府通过的法规规定了“零排放车辆”（Zero Emission Vehicle，ZEV）的销售比例，随后其他各州仿效立法。这些措施推动了美国及世界范围内电动汽车的迅速发展。1991 年，美国三大汽车公司签订协议，合作研究电动汽车用先进电池，成立美国先进电池联合体（United States Advanced Battery Consortium，USABC）。1991 年 10 月，USABC 与美国能源部签订协议，在 1991—1995 年共投资 2.26 亿美元来资助电动汽车高能电池的研究。同年同月，美国电力研究院 EPRI 也加入了先进电池联合体，参与高能电池的开发。其中，镍氢电池、锂聚合物和锂离子电池将投入商业化生产。

1990 年，通用汽车公司在洛杉矶展出“冲击”牌电动轿车，该车采用铅酸电池与高新技术，从此掀起了一轮世界性的电动汽车研发热潮。

2005 年，福特汽车公司推出了混合动力 Escape 小型越野汽车，通用汽车公司推出了混合动力 Saturn VUE 小型越野汽车。

2006 年，通用汽车公司推出了混合动力 Chevrolet Equinox 越野车，2007 年又推出了混合动力 Chevrolet Malibu 中型轿车。此外，通用汽车公司还推出了混合动力货车 GMC Sierra 和 Chevrolet Silverado。

20 世纪 70 年代末期，德国戴姆勒 – 奔驰汽车公司生产了一批 LE306 电动汽车。LE306 电动汽车采用铅酸电池供电，电池电压为 180V，电动机最高转速为 6000r/min，有效载荷为 1450kg，总质量为 4400kg，最高车速为 50km/h，续驶里程可达 120km。戴姆勒 – 奔驰汽车公司于 1994—2000 年研发了燃料电池汽车和燃料电池大客车，先后采用了甲醇和汽油重整的氢气、压缩氢气等多种氢燃料进行了不同的性能试验。被定位为全球第一个达到实用阶段的甲醇重整燃料电池汽车。经过几轮的试验和改进，燃料电池轿车和燃料电池大客车已经投入运行。

法国政府为推广电动汽车制定了优惠政策。企业购买电动汽车第一年可以免税；电动汽车生产厂家每生产一辆电动汽车，法国电力公司向其提供 1 万法郎的补助。法国政府还计划在巴黎等城市推广使用电动汽车，并出台了各种优惠政策。1997 年，法国的电动汽车产量达到 2000 辆左右。2001 年，法国电力公司和博洛尔集团（Bollore Group）成立了一个联合子公司 BatScap，开发了采用高性能聚合金属锂蓄电池（LMP）的电动蓝色轿车（Blue car），其最大续驶里程超过 200km，最高时速达 125km/h。

欧洲各国燃料电池开发较美、日稍晚，但目前也加快了燃料电池技术的引进开发。另外，亚洲的韩国、印度和中国台湾也都有燃料电池开发的报道。法国标致 – 雪铁龙公司开发的燃料电池出租车已投入了商业运行。

20 世纪 80 年代开始，我国就已经对新能源汽车开展了研究工作，主要是在压缩天然气、液化石油气、甲醇等方面开展部分研究，并成功研制了以菜籽油、大豆油、废煎炸油等为原料生产生物柴油的工艺。1988 年，四川南充建立了 CNG（压缩天然气）加气站，成为全国使用 CNG 汽车的第一家。

1999 年，我国政府有关部门组织开展“清洁汽车行动”，从此开始了较大规模的替代燃料发展计划，提出大力推广天然气汽车，加快关键技术和产品标准化进程，加强在用车改造方面的指导，加快车用加气站等配套基础设施的建设，加强产学研结合，推进燃气汽车产业化。到 2010 年，全国已有 30 个省 80 多个城市推广天然气汽车。天然气汽车和加气站主要集中在气源地附近和西气东输管网到达地，如四川、山东、乌鲁木齐等省市。其中，出租车占在用燃气汽车总保有量的 32.3%；公交车占在用燃气汽车总保有量的 15. 4%。四川省的燃气汽车保有量最大，占在用燃气汽车总保有量的 41%。我国燃气汽车生产企业超过 60 家。我国天然气汽车年产量（含底盘）达 15 万辆，整车超过 6 万辆。预计到 2020 年我国天然气汽车将达到 300 万辆，成为重要的天然气汽车市场。

新能源汽车产业化发展的直接推动力是国家的相关扶持政策。2001 年，我国启动了“863 计划”电动汽车重大专项，涉及的电动汽车包括三类：纯电动，混合动力和燃料电池汽车，并以这三类电动汽车为“三纵”，以多能源动力总成控制、驱动电动机、动力蓄电池为“三横”，建立“三纵三横”的开发布局，基本跟上了全球的步伐，大体站到了世界同一“起跑线”。

2006 年 2 月，国务院发布的《国家中长期科学和技术发展规划纲要（2006—2020 年）》将“低能耗与新能源汽车”和“氢能及燃料电池技术”分别列入优先主题和前沿技术。

2007 年 6 月 4 日，国家发改委公布了《中国应对气候变化国家方案》，鼓励发展节能环保型汽车和鼓励混合动力汽车、纯电动汽车的生产和消费。

2007 年 11 月 1 日起，《新能源汽车生产准入管理规则》正式开始实施。该规则对新能源汽车进行了定义，还对新能源汽车的生产企业资质、生产准入条件以及申报要求等内容做了具体的规定。这意味着新能源车有了自己规范的行业准则，也被业界看作是国家真正鼓励发展新能源汽车及市场化的开始，标志着我国新能源汽车发展迈入重要的起步年。2008 年北京奥运期间，我国成功组织实施了奥运历史上规模最大的电动汽车运输服务，为全面彰显北京奥运“绿色、科技、人文”三大理念以及“节能减排”战略做出了重要贡献。

2007 年 12 月 18 日，国家发改委发布了《产业结构调整指导目录（2007 年本）》。在新目录中，压缩天然气、氢燃料、生物燃料、合成燃料、二甲醚类燃料及灵活燃料汽车和混合动力汽车、电动汽车、燃料电池汽车等新能源汽车整车，以及燃料电池及电催化器、电极、复合膜和双极板等电池关键材料，质子交换膜等关键零部件的开发及制造，都已列入了国家鼓励范围，享受鼓励政策。

目前，我国已制定并发布了新能源汽车相关国家标准和行业标准共计 42 项，其中 22 项已列为新能源汽车产品准入的专项检验标准。

2010 年 5 月 1—10 月 31 日，500 辆混合动力汽车、451 辆纯电动汽车、196 辆燃料电池汽车累计行驶 10000km，圆满完成中国 2010 年上海世界博览会交通服务任务。

2010年6月1日，财政部、科技部、工信部、国家发改委联合印发了《关于开展私人购买新能源汽车补贴试点的通知》，中央财政对试点城市私人购买、登记注册和使用的插电式混合动力乘用车和纯电动乘用车给予一次性补贴。

“十二五”期间，我国坚持把握世界车用能源多元化发展趋势，全面实施国家新能源汽车发展战略，积极推进汽车产品节能减排，努力跟进世界新能源汽车发展步伐，深化创新技术研究，加快扎实稳步推进新能源汽车产业化进程，积极支持代用燃料汽车因地制宜、合理发展。新颁布的《节能与新能源汽车产业发展规划（2012—2020）》明确了十年内我国新能源汽车发展的总体目标和阶段目标，并且对新能源发展路线以及扶持政策提出了明确的要求。总的技术路线是以纯电动汽车为新能源汽车发展和汽车工业转型的主要战略取向，当前重点推进纯电动汽车和插电式混合动力汽车产业化，推广普及非插电式混合动力汽车、节能内燃机汽车，提升我国汽车产业整体技术水平。

新能源汽车的背景是资源问题、环境问题。从国家的经济结构调整和“十二五”规划看，新能源汽车具有确定性的未来。从技术上看，短期内以混合动力、纯电动汽车为主，未来燃料电池汽车也会有一席之地。从产业发展看，政府的政策引导和对基础建设的投入在产业发展初期至关重要。从应用上看，短期适合在公交市场作一些推广，主要是客车。私人新能源汽车仍需5～10年的培育。

二、电动汽车

（一）纯电动汽车

纯电动汽车（BEV）是由车载可充电蓄电池提供电能、由电动机驱动的汽车。纯电动汽车的电动机相当于传统汽车的发动机，蓄电池相当于原来的燃油箱。

按照是否有辅助动力源分类，可分为用纯蓄电池作为动力源的纯电动汽车和用单一蓄电池作为动力源的纯电动汽车。用单一蓄电池作为动力源的纯电动汽车只装置了蓄电池组，结构简单。如果用单一蓄电池作为动力源，蓄电池的比能量和比功率较低，质量和体积较大，故需在某些纯电动汽车上增加辅助动力源。辅助动力源有超级电容器或发电机组，用来改善起动性能和增加续驶里程。

按照蓄电池的种类分类，可分为铅酸蓄电池电动汽车、镍氢电池电动汽车、锂电池电动汽车等。

按动力驱动控制系统的结构形式不同分类，可分为直流电动机驱动的电动汽车、交流电动机驱动的电动汽车、双电动机驱动的电动汽车及电动轮电动汽车。

纯电动汽车没有内燃机汽车产生的排气污染，电动机的噪声比内燃机也小；电动汽车较内燃机汽车运转、传动部件少；电动汽车停车时不消耗电量，在制动过程中，电动机可自动转化为发电机，实现制动减速时能量的再利用。纯电动汽车具有无污染、噪声低、结构简单、使用维修方便、能源效率高、多样化等优点。其缺点是动力电源使用成本高、续驶里程短。

纯电动汽车发展的关键在于电池，攻关重点集中在提高电池性能、降低成本。纯电动汽车的发展重点趋向小型乘用车，大型公交车，市政、邮政等特殊用途车辆。纯电动汽车大规模进入市场为时尚早。在车载电源得到解决后，电动汽车必然会迅速地发展。

我国基本掌握纯电动汽车整车动力系统匹配与集成设计、整车控制技术，样车的动力性和能耗水平与国外相当，在小型纯电动汽车和大型公交车方面实现了小规模生产和示范运行。但也存在一些主要问题，如整车产品在续驶里程、可靠性和工程化，电池的比能量、安全性、可靠性、使用寿命等方面不够理想；机械、电池所需部分部件、材料要国产化；控制器基础硬件、芯片、高速 CAN 网关和信号处理放大部件、电动附件还没有成熟的产品可用，成本高，也依赖进口。

（二）混合动力电动汽车

混合动力汽车是指能够从至少两类车载储能装置（传统的汽、柴油机和电池与电动机）中获得动力的汽车（Hybrid Electric Vehicle，HEV）。

混合动力电动汽车采取了各种现代最新技术使发动机经常工作在经济工况区，充分发挥电动机低速大转矩的特点，使发动机避开在起动、加速和爬坡时燃料消耗量增大和废气排放增多的不利工况，因此工作噪声小是混合动力电动汽车的主要特点。混合动力电动汽车用传统的发动机与电动机进行混合，得到各种不同组合形式的混合动力电动汽车，既保持了传统发动机汽车的优良性能，又在降低石油燃料的消耗和对环境污染方面有重大改进，突出体现了混合动力电动汽车的节能和环保的优越性。相比于汽油车，混合动力电动汽车的燃油消耗降低了约一半。混合动力电动汽车可以收集制动时的能量，能够充分利用内燃机汽车的生产技术和生产工艺，还可以像内燃机汽车一样，直接从加油站添加燃料，利用已有的燃油设施，如加油站和服务设施，在服务系统工程方面有继承性，不需要另外建立燃料的运输、储存、添加等装置。混合动力电动汽车不需要另外建立保养、维修等后勤服务体系，为推广混合动力电动汽车提供了良好的基础。但混合动力电动汽车的动力系统复杂，制造成本高，以及动力系统质量增加，占用空间增大，这些都制约了它的推广。

世界各大汽车公司充分利用其雄厚的技术基础和现代的制造工艺，以及应用在新技术、新材料和新工艺方面的最新成果，不断地研究和开发了各种各具特色的混合动力电动汽车，对混合动力电动汽车进行全方位的创新，在混合动力技术上由单一发动机驱动向纯电动驱动转移。在混合度上，逐渐提高混合度以实现传统能源向电气化转化；在机电耦合方式上，前期主要存在单电动机并联、双电动机并联和双电动机混联等方案，后期将向插电式方案发展，实现向纯电动方案过渡。在动力系统结构方面，发动机与电动机集成、传动系与电动机集成将向更高的集成度发展，从而实现向电动化转型。

我国基本掌握了混合动力汽车整车开发技术，形成了具有自主知识产权的多种结构形式和多种混合度的技术方案，基本突破了国外专利限制。动力电池和电动机的技术性能取得较大进展，部分满足混合动力整车要求。混合动力汽车成为我国新能源汽车的主要产品类型，部分企业开始较大范围地示范运行，部分产品开始进行产业化推广。但还存在一些问题，如除个别整车企业的产品已上市外，大多数企业尚处于样车阶段，未经过多次验证研究，未达到系统优化和批量生产要求。此外，零部件产业链尚未形成，关键原材料和电力电子元器件依赖进口，整车和零部件工程化不足，产品尚处于产业化初期，成本较高。

（三）燃料电池电动汽车

采用燃料电池作为电源的电动汽车称为燃料电池电动汽车（FCEV），也叫燃料电池汽车。燃料电池电动汽车与普通燃油汽车的区别在于动力系统。燃料电池电动汽车的动力系统主要由电驱动系统、燃料电池组、动力控制单元、燃料箱、蓄电池（储能装置）、功率转换器以及燃料加入口等组成。燃料电池是燃料电池电动汽车主要的电源，通常由多个单体燃料电池组成。需要串联多个单体燃料电池才能提高输出电压。一般用燃料电池管理系统模块对燃料电池状态进行监控、检查和电源的管理。燃料电池组要向空调系统和电动液压泵转向系统提供电能。燃料电池的电流需要经过专用的大功率动力转换器，将燃料电池的直流电转换为稳压的直流电流，再经过逆变器转换为交流电输送给驱动电动机。

燃料电池电动汽车的优点是热效率高。热效率高意味着用燃料电池的汽车比内燃机汽车更加节能。内燃机汽车热效率仅为燃料电池电动汽车的1/3。通常将多个单体电池按使用要求组合成不同功率的系列燃料电池组。辅助设备可以充分地利用汽车上的有效空间，在不同类型燃料电池电动汽车上灵活地配置；无污染或超低污染、无噪声。采用以氢气为燃料的燃料电池，其化学反应后所产出的废物只有水，属于零污染。采用以甲醇或汽油经过重整后产生氢气，也只有极少数的有害气体排放，为超低污染，完全可以达到最严格的排放标准的要求。燃料电池本身在化学反应过程中没有噪声。

燃料电池电动汽车的缺点是：燃料电池汽车基本性能有待于提高，燃料电池组的功率密度、隔离板轻量化、离子交换膜的耐高温性、低加湿和不加湿技术等均有待于提高；辅助设备复杂，以甲醇或汽油为燃料的燃料电池电动汽车，要采取净化装置，增加了结构和工艺的复杂性；制造成本过高，制造成本过高被认为是燃料电池汽车推广的重大障碍，与装备充电电池的汽车相比，燃料电池汽车的价格要高很多，最大因素是燃料电池的生产成本一直居高不下。此外燃料供给系统尚需建设。为了实现燃料电池汽车的普及，必须改变现有燃料供给系统，建立新的适合燃料电池汽车的燃料供给系统。

燃料电池是当前所开发的电池中最有发展前途的高能电池，其高燃烧效率、无工作噪声以及无废气排放等特点，是其他化学电池所不能相比的。国外目前燃料电池出现模块化趋势，单个燃料电池模块的功率范围被界定在一定的范围之内，通过提高产品性能实现模块化组装，以满足不同车辆对燃料电池功率等级的要求。为有效提高燃料电池的寿命、降低系统成本，需优化蓄电池和燃料电池的能量分配。燃料电池汽车技术攻关的焦点集中在提高可靠性、耐久性，但近期内将难有重大突破。

我国基本建立了燃料电池汽车的研发体系。研发的样车与国外相比，主要技术指标水平相当，样车已进行了示范运行。但还存在一些问题，如燃料电池和发动机系统在核心技术的技术水平与国外存在较大差距，技术研发进展较为缓慢；我国燃料电池汽车技术示范考核运行规模较小，储氢和氢能源基础设施等问题尚未解决；我国燃料电池汽车产品的可靠性和成本离实用化还有相当大的差距。当前世界汽车公司的奋斗目标是使燃料电池的价格大幅度地降低，以实现新型燃料电池电动汽车的商品化。

三、其他新能源汽车

（一）天然气汽车

我国有着丰富的天然气资源，天然气探明储量进入了高速增长阶段。今后，我国天然气的需求增长速度将超过煤和石油，在一次能源结构中所占的比例将逐年提高。天然气主要成分是甲烷，随产地不同，甲烷的含量也不同，一般为85%～95%。甲烷的沸点为 -161.5℃，与常温下处于液态的汽油、柴油的运输和储存方法有很大差异。天然气的体积低热值和质量低热值略高于汽油、柴油，但理论混合气热值比汽油、柴油低。天然气只能点燃而不能压燃，而且具有很强的抗爆性能。通过提高压缩比，可以大幅度提高天然气汽车的动力性和燃料经济性。天然气与空气混合后具有很宽的着火界限，这种性能为发动机稀燃技术提供了保证，从而进一步提高燃料经济性，降低排放。总的来说，天然气与汽油和柴油相比较，它们的特性有很大差异。

供应汽车使用的天然气必须进行加工处理。一般供应民用的天然气由于含有不少杂质，若直接用作汽车燃料，会对车辆造成损害，或使发动机燃烧不正常，影响车辆的寿命和排放效果。为此，天然气在用作汽车燃料前，应进行脱水、脱硫等处理。国家标准 GB 18047—2000《车用压缩天然气》对车用压缩天然气的热值、含硫、含水、含氧、含二氧化碳等技术要求有严格的规定。压缩天然气应有特殊气味，必要时加入适量臭味剂，保证压缩天然气 CNG 浓度在空气中达到爆炸下限的 20% 前能被察觉。

可以使用天然气燃料的汽车称为天然气汽车。天然气汽车可以按以下方法分类。

1. 按燃料状态分类

（1）压缩天然气汽车（CNGV） 气瓶内的天然气以高压（通常是 20MPa）气态储存，工作时经降压、计量和混合后进入气缸，也可以直接喷入气缸或进气管。

（2）液化天然气汽车（LNGV） 气瓶内的天然气以液态储存，工作时液化天然气经升温、计量和混合后进入气缸，也可以直接喷入气缸或进气管。由于天然气液化后的体积仅为标准状况下体积的 1/625，储带方便，应用潜力较大。

（3）吸附天然气汽车（ANGV） 气瓶内的天然气以吸附方式（压力通常为 3.5 ~ 6MPa）储存，工作时经降压、计量和混合后进入气缸，也可以直接喷入气缸或进气管。

2. 按燃料供给系统特征分类

（1）单燃料（CNG）汽车 这种汽车仅使用 CNG 作为发动机的燃料，不再使用其他燃油或代用燃料。此类车辆的发动机在燃料供应系统、工作循环参数、配气机构参数等方面一般都针对 CNG 的物化特性进行了专门设计，因此燃烧热效率较高、经济性好。

（2）CNG 汽油两用燃料汽车 一般是指具有两套燃料供应系统，一套供给天然气，另一套供给汽油，两套燃料供给系统可分别但不可同时向气缸供给燃料的汽车。使用过程中可以在两种燃料之间进行灵活切换。此类汽车在燃用汽油时，不能同时使用 CNG 作为发动机的燃料；反之，燃用 CNG 时也不能混烧汽油。此类汽车与单一燃料汽车相比，由于要兼顾两种燃料的物化特性，发动机结构参数几乎不做改造，因此燃烧热效率不高、经济性一般。

（3）CNG 柴油双燃料汽车 一般是指具有两套燃料供应系统，一套供给天然气，另一套供给柴油，两套燃料供给系统按预定的配比向气缸供给燃料，在缸内混合燃烧的汽车。CNG 为主燃料，柴油起引燃作用。此类发动机结构参数也几乎不做改动，可以在单纯燃烧柴油和 CNG 与柴油同时混合燃烧，两种工况灵活切换。

3. 按燃料供给的控制方式分类

按燃料供给的控制方式分类可分为机械控制式、机电联合控制式和电控式。其中，电控式又有开环和闭环之分。

（二）液化石油气

我国液化石油气（Liquefied Petroleum Gas，LPG）的来源包括油田和石油炼厂两个方面。随着天然气产量的增加，油田的液化石油气产量也会不断地增加。油田的液化石油气由于不含烯烃，适于作汽车用燃料。液化石油气与汽油、柴油等常规汽车燃料相比，具有燃烧完全、积炭少、排放污染物少、怠速工况及过渡工况运行稳定性好等优点，但与天然气一样也存在着动力性降低的问题。作为汽车替代燃料的液化石油气，可以减缓石油资源的紧缺，从局部来看，充分利用区域性资源，使能源利用多样性，能源消耗结构趋于合理。同时，城市里出租车和公交汽车改用液化石油气，对控制城市排放污染，提高汽车的经济性和排放性能无疑是一项有效措施。

液化石油气汽车简称为 LPG 汽车，具有良好的发展前景。液化石油气的主要成分是丙烷，此外还含有少量的丁烷、丙烯和丁烯。液化石油气的特点与天然气相似，天然气的体积低热值和质量低热值略高于汽油，但理论混合气热值要比汽油低，液化石油气介于天然气和汽油之间。天然气的主要成分是甲烷，甲烷的辛烷值为 130，具有高的抗爆性能，可以采用提高压缩比的方法来提高汽车的动力性、经济性；液化石油气的辛烷值在 100～110 范围内。天然气和液化石油气比汽油着火温度高，火焰传播速度慢，因此需要较高的点火能量。

需要注意的是，车用液化石油气必须保证其使用安全性、抗爆性及良好的起动性和排放性等。一般的民用液化石油气含烯烃较多，会造成结渣、堵塞气路和使膜片等橡胶件早期损坏等问题，不能满足车用燃料的要求。因此各国对车用液化石油气均提出了标准要求。

为了确保安全使用车用液化石油气，当车用液化石油气中不含有可觉察的臭味时，应加入适量的硫醇、硫醚、四氢噻吩等臭味剂，加入量应以液化石油气在空气中的浓度达到爆炸下限的 20% 时能被察觉为标准。

可以使用液化石油气燃料的汽车称为液化石油气汽车。液化石油气汽车与天然气汽车相似，可以按以下方法进行分类。

1. 按燃料供给系统特征分类

（1）单燃料 LPG 汽车　仅使用 LPG 作为发动机的燃料，不再使用其他燃油或代用燃料的汽车，其发动机为预混、点燃式发动机。单燃料 LPG 汽车专为燃用液化石油气而设计，可以充分发挥液化石油气辛烷值高的优势。单燃料 LPG 汽车与单燃料 CNG 汽车相比，因 LPG 的辛烷值比 CNG 的低，故发动机的压缩比稍低，燃料经济性略差；因含碳比例较大，故排污比后者稍多；因 LPG 挤占空气容积较少，故动力性优于

CNG。

（2）LPG 汽油两用燃料汽车　LPG 汽油两用燃料汽车是可以视情况交替燃用 LPG 或汽油的汽车。它备有 LPG 和汽油两套燃料系统，燃用汽油时切断液化石油气的供给，燃用液化石油气时切断汽油的供给。一般汽油车发动机不改动，只是加装一套液化石油气燃料供给装置。与单燃料 LPG 汽车相比，LPG 汽油两用燃料汽车的优点是：改装方便，原机基本不变；在保证供应的情况下可以尽可能地燃用液化石油气，而在需要时又可以随时方便地改用汽油；由于保存了原车的燃油箱，续驶里程比原车的还要多。缺点是性能降低。

（3）LPG 柴油双燃料汽车　LPG 柴油双燃料汽车是指同时燃用 LPG 和柴油的汽车。LPG 柴油双燃料汽车与 CNG 柴油双燃料汽车的主要优点类似，可以大幅度地降低大负荷工况的微粒排放，但小负荷时的 HC 排放有所增加。与 CNG 柴油双燃料汽车相比，LPG 柴油双燃料汽车的缺点是 LPG 的替代率略低于 CNG 的替代率，优点是 LPG 不受管线限制，供油系统的成本低，LPG 的能量密度大，便于携带。

2. 按液化石油气的供给方式分类

（1）真空进气式液化石油气汽车　这是指液化石油气在进气管真空度作用下经混合器进入进气管的液化石油气汽车，其燃料供给方式与化油器式发动机相类似。

（2）喷气式液化石油气汽车　这是指液化石油气以一定的压力经喷气嘴直接喷入气缸或进气管的液化石油气汽车，其燃料供给方式与汽油喷射式汽油机或柴油机相类似。

3. 按燃料供给的控制方式分类

按燃料供给的控制方式分类可分为机械控制式、机电联合控制式和电控式。其中，电控式又有开环和闭环之分。

（三）醇类燃料汽车

醇类燃料由于来源广泛、丰富，抗爆性好，与石油燃料的理化性能相近，因而受到更多的重视。

甲醇（木醇或木酒精）可以由一氧化碳和氢气合成，为无色透明的液体，高挥发性，易燃，主要由天然气（占 78%）、重油（占 10%）、石脑油（占 7%）、液化石油气（占 3%）、煤炭（占 2%）、油页岩、木材和垃圾等物质提炼而成。

乙醇俗称酒精，其工业生产方法主要有发酵法、乙烯水合法等方法，我国一直以发酵法为主。其生产原料有三类：第一类是含糖作物与副产物，如甘蔗、甜菜、甜高粱和糖蜜等；第二类是淀粉质作物，如玉米、高粱、小麦、红薯和马铃薯等；第三类是纤维素原料，如木材、木屑和谷物秸秆等。目前主要是利用发酵法生产乙醇，其所用的原料基本上是属第一类、第二类。这些原料不仅储量较大，而且大都可以再生，这就保证了醇类燃料的稳定生产。值得指出的是：从大多数植物中提取乙醇时消耗的能量过大，如由土豆、小麦、玉米、甜菜中提取乙醇时所消耗的能量与获得的能量之比分别为1.32、1.28、1.15、0.96；并且在乙醇的制造过程还要消耗大量的水，增加水污染，每生产1L乙醇要消耗水11L左右，可见廉价的、对水污染低的乙醇其制造技术并未成熟。

甲醇和乙醇都是相对分子质量较小的单质，燃烧产物中基本没有碳烟，氮氧化合物的排放浓度也很低，是一种低污染性燃料。醇类燃料汽车是指以甲醇汽油、乙醇汽油、甲醇、乙醇为燃料的汽车。其中，以甲醇为燃料的汽车称为甲醇汽车，以乙醇为燃料的汽车称为乙醇汽车。醇类燃料可以与汽油或柴油按一定比例配制而成混合燃料，也可以直接采用醇类燃料作为发动机的燃料。醇类燃料汽车与电动车、天然气汽车一样，都是新能源和清洁代用燃料汽车。

醇类燃料用作内燃机的燃料由来已久，世界上第一台发动机即是以乙醇为燃料的。1909年，美国人Henry Ford设计并制造了世界上第一辆燃用乙醇的汽车。20世纪20—30年代，美国、巴西、德国、法国、新西兰等国家先后将乙醇与汽油的混合燃料用于汽车。20世纪70年代第二次世界石油危机后，世界各国从寻找代用燃料的目的出发，纷纷开展一系列掺醇汽油或纯甲醇（纯乙醇）代替车用汽油的研究工作。目前，美国、欧洲及日本汽车制造商都坚决反对在汽油中掺烧甲醇。国外反对在汽油中加入甲醇，主要原因是甲醇腐蚀性比较大，目前的技术还不能很好解决甲醇汽油金属腐蚀性问题，汽车的耐久性得不到保障。此外，由于甲醇有毒，使用不慎容易对人体造成伤害或致人死亡。推广使用车用乙醇汽油已成为我国的一项战略性举措。车用乙醇汽油在我国适用，具有较好的社会效益和环境效益，对整个经济的可持续发展、社会的进步及环境质量的改善有很大的促进作用。

甲醇和乙醇均是无色透明、易挥发的可燃液体。甲醇和乙醇与汽油相比，热值低、蒸发潜热大、抗爆性好、含氧量高。甲醇略带酒精味，有毒，进入人体会引起胃痛、肌肉痉挛、头昏、乏力等症状，严重时可导致失明甚至死亡。乙醇有强烈的酒精气味，对人体的大脑神经有麻痹作用。甲醇、乙醇性质类似之处很多，与汽油相比，它们的缺点和优点几乎相同，只是在程度上略有差别。另外，醇类燃料吸水性强，化学活性高，容易发生早燃等。

醇类燃料在汽车上应用特点主要有：醇类燃料中含氧量大，热值低，所需要理论空气量比汽油或柴油少，从而保证发动机的动力性能不降低；辛烷值比汽油高，是汽油发动机良好的代用燃料，可作为提高汽油辛烷值的优良添加剂，采用高压缩比提高热效率。普通汽油与15%～20%的醇类燃料混合，辛烷值可以达到优质汽油的水平，但是醇燃料的抗爆性敏感度大，中、高速时的抗爆性不如低速时好；常温下为液体，操作容易，储带方便；可燃界限宽，汽油的着火极限为1.4～7.6；甲醇的着火极限为6.7～36，燃烧速度快，火焰传播速度比汽油快，可以实现稀薄燃烧，利于排气净化和空燃比控制；与传统的发动机技术有继承性，特别是使用汽油－醇类混合燃料时，发动机结构变化不太大，可减少燃烧室表面的燃烧沉积物和改善排放性能；由于十六烷值低，所以着火性差，着火延迟期长，因此在压燃式发动机中采用醇类燃料要困难得多，在点燃式发动机中应用较广。甲醇的热值只有汽油的48%，乙醇的热值只有汽油的64%。因此，与燃用汽油相比，在同等的热效率下，醇的燃料经济性低；沸点低，蒸气压力高，容易产生气阻；腐蚀性大。醇具有较强的化学活性，能腐蚀锌、铝等金属。甲醇混合燃料的腐蚀性随甲醇含量的增加而增加。另外，醇与汽油的混合燃料对橡胶、塑料的溶胀作用比单独的醇或汽油都强；甲醇有毒，会刺激眼结膜，也会通过呼吸道、消化道和皮肤进入人体，刺激神经，造成头晕、乏力、气短等症状。

任务实施

1. 分组讨论各种新能源汽车的开发和应用现状，将讨论结果整理填写到表5-2中。

表5-2　小组讨论统计表

新能源汽车类型	特点与优势	存在问题与现状

2. 分组进行辩论，论题是“电动汽车是否会取代传统燃料汽车”。

任务小结

通过学习我们发现，新能源汽车是未来汽车的发展方向，同时，新能源汽车的发展也会改变现有世界汽车产业的格局。在世界各国都在开发推广新能源汽车的背景下，我们更应该关注新能源汽车的发展情况，时刻准备着与世界共同迎来新能源汽车的时代。

任务 3 汽车新技术的认识

任务解析

从第一辆汽车的诞生至今已经走过了100多年的历史，汽车生产已经从最初的手工作坊式的生产方式逐渐变成了机械化流水线的生产方式，汽车技术也由过去单纯的运用机械工程学原理逐渐发展为机械工程学、人体工程学、空气动力学、工程热物理、电子学、控制论、模糊数学、计算机控制工程、信息工程等多学科技术交叉的产物。随着科技的发展和人们对汽车要求的提高，大量的新技术陆续用到汽车上来，使汽车更具智能化和现代化。

随着科技的发展和人们对汽车要求的提高，汽车技术发生着翻天覆地的变化，现代汽车技术主要是围绕着安全、舒适、环保、节能等方面进行着更新换代。下面就让我们一起学习当今汽车领域都有哪些新技术正在被应用吧。

资　讯

一、汽车安全新技术

交通安全历来是人们最为关心的话题之一，汽车发展的历史也是汽车安全技术不断提高的历史。汽车安全应从整体上来考虑，不仅要在事故发生时减少人员的伤亡，而且更重要的是避免事故的发生。

（一）汽车主动安全技术

主动安全技术就是尽可能防止交通事故的发生，主要有制动系统、自动避撞系统等方面的新技术。

1. 防抱死制动系统（ABS）

众所周知，在急制动时，如果想一脚踩到底让汽车停住，就会出现车轮抱死不转动，从而使汽车发生危险的情况。汽车在制动时跑偏及侧滑，前轮抱死引起汽车失去转弯能力，后轮抱死容易发生甩尾事故等。如果使用ABS则不会出现这些危险的情况。那么什么是 ABS 呢?

ABS 是英文"Anti-lock Braking System"的缩写，译为防抱死制动系统。它能在汽车制动时，自动控制和调节制动力的大小，使车轮不被抱死，处于边滚边滑的状态，进而消除制动过程中的侧滑、跑偏、丧失转向能力等非稳定状态，并能够保证车轮与地面的附着力在最大值，以获得良好的制动性能、操纵性能和稳定性能。

ABS 的作用主要有以下 4 个方面：

（1）缩短制动距离　在紧急制动的状态下，ABS 能使车轮处于边滚边滑的状态，滑动的比例占 20% 左右，这时轮胎与地面的摩擦力达到了最大，因此制动距离大大缩短。

（2）增加制动时的稳定性　汽车在制动时，四个轮子上的制动力是不一样的，ABS 可以自动分配制动力，防止车轮被完全抱死，从而提高汽车在制动时的稳定性。

（3）减轻轮胎的磨损　事实上车轮完全抱死会造成轮胎表面磨损不均匀，使轮胎损耗增加。经过测定，汽车在紧急制动时车轮抱死所造成的轮胎累加磨损费，已超过一套防抱死制动系统的造价。

（4）使用方便，工作可靠　与普通制动系统的使用方式一样，只要把脚踏在制动踏板上进行正常的制动即可。如果需要，ABS 会自动进入工作状态。ABS 工作时，驾驶人会感到制动踏板有颤动，并听到一些噪声，这都属于正常现象。

2. 电子制动力分配系统（EBD）

EBD 是英文"Electric Brake force Distribution"的缩写，译为电子制动力分配系统。那么，有了 ABS，还要电子制动力分配做什么?

对于装配普通制动器的汽车而言，制动时车轮被抱死滑移是不可避免的。理论与实践证明，在平直道路上，汽车制动过程中若前轮先抱死滑移，汽车能够维持直线减速停车，汽车处于稳定状态。如果后轮比前轮提前先抱死，哪怕快半秒，汽车在横向干扰力作用下也将发生甩尾或回转运动，制动时车速越高，这种现象越严重。所以，后轮先抱死极易导致车辆失去制动的平稳性。

为了防止汽车制动时后轮先制动的事情发生，工程师就研制了一种专门检测后轮制动情况的系统——EBD。EBD 可依据车辆的重量和路面条件来控制制动过程，自动以前轮为基准去比较后轮轮胎的滑动率，如发觉前后车轮有差异，而且差异程度必须被调整时，它就会调整汽车制动液压系统，使前、后轮的液压接近理想化制动力的分布。因此，当紧急制动时，在 ABS 动作启动之前，EBD 已经平衡了每一个车轮的有效抓地力，防止出现后轮先抱死、甩尾和侧移的情况，改善制动力的平衡并缩短汽车制动距离。

实际上 EBD 是 ABS 的辅助功能，它可以改善并提高 ABS 的功效。所以在安全指标上，汽车的性能又多了"ABS+EBD"。

3. 驱动防滑转控制系统（ASR 或 TCS）

当车轮转动而车身不动或是汽车的移动速度低于转动车轮的轮缘速度时，车轮胎面与地面之间就有相对的滑动，我们把这称之为“滑转”。汽车在起步、急加速或溜滑路面行驶时，驱动力矩过分大于所需要的力矩时，就会引起车轮的滑转，导致甩尾、侧滑、方向失控等危险情况发生，使得汽车的稳定性、通过性下降。如果使用 ASR 就可以很好地避免这种情况的发生。那么什么是 ASR？

ASR 是英文 Anti Slip Regulation 的缩写，译为驱动防滑转控制系统，是继防抱死制动系统（ABS）之后应用于车轮防滑的电子控制系统，是 ABS 的完善和补充。ASR 是当驱动车轮出现滑转时，通过控制发动机的动力输出或对滑转车轮施以制动力来抑制车轮的滑转，以避免汽车牵引力和行驶稳定性的下降。它也称为牵引力控制系统（Traction Control System），简称 TCS。

由于 ASR 可使车轮保持最大的附着力，与不装备 ASR 的汽车相比，具有如下优点：

（1）汽车在起步、行驶过程中可获得最佳的驱动力，提高了汽车的动力性。尤其在附着系数小的路面上，汽车起步、加速及爬坡能力的提高就更加显著。

（2）汽车的行驶稳定性得以提高，前轮驱动汽车的方向控制能力也能改善。

（3）减少了轮胎的磨损，可降低汽车的燃油消耗。

4. 电子稳定控制系统（ESP）

ESP 是英文“Electronic Stability Program”的缩写，译为电子稳定控制系统。它是德国 BOSCH 公司开发的一套电子稳定程序，1995 年面世。最早是由奔驰汽车公司首先应用在它的 A 级车上。当在紧急闪避障碍物或在转弯时出现转向不足、转向过度进而使车身侧倾角度过大、车尾偏摆力矩超过某一程度或车体的行进方向与方向盘所转过的角度差距达到了某一程度时，EPS 通过调整发动机的转速和车轮上面的制动力分布，修正转向过度或转向不足，将车辆行驶方向快速修正到原行驶路径上。

例如，当后轮驱动汽车常出现的转向过度情况，此时后轮失控而甩尾，ESP 便会制动外侧的前轮来稳定车子；当转向不足时，为了校正循迹方向，ESP 则会制动内后轮，从而校正行驶方向。

ESP 具有三大作用：一是实时监控，ESP 能够实时监控驾驶者的操控动作、路面反应、汽车运动状态，并不断向发动机和制动系统发出指令。二是事先提醒：当驾驶者操作不当或路面异常时，ESP 会用警告灯警示驾驶者。三是主动干预。ESP 可以通过主动调控发动机的转速，并调整每个轮子的驱动力和制动力，来修正汽车的过度转向和转向不足。ESP 在车辆即将失去稳定时，纠正车辆姿态和恢复稳定的过程中完全是主动的，在事故发生之前起作用，彻底防范事故的发生，主动地提高行车安全。因此，ESP 最重要的作用就是它的主动安全性。

5. 自动避撞系统

汽车防撞控制的关键是确定可能与汽车发生碰撞的物体的方向、位置和状态，以便必要时提出危险警示和采取应急避让措施，防止发生碰撞，自动避撞系统就具有这种功能。

自动避撞系统通过雷达等探测装置随时监测路面状况，探测汽车运动方向上的障碍物，并且可以根据与周围车辆距离的远近而自行调整车速，使车辆间保持一个安全的距离，减少发生碰撞的可能。一旦发生紧急情况，碰撞事故在所难免时，它可以发出警报并自行采取制动等措施，而无需驾驶人的操作，从而大大减轻碰撞的程度，甚至完全避免事故，为乘客提供了更有效的保护。

6. 夜视系统和远光灯辅助系统

夜间行车是最令人紧张和容易出危险的驾驶情况之一。引起夜间行车危险性大的原因是主要有两点，一是人眼对光线的适应性问题。黑夜里人的眼睛从亮到暗需要有一个适应过程，所以当驶经交叉路口、繁华路段时，霓虹灯以及其他灯光的照射对驾驶人的视线及辨别交通信号灯的颜色均有影响，这时就要减低车速，避免危险情况发生。二是由于人们总是用近光灯照明，使得光照条件微弱有限，路上的障碍物往往很晚才被发现。

为了增强在夜间开车的安全性，各汽车公司都开发出了自己的夜视系统和灯光辅助系统。如，宝马公司就开发了一种驾驶员辅助系统，其中包括宝马的夜视系统和远光灯辅助系统。夜视系统可以使驾驶员及早感知前方的人、动物或障碍物，从而避免危险、危机情况的发生；而远光灯辅助系统则可以自动地控制远光灯在最适当和最需要的时候开启和关闭。

7. 紧急制动辅助装置（EVA）

现代的科学技术使汽车的速度越来越快，为了提高紧急情况下的制动效率，最大限度避免事故的发生，ABS（防抱死制动系统）和 EBD（电子制动分配系统）越来越多地被应用于轿车上。除此以外，还有一项可以大幅提高制动效率的技术——EVA（紧急制动辅助装置）也已经应用到了轿车上。

要更好地了解 EVA，我们需要先了解一下紧急制动时的全过程。我们可以把它分为三部分。首先，当驾驶人意识到危险状况的出现到将右脚从加速踏板移动到制动踏板，根据不同的人和不同的反应状况，这个过程要持续 0.7 ~ 1s 左右。如果这时车速在 100km/h，右脚踏在制动踏板上，车子又会继续向前行驶了 27m 的距离。接下来，当右脚大力作用于制动踏板，制动系统对车轮的制动作用由零到制动最大限量，此时

ABS 介入工作。但很多客观原因会使驾驶人不能在最短时间内让制动处于最大限量，所以这段距离很难确切地把握，可能从十几米到几十米。最后，制动系统进入最大限量的工作状态，ABS 系统启动，轮胎与地面产生剧烈摩擦，车速骤然下降，直到完全停下来。EVA 系统便是在驾驶人踩制动踏板这一过程中起作用的。通过嵌入式液压助力系统，且根据驾驶人踩下制动踏板的速度和力量可以自动感知驾驶人需要什么样的制动效果。

如果是紧急制动，驾驶人迅速踩下制动踏板，这时制动系统会达到最大限量的工作状态。但有的时候，驾驶人虽然迅速地踩下了制动踏板，却由于某种原因，右脚并没有对制动踏板实施最大力量。这时，EVA 辅助系统的另一个特性，就是当它判断驾驶者采取的是紧急制动时，那么它会让制动力量一直保持到驾驶人的右脚完全离开制动踏板，这样可以避免驾驶人由于措施采取不当所造成的危险。

8. 车道偏离警告系统

车道偏离警告系统（Lane Departure Warning System）的作用是能够防止车辆偏离相应的行驶路线引起的碰撞或交通事故。它是以摄像头为基础的系统，安装在汽车风窗玻璃后，能够探测到路上的标线，并检测车辆中央至左右车道间的距离，在显示屏进行显示，以警告有偏离车道的倾向，同时通过发出声音警报和触觉警报帮助驾驶人保持注意力集中，以提高行车安全。例如，在出现偏离右侧车道的倾向时，加速踏板的右侧振动；在出现偏离左侧车道的倾向时，加速踏板的左侧振动。当驾驶人打开车辆转向灯超车时，警告系统便会停止工作，而且也可以手动关闭。另外，这些设定也可以根据整车厂的要求度身定制。

该套系统还可与其他“预警”防碰撞技术一起应用，如自适应式巡航控制系统、侧向探测系统及倒车辅助系统等，以进一步提高整体安全性。如果车道偏离警告系统根据其视野判断车辆开始偏离车道，系统将会向驾驶人发出警告，从而大大减少因此而引起的车辆碰撞。这套系统可以被用作独立的安全辅助措施，也可以作为集成安全系统策略的一部分与其他安全系统进行集成。由于车道偏离警告系统提供的数据可以为其他众多的车辆安全系统所用，所以该系统也为许多主动性安全技术的实施创造了条件。

（二）汽车被动安全技术

被动安全技术就是在事故发生后，尽可能对乘员和行人进行保护，主要有安全带、安全气囊等方面的新技术。

1. 安全带

最初的汽车安全带是瑞典人发明的，自 20 世纪 40 年代别克轿车将安全带作为标准配置后，美国将安装和使用安全带确定为强制性的联邦法规，由此开始了安全带的大规模普及。当时的安全带仅仅是简单的两点式腰部约束，其约束的松紧程度完全由驾驶人自己调节。

经过 40 多年的发展，安全带逐渐走向成熟，现在的安全带均由强度极大的合成纤维制成，带有自锁功能的卷收器，采用对驾、乘人员的肩部和腰部同时实现约束的三点式设计。在此基础上，美国开发了一种会自动膨胀的新安全带系统，即在车辆发生碰撞时，安全带肩内的扁平内管会立刻充气膨胀，能有效避免车内人员的头颈部及上体受到伤害。

安全带是汽车上最重要的被动安全设备之一，当车辆万一出现紧急制动、正面碰撞或发生翻滚时，安全带受到快速而猛烈的拉伸，使乘员紧贴座椅，避免摔出车外或碰撞受伤，可大幅度减少汽车碰撞事故的伤亡率。根据运输部门调查，在驾驶人位置上使用三点式安全带可以降低负伤率 33% ~ 52%，前排乘员位置上降低负伤率 37% ~ 45%，在低于 90km/h 车速下的碰撞一般不会发生死亡事故。而不使用安全带时，即使车速只有 20km/h 的碰撞事故，也可能出现乘员死亡事故。

2. 安全气囊

安全带虽然起到了一定的防止人身伤害的作用，但是当汽车发生强烈碰撞时，安全带也会在瞬间由柔性变为刚性使人体有不同程度的伤害。安全气囊作为被动安全保护措施较为理想，它在车辆发生碰撞时能够起到缓冲作用，从而降低撞击对车内乘员造成的伤害。

安全气囊在汽车遭到强烈的碰撞时迅速膨胀，成为一个缓冲垫，让乘员扑到气囊上。当乘员和气囊相碰时，借助气囊上圆孔的放气可减轻振荡，放气过程同时也是一个释放能量的过程，因此可以很快地吸收乘员的动能，使猛烈的车内碰撞得以缓冲，以达到保护乘员的目的。

3. 其他的被动安全技术

（1）座舱的设计　首先考虑对碰撞能量的吸收，例如防撞门柱、吸能方向盘等。在发生碰撞时，就可以吸收能量并帮助减少座舱的变形，以达到保护乘员的目的；其次还要考虑发生碰撞时保持其完整性，避免乘员受到挤压和冲击。

（2）孕妇与儿童安全　长期以来，人们对孕妇与儿童的安全并没有刻意去研究，但近年来，人们越来越多地关注孕妇与儿童的安全，如前所述的安全带。现在为孕妇与儿童考虑的还有座椅与专用的儿童安全保护锁。

（3）吸振保险杠　前后保险杠是重要的安全部件，其吸收冲击能量的性能必须满足严格的法规要求。我国要求前后保险杠必须保证汽车在低速碰撞下汽车各部件仍能正常工作，这项标准和欧洲法规相同。国外保险公司也有用碰撞试验结果来评估维修工作量和费用，及估算出投保费用的高低。

（4）防碰撞强化车身　防碰撞强化车身是最重要的被动安全措施之一。目前国外广泛采用CAD、有限元分析、计算机模拟（如模拟撞车）实车碰撞试验等技术来提高车身的安全性。

（5）防火措施　采用阻燃性能良好的材料，装备燃油断油阀，能自动切断燃油供给及点火。

二、汽车节能环保技术

汽车为人们提供了便利的交通，但是传统的汽车消耗了大量的石油，排放了大量的有害气体，对能源的短缺与环境的污染造成了严重的影响。节能、环保的汽车技术越来越引起人们的广泛关注。

（一）电控汽油机燃油喷射技术

1979年博世公司推出了集点火与喷油于一体的数字式发动机综合电子控制系统。在这期间美国GM公司的DEFI、FORD公司的EEC，丰田公司的TCCS纷纷出场。这些都是综合控制的电子系统。1995年美国在轿车上全部采用电控汽油喷射系统；欧洲的轿车采用汽油喷射系统的占90%以上。目前汽车工业发达的国家在汽油车上均采用汽油喷射系统，以满足日益严格的排放要求。

我国已经全面使用汽油喷射系统发动机。与化油器式发动机相比，汽油喷射系统具有以下优点：提高了发动机的充气系数，从而增加了发动机的输出功率和转矩；可均匀分配各缸燃油，减少了爆震现象，提高了发动机工作的稳定性；提高了汽车冷起动性能和加速性等驾驶性能；能根据发动机负荷的变化，精确控制混合气的空燃比，适应发动机的各种工况，使汽油燃烧充分，降低油耗，减少排气污染。

（二）高压共轨电控柴油喷射系统

柴油机排气中包含各种成分，这些成分有一部分是有害的，或有强烈刺激的臭味，有的还有致癌作用，因此被列为有害排放物。

随着世界各国工程机械、运输车辆等数量增加，柴油机排放的尾气已经成为对地球环境的主要污染原因之一。为了保护环境，要求降低柴油机污染物的排放。高压共轨电控柴油喷射技术是目前能够较为成功地控制柴油机污染排放的新技术之一。

柴油机燃油喷射系统是影响燃烧过程的重要因素，传统的喷射系统由于结构和原理等限制，不能很好地提高喷射压力和达到理想的喷射速率来改善柴油机缸内的燃烧，因此，柴油机电控喷射系统逐渐发展起来。

在传统的喷射系统基础上首先发展起来的电控喷射系统是位置控制系统，称之为第一代电控喷射系统。第二代电控喷射系统是基于电磁阀的时间控制系统。第三代电控系统是高压共轨喷射系统，被世界内燃机行业公认为20世纪三大突破之一，将成为21世纪柴油机燃油系统的主流。

高压共轨喷射系统于20世纪90年代中后期才正式进入实用化阶段。高压共轨电控柴油喷射系统可实现在传统喷油系统中无法实现的功能，其优点有：共轨系统中的喷油压力柔性可调，对不同工况可确定所需的最佳喷射压力，从而优化柴油机综合性能；可独立地柔性控制喷油正时，配合高的喷射压力，可同时控制微粒在较小的数值内，以满足排放要求；柔性控制喷油速率变化，实现理想喷油规律，容易实现预喷射和多次喷射，既可降低柴油机污染排放，又能保证优良的动力性和经济性；由电磁阀控制喷油，其控制精度较高，高压油路中不会出现气泡和残压为零的现象，因此在柴油机运转范围内，循环喷油量变动小。

（三）其他的节能环保技术

1. 冷却废气再循环（EGR）技术

EGR技术是将发动机排出的一小部分废气（10% ~ 20%）通过进气管与新鲜空气混合后再度进入气缸参与燃烧，实现废气再循环，破坏有害气体（NO_x）高温富氧的生成条件，减少NO_x的生成。同时，对其使用冷却技术，将回流废气冷却后送入气缸可进一步降低废气温度，降低燃烧峰值温度，使NO_x排放更小。

EGR技术可分为内部EGR和外部EGR。内部EGR通过改变配气正时实现，该系统不需外加其他设备，结构简单，应用方便，但由于是在进气行程内直接开启排气阀使废气回流，因此难以精确控制EGR率；外部EGR技术对原机改动小、设计自由度较大，可以通过电控单元ECU控制EGR率，实现智能控制，所以较为常用。

现在，EGR技术在国外汽车上使用较多，汽油机EGR技术已经比较成熟；EGR在柴油机上的应用也正在推广。有一些汽车上已经把EGR与其他技术相结合，如结合发动机电控多点喷射加三元催化技术，排气后处理技术（如微粒过滤器及再生技术、氧化催化反应等），高压共轨燃油喷射技术，可变几何截面的增压技术等来改善发动机整体性能，使柴油机整体排放性能达到最佳。

2. 增压技术

发动机增压就是向发动机提供压力高、密度大的新鲜空气或混合气，从而可以明显地提高发动机的动力性能，降低比油耗及排放。中冷则是降低压缩后气体的温度。因此，发动机采用增压中冷技术后，循环温度降低，滞燃期缩短，燃烧更完全，从而减少排气中有害成分HC和NO_x的生成，降低微粒的排放。

3. 微粒过滤器

微粒过滤器，可将排气中微粒捕捉不使其排出机外，再利用催化剂、氧化器、燃烧器等进行分解、燃烧。这种装置可将柴油机排气中有害物微粒减少 70% ~ 90%。

用来捕集微粒的过滤器的材料有许多种，常用的有金属丝、堇青石、陶瓷泡沫、陶瓷纤维及编织陶瓷纤维等。这些材料的过滤机理包括碰撞及吸附机理、惯性截流机理和扩散拦截机理，使得排气通过过滤器时，将微粒收集在滤芯中，较清洁的排气排入大气中。随着运行时间的增加，过滤器中的微粒聚集过多，排气背压要上升，影响发动机的功率及油耗。因此，必须定期清除沉积在过滤材料上的微粒。

清除沉积在过滤材料上的微粒的过程为过滤器的再生。它的基本原理是微粒发生氧化反应变成 CO_2，随排气一起排入大气。目前，采用的再生技术有进气节流、催化反应及燃油添加剂、额外喷油燃烧、电加热、微波再生技术等。

4. 催化净化装置

催化净化装置是一种内部装有催化剂的装置，装在发动机的排气管中。催化剂能使发动机排气中的有害成分加速转变成无害成分。催化净化方法有两种，一种是催化氧化法，它以铂、钯、黄金、钴、镍等金属及其氧化物作为催化剂，使有害成分 CO 和 HC 氧化成无害成分 CO_2 和 H_2O。另一种是催化还原法，它以碱金属，钴铬合金作为催化剂，使有害成分 NO_x 还原为 N_2 和 O_2。

目前催化净化装置有氧化催化反应装置和三元催化反应装置。氧化催化反应装置仅依靠氧化反应降低有害成分 CO 和 HC，柴油机和汽油机都适用。三元催化反应装置是氧化与还原反应同时进行，能使 CO，HC 和 NO_x 同时都转化为无害气体，它要求发动机的空燃比精确地控制在理论空燃比附近的最佳范围内，以保证同时对三种有害成分高效率净化，因此，三元催化反应装置一般与燃油电子喷射发动机一起使用，用氧传感器检测排气中的氧浓度，反馈控制发动机的空燃比范围。由于柴油机排气中残留的氧量较多，使氧传感器的控制不灵敏，故三元催化反应装置一般不用于柴油机，而只用于汽油机。

三、汽车方便舒适新技术

汽车作为交通工具加以使用，人们都希望驾驶更方便舒适的汽车。许多汽车的常规设备实行电子化控制后，大大提高了驾驶的方便性和乘坐的舒适性。例如，自动变速器、电控动力转向系统、电子悬架系统、冷暖空调等技术都使得驾驶汽车更加方便和舒适，本章节主要介绍巡航控制系统和其他的能提高汽车驾驶方便性和舒适性的新技术。

（一）巡航控制系统（CCS）

CCS 是英文“Cruise Control System”的缩写，译为巡航控制系统，根据其特点，巡航控制系统一般又称为巡航行驶装置、速度控制系统（Speed Control System）、自动驾驶系统（Auto Drive System）等。汽车巡航控制系统（CCS）是利用先进的电子技术对汽车的行驶速度进行自动调节，从而实现以事先设定的速度行驶的一种电子控制装置。当汽车较长时间在高速公路上行驶时，打开该系统的自动操纵开关后，CCS 将根据行车阻力自动增减节气门开度，使汽车行驶速度保持不变。

汽车巡航控制系统（CCS）的作用主要有以下三个方面：

（1）提高汽车行驶的稳定性和舒适性　巡航控制系统保证了汽车在有利车速下的等速行驶，大大提高了其稳定性和舒适性。

（2）提高了汽车行驶安全性　巡航控制系统实现了自动驾驶，汽车无论是在上坡、下坡、平路上行驶，驾驶员只要掌握好方向盘，不用踩加速踏板就能稳定运行，减轻了驾驶人的疲劳强度，可使他精力集中确保行车安全。

（3）节省燃料，具有一定的经济性和环保性　这是因为在使用了这一速度稳定器以后，可使汽车的燃料供给与发动机功率之间处于最佳的配合状态，可平均节省燃料 15%，并使燃烧完全，热效率高，减少了废气的排放，有利于环保。

（二）触屏式导航技术（Touch Screen Navigation）

触屏式导航系统可以通过其集成式导航无线电通信技术，进一步简化了导航系统，使得驾驶更加方便。导航系统包括车载电脑、DVD 地图信息库、车辆探测器以及 GPS 卫星资料库等，可随时确定车辆的位置。驾驶人可以直观地通过触摸式屏幕输入目的地信息。在输入并确认目的地地址后，系统便会通过视觉与语音系统，在所经路口向驾驶人提供方向指示。为了使驾驶更加安全，地址信息只能在车辆处于静止状态时才能进行输入。

导航系统还能提供重要的旅行信息，如距目的地里程数与路上所需时间。如果用户错过了一个转弯路口，这个智能导航系统能快速重绘地图，提供新路线。在路边停车后，比如加油或购买食物，系统也能继续执行导航功能。该系统还可以帮助用户查找各种场所，如公园、加油站、自动柜员机、餐馆、娱乐场所、旅馆和杂货店等。

（三）先进的空调系统

随着汽车的舒适和便利程度越来越成为每一位消费者关注的重点，为了不断改善车辆的性能，提升驾驶舒适程度，有些汽车在车内小气候控制上设计了新的加热、通风和空调系统。该系统最大程度地利用车厢空间、降低噪声，并且以最低的成本满足顾客对于安静程度、耐用性、紧凑性以及效率的要求。

先进的空调系统在技术上拥有全新水准的个性化设计、技术和性能，而且只需要很小的组装空间。这种独特的设计是将模块置于前排乘员座位底下，从而降低了噪声，并节省了驾驶室前壁的宝贵空间用作储物或安装其他部件之用。

（四）阻尼可变减振器

阻尼可变减振器是一个革命性的新技术，可同时提高车辆的舒适程度、驾驶性能和安全保障。该系统应用磁流变液体和不带机电控制阀的减振器，提供反应迅速、减振性能强大的阻尼力控制。磁流变液体是一种磁性软粒悬浮液体，当液体被注入减振器活塞内的电磁线圈后，线圈的磁场将改变其流变特性（或产生流体阻力），从而在没有机电控制阀、且机械装置简单的情形下，产生反应迅速、可控性强的阻尼力。车装控制器根据从 4 个悬挂位移感应器、一个车侧加速率传感器和一个方向盘角度感应器上获得的数据，以 10MHz 的频率连续不断地调节阻尼力强度。由于车轮控制得到改善，车辆的安全性和可靠性得到提升；通过控制车身运动，提高了驾驶平顺性，并使操作更精确、反应更迅速；在制动和加速过程中减少乘员“前冲”和“后仰”；改善负荷转移特性，在车辆高速行驶中突然变向时，可提供更好的防侧翻控制；由于减小了路面反冲力，使驾驶更为安静、精确。目前这项技术只在高级车辆上应用。

四、汽车总线技术

随着电子技术的迅速发展及其在汽车上的广泛应用，汽车电子化程度越来越高，若仍采用传统的点对点连线方式，则线束将十分庞杂。据统计，在 1955 年平均一辆汽车所用线束的总长度为 45m，而到了 2002 年，平均一辆汽车所用线束的总长度却达到了 4km。线束的增加不但增加了汽车重量，占据汽车宝贵的空间，增加了装配和维修的难度，提高了整车成本，而且也会因为繁多的节点而使系统运行可靠性降低。这无形中使汽车研发进入了这样一个怪圈：为了提高汽车的性能而增加汽车电器，汽车电器的增加导致线束的增加，而线束的增加又妨碍了汽车可靠性的进一步提高。因此，传统布线方法已不能适应汽车的发展。

为了在提高性能与控制线束数量之间寻求一种有效的解决途径，在 20 世纪 80 年代初，出现了一种基于数据网络的车内信息交互方式——车载网络。

目前，汽车总线技术已经在世界许多著名汽车厂商的车型上得到了广泛应用。在汽车电子系统的网络化进程中，有许多总线被开发出来，如 CAN，J1553B，VAN、LIN，MOST 等。20 世纪 90 年代中期，为了规范车载网络的研究设计与生产应用，美国汽车工程师协会（SAE）按照数据传输速率和应用范围把汽车网络划分为 A、B、C

三类。CAN 和 LIN 已经成为 B 类网络和 A 类网络应用较为广泛的主流总线。

CAN（Controller Area Network）总线是德国博世公司从 20 世纪 80 年代初，为解决现代汽车中众多的控制与测试仪器之间的数据交换问题而开发的一种串行数据通信协议。它是一种多主总线，通信介质可以是双绞线、同轴电缆或光导纤维，通信速率可达 1 Mbps。它的短帧数据结构、非破坏性总线仲裁技术以及灵活的通信方式使 CAN 总线具有很高实时性、可靠性、灵活性和抗干扰性。1991 年首次在奔驰 S 系列汽车中实现。同年，博世公司正式颁布了 CAN 技术规范，版本 2.0。该技术规范包括 A 和 B 两部分。1993 年 11 月，ISO 正式颁布了国际标准 ISO11898，为 CAN 的标准化、规范化铺平了道路。此后，越来越多的北美和日本汽车公司也开始采用 CAN 网络。1994 年，美国汽车工程师协会选择 CAN 作为 SAEJ1939 标准的基础。低速 CAN 具有许多容错功能，一般用在车身电子控制中；而高速 CAN 则大多用在汽车底盘和发动机的电子控制中。目前，国外的汽车总线技术已经十分成熟，并已在汽车上推广应用。国内引进技术生产的车辆也不同程度地使用了 CAN 总线技术。

五、未来汽车的发展

汽车作为现代交通工具之一，已成为人类现代文明生活、生产不可或缺的重要组成部分。汽车诞生 100 多年来，为人类生活和生产活动做出了重要的贡献。但是与此同时，汽车也带来了能源问题、环境污染、交通拥堵、交通安全等社会问题。为了解决这些问题，未来的汽车面临着巨大的技术挑战。21 世纪的汽车应该是轻量化的节能汽车，清洁燃料的环保 汽车，安全汽车，智能汽车。

任务实施

选取 3 款主流车型，分组进行资料搜集，找一找在这些车型上都应用了哪些汽车新技术和科技配置。将结果填入表 5-3 中。

表 5-3　小组搜集资料统计表

车　型	应用的新技术和高级配置

任务小结

通过学习，我们认识到现代汽车技术主要围绕安全、舒适、节能和环保不断地进行更新换代。在技术上的具体体现是电子化、计算机技术和机电一体化技术日益渗透到汽车结构的所有部分。未来汽车上应用的新技术一定会更多，汽车也将变得更加科技化、智能化。

参考文献

[1] 杨建良，谢永东 . 汽车文化 [M]. 北京：北京出版社，2014.
[2] 胡宁，范钦满 . 汽车文化 [M]. 北京：北京理工大学出版社，2007.
[3] 帅金石 . 汽车文化 [M]. 北京：清华大学出版社，2006.
[4] 郎全栋 . 汽车文化 [M]. 北京：人民交通出版社，2002.